设计与优化：
思政课议题式教学叙事

YITISHI
JIAOXUE XUSHI

（《政治与法治》分册）

沈雪春　梁英姿　柳　翠 / 编著

苏州大学出版社
Soochow University Press

图书在版编目(CIP)数据

设计与优化:思政课议题式教学叙事.《政治与法治》分册 / 沈雪春,梁英姿,柳翠编著. —苏州:苏州大学出版社,2021.12
ISBN 978-7-5672-3829-9

Ⅰ.①设… Ⅱ.①沈… ②梁… ③柳… Ⅲ.①政治课-高中-教学参考资料 Ⅳ.①G633.203

中国版本图书馆 CIP 数据核字(2021)第 279036 号

书　　名：	设计与优化:思政课议题式教学叙事《政治与法治》分册
编　　著：	沈雪春　梁英姿　柳　翠
责任编辑：	杨　柳
装帧设计：	刘　俊
出版发行：	苏州大学出版社(Soochow University Press)
社　　址：	苏州市十梓街1号　邮编:215006
印　　刷：	苏州市深广印刷有限公司
邮购热线：	0512-67480030
销售热线：	0512-67481020
开　　本：	700 mm×1 000 mm　1/16　印张:18.75　字数:337 千
版　　次：	2021 年 12 月第 1 版
印　　次：	2021 年 12 月第 1 次印刷
书　　号：	ISBN 978-7-5672-3829-9
定　　价：	68.00 元

若有印装错误,本社负责调换
苏州大学出版社营销部　电话:0512-67481020
苏州大学出版社网址　http://www.sudapress.com
苏州大学出版社邮箱　sdcbs@suda.edu.cn

序言

议题式教学常态课的顶层设计

议题式教学能够通过情境化的"议中学""议中做"活动，助力学生的知识建构、能力提升和素养进阶。这似乎成了我和团队对议题式教学爱不释手的理由，乃至执念。自 2018 年以来，从个人活动走向团队实践，从团队的试验性实践走向团队的常态化实践，议题式教学在面对问题、解决问题中披荆斩棘、破浪前行。一方面，鉴于我的工作室在苏州范围内进行了思政课议题式教学的研究和实践；另一方面，2020 年暑假，柳翠和梁英姿两位老师来到吴江中学，成了我的徒弟，也成了我工作室的成员和高一备课组年轻教师的师傅，带领学校备课组进行常态化实践。在工作室和备课组的研究和实践中，我们构建了议题式教学常态课的整体框架和运行模式，明晰了大单元教学、素养化进阶和协同型教研相结合的议题式教学常态化实施的支撑体系，形成了《思想政治必修 3 · 政治与法治》（以下简称《政治与法治》）的教学叙事。

"金字塔"模型：议题式教学常态课的素养化架构

议题式教学的真正力量不在一堂课而在一群课，不在展示课而在常态课。议题式教学的常态课是议题式教学常态化实施所形成的一种课型，它既要考虑知识学习，又要考虑关键能力和学科素养。没有知识目标的议题式教学难于立足当下，没有能力和素养目标的议题式教学难于走向未来。为了构建价值性与知识性相统一的议题式教学的思政课堂，共同体汇聚成员的智慧，绘制了一个兼顾知识、素养和情境的课堂架构——"金字塔"模型（图1）。

"金字塔"模型由任务线、知识线和情境线构成。任务线是"金字塔"模型的主线,由基本任务和具体任务融合而成;知识线和情境线是"金字塔"模型的辅线,以实现学科逻辑和生活逻辑的统一;核心素养是三线融合共同指向的教学目标,以实现中国学生发展核心素养和思政学科核心素养的统一。

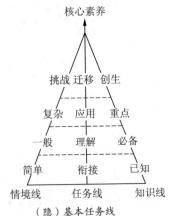

图1 议题式教学的素养化架构——"金字塔"模型

(一)任务线

任务线是一条由隐性的基本任务和显性的具体任务融合而成的素养进阶线。基本任务指向核心素养,主要完成知识的理解、应用和迁移;具体任务服务于基本任务,由议题引领的活动线和问题线构成。

基本任务线是一条暗线,由"衔接—理解—应用—迁移"构成。衔接,即认知衔接,是根据学生的情感特征和认知结构,将学生的已知与未知衔接起来的环节,为新知识的理解、应用和迁移做准备。立于建构主义视角来看,认知衔接是一种知识与知识或经验与知识的顺应,即从已有的经验或知识走向新知识的过程,在教学中具有"渐入"的意义,起到"随风潜入夜,润物细无声"的作用。理解是从经验走向知识、从外在经验走向内在知识的意义化过程,既包括对知识的理解性掌握,也包括个人理解知识的能力。对知识的理解性掌握是基础,理解知识的能力是关键。议题式教学中的"理解"更多地侧重于一个人理解知识的能力,让学生在辨别与关联、概括与解释中陈述事实和事理,阐明观点和释义。应用是从知识走向实践、从内在知识走向外在行为的功能化过程,是学生应用学科核心知识分析和解决实际问题的能力,主要包括运用解析、推理论证和预测设计等。学生通过"运用解析"回答情境中简单的"为什么"的问题,通过"推理论证"回答情境中较为复杂的"为什么"的问题,通过"预测设计"回答情境中的"怎么样"的问题。迁移是指学生利用学科核心知识、学科特定活动的程序性知识,结合自己的活动经验,解决陌生和结构不良问题的能力,它是知识的高级的、素养化的应用,包括复杂推理、真实探究和创新思考。复杂推理一般发生在复杂的、劣构的情境中,因多种可能、多种不确定性、多种关联而使推理具有复杂性,从而直接考验推理者的素养。真实探究是指利用真实情境进行的探究活动,探究过程不仅反映学生的学科知识水平、自身经验水平，而且反映学生的社会活动能力和实际操作能力，是知识迁移最现实的方式。创新思考是指以现有的思维模式提出有别于常规或常人思路的见解的思考方法，主要包括批判性思考、评价、反思、想象、创意、发现与联系等能力。

具体任务线是一条明线，是基本任务的表现，由议题引领的活动线和问题线构成。议题式教学的活动遵循社会建构主义的理论，突出学生的主体活动和群体活动，主要表现为自由发言、互动对话、小组讨论和项目合作等。自由发言，即学生在教师的引领下根据已学知识、已有经验或已获信息进行叙述或汇报的过程。以"怎样看待人大代表的作用？"为例，导入环节中让学生汇报课前对身边人大代表采访的结果，这便是一个分享式的自由发言。互动对话，包括生生对话和师生对话，如同桌交流、师生问答等，这是目前较常用的互动方式。在议题式教学中，由于知识理解环节往往由一串辅助理解的小问题构成，因而经常采用互动对话和小组商讨相结合的方式。再以"怎样看待人大代表的作用？"为例，在知识理解环节，我们既可以依托当年度人民代表大会的情境，通过师生对话的方式理解人大和人大代表的作用，也可以通过小组商讨的方式去理解。小组讨论包括小组商讨和组际辩论，是最具"议中学"特征的学习行为。学生在教师的带领下自主地发现问题、搜集数据、形成解释、获得答案、交流经验。何时采用小组商讨方式？何时采用组际辩论方式？须视情况而定，并非每次都须在辩论中"议中学"才肯罢休。项目合作是活动型学科课程的一道亮光，是议题式教学中将"议中做"和"做中议"结合起来进行理解和应用，特别是进行迁移的重要途径。在议题式教学中，项目化是体现"做中学"的一种重要方法，包括个体对项目的探究和群体对项目的探究。项目合作便是一种群体探究，一般通过"发现问题→提出假说→验证假说"的步骤培养学生的科学态度和精神。仍以"怎样看待人大代表的作用？"为例，在知识迁移环节，让学生合作撰写议案的方式便是一种项目化的学习过程。具体任务中的问题线是任务的内容，由问题串构成，形成衔接性问题、理解性问题、应用性问题和开放性问题，它们分别对应不同层级的基本任务。

（二）情境线

情境线是一条为了知识的理解、应用、迁移而创设的由简单情境、一般情境、复杂情境和挑战性复杂情境组成的辅助路线，能为学生提供具有柔化和活化功能的系列载体。情境与学生心智、教材知识的关联度是判断情境优劣的标准，直接影响学生知识理解的效率。教师创设具有柔化功能的简单情境，能够让学生在"心理先行"和情感偏好中更好地走向知识、理解知识。因此，它一方面要契合学生心智，让学生愿意"入境"；另一方面要紧扣教材主题，让学生能够"出境"，发挥激趣和衔接的双重作用。一般情境主要用于辅助学生理解学科知识，让他们能够从具体情境走向学科知识，在情境中内化知识。一般情境主要有两种作用：辅助理解知识点和辅助建构知识体系。教师创设具有活用功能的复杂情境的目的在于让学生在"知行合一"中应用知识。具有活用功能的复杂情境可以是富有思辨性的两难情境，也可以是富有操作性的活动场境。富有思辨性的两难情境是引领和激发思辨的"引擎"，富有操作性的活动场境是学生走向"最近发展区"的"跑道"。教师创设具有活用功能的挑战性复杂情境，目的在于让学生在"不良结构"中迁移知识。知识迁移是知识应用的高级阶段，或者说，是知识应用的一次素养化飞跃。建构主义的代表人物 D. H. 乔纳森（D. H. Jonassen）将能否解决"不良结构"情境问题作为衡量学生素养生成与否的重要指标。结构不良问题并不是指问题本身有什么错误或不恰当之处，而是指它没有明确的结构或解决途径，因而需要学习者从诸多现象中自己分析、设计出解决方案。能够迁移知识的情境往往是结构不良的真实性情境，因而在议题式教学过程中，教师既要善于创设状态不明确的挑战性复杂情境让学生学会"灵活"，又要善于创设富有干扰项的挑战性复杂情境让学生学会"关联"。

  亮丽的情境线不仅追求典型性，而且追求逻辑性和整合性。情境的典型性意味着它能够体现小切口、大背景和正能量，一般多为在时代大背景下具有价值引领意义的小事件。比如，基于"法治政府"一课的"如何增强政府的公信力和执行力？"议题式教学中的"12345 服务热线"便是一个典型情境。情境的逻辑性意味着它能够体现"简单—一般—复杂—挑战性复杂"的逻辑进路，以辅助完成"衔接—理解—应用—迁移"的基本任务。情境的整合性意味着它的主题性。学科教学中的主题包括学科主题和综合主题。学科主题是贯穿于学科知识群中的具有某一中心思想的题目，一般表现为框题、节题、课题、单元主题、模块主题等；综合主题是具有跨学科意义的、综合性的具有某一中心思想的题目，一般表现为综合实践性或研究性学习的主题，包括课题或项目。主题教学中的主题一般指综合主题，它不同于学科主题，也不同于情境主题。情境主题是相对于知识主题而言的，它表现为与知识主题相呼应的具有某一中心思想的现象，如某一事、某一物、某一人等。比如，在《政治与法治》教学中，"法治政府"是一个学科主题，与"法治政府"相应的"12345 服务热线"便是一个情境主题。学科主题与情境主题是共性与个性的关系，一个学科主题可以寓于不同的情境主题之中，比如，法治政府的主题可以寓于某地方的城管执法情境主题之中，也可以寓于"12345服务热线"之中。巧妙而优质的情境是典型性、逻辑性和整合性的统一。

（三）知识线

知识线，即为辅助任务线而提供或形成的学科知识链，由"已知知识—必备知识—重点知识—创生知识"构成，是议题式教学的基础支撑。已知知识是指学生在接受新知识之前已经知道的知识，它构成学生的认知基础。从来源上讲，已知知识的类型具有多样性，包括已学的学科知识、已有的生活经验和专门获取的相关信息。《中国高考评价体系》指出，必备知识是指即将进入高等学校的学习者在面对与学科相关的生活实践或学习探索问题情境时，高质量地认识问题、分析问题、解决问题所必须具备的知识。[①] 这一意义上的必备知识包括必备知识点和知识结构。必备知识点主要包括核心概念、主要原理、基本理论观点、重要论断；知识结构是由必备知识构成的知识体系、由陈述性知识和程序性知识构成的应对情境所必须具备的各种复杂的产生式系统。从重要性上讲，必备知识相当于该学科或学科模块的重点知识；但从一堂课来说，必备知识依然可以区分为重点知识和一般知识。重点知识是指该堂课的教学重点，也是议题式教学中议题指向的学科点和知识应用的聚焦点。一般知识是该堂课的非教学重点，它指向学科核心概念，服务于教学重点。

知识线是学科认知的发展线，是提高基本能力、培育基本素养的辅助线。牢靠的知识线是学生求真理、悟道理、明事理的坚实基础，是学生发展核心素养的有力支撑，需要引起教师的高度重视。知识线中，已知知识是完成学习任务的准备，连接着学生的学习成果；必备知识是完成学习任务的基础，建构着学科的知识体系；重点知识是完成学习任务的关键，外化学生的综合能力；创生知识是完成学习任务的目标，落实学生的学科素养。牢靠的知识线，首先需要具有基础性和综合性，体现学习成果的连续性和通用性，指向学科的大概念，形成具有内在学科逻辑的知识体系；其次应该具有应用性和创新性，让学生将陈述性知识和程序性知识进行有机整合和运用，进而在新颖或劣构的情境中主动思考，发现新问题，找到新规律，得出新结论。

---

① 教育部考试中心.中国高考评价体系[S].北京：人民教育出版社，2019：26.

层式递进：议题式教学常态课的意义建构逻辑

任何一种教学方式只有成为常态才能长效，议题式教学只有与常态课相伴才能真正成为一线的"百姓品牌"。要想让议题式教学成为一种常态化的教学方式，教师必须综合考虑常态评价、常态教学、常态课堂的现状，考虑社会发展、学校发展、学生发展的常态化需求，在尊重学习规律的基础上遵循常态课的认知逻辑、学科逻辑和生活逻辑，形成价值性和知识性相统一的运行模式。

结合新时代的社会背景和核心素养的培育旨向，遵循"循序渐进"和"知行统一"这两大学习规律，统筹考虑认知逻辑、学科逻辑和生活逻辑及其相互关系，按照"认知衔接→知识理解→知识应用→知识迁移"的认知路线，融合任务型、议题式、情境化和活动性四个基本特征，我在思政课教学中构建了"教学议题经验化导入→必备知识情境化理解→重点知识情境化应用→学科知识素养化迁移"四层递进的常态课运行模式（图2）。下面将具体阐述这一模式的理论依据、逻辑进路和实施策略。

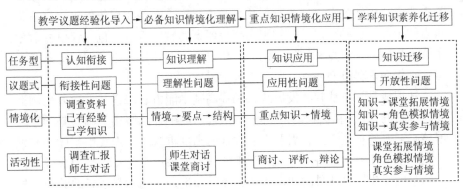

图2 议题式教学常态课的运行模式

一、衔接层级：教学议题经验化导入

教学议题经验化导入是议题式教学常态课的起始层级，也是教师调用学生经验导入新课的衔接环节。在这一环节中，教师通过设置经验化问题、经验化情境、对话式活动进行经验化导入。议题式教学常态课将经验化导入作为起始层级和衔接环节，其心理学依据是建构主义理论。这一理论认为，"学习是引导学生从原有经验出发，生长（建构）起新的经

验"①。因此，教师应该将学习者已有的经验作为认知的衔接点，以求实现认知结构的同化或顺应。

认知衔接环节的议题式主要表现在经验化的问题导入。用于经验化导入的问题通常是议题引领下的一个具有浅层性和辅助性的问题，是一个为"议"做准备的过渡性问题。从功能上说，用于经验化导入的问题有两类：认知同化类问题和认知顺应类问题。认知同化类问题主要用以引导学生将外部环境中的有关信息吸收进来，并整合到已有的认识结构中。比如，在"基层立法联系点如何助力法治中国建设？"议题式复习课教学中，教师要求学生先回答"基层立法联系点与哪些依法治国的知识点之间存在联系？"的问题便是认知同化类的问题。认知顺应类问题主要用于引领学生的原有认知结构顺应外界的新环境，进行结构重组与改造。比如，在"为什么说中国共产党执政是历史和人民的选择？"议题式教学中，教师设置了"站起来""富起来""强起来"的标识，要求学生根据已学知识填出"中华人民共和国成立""改革开放""新时代"三个历史性时刻，这一填空便是一个认知顺应类的问题，让学生根据《思想政治必修1·中国特色社会主义》（以下简称《中国特色社会主义》）所学的内容解决新的问题。两类问题殊途同归，其目的都是为了实现已知和未知的适应及认知结构的衔接。

认知衔接环节的情境化主要表现为情境载体的经验化。用于认知衔接的经验主要有三类：调查资料、已有经验和已学知识。调查资料是学生个体或群体为解决议题进行专题调查而获得的资料，其针对性、时代性和说服力较强。比如，对于"怎样看待人大代表的作用？"这一议题的教学，教师可以采用学生小组对身边的人大代表的调查资料进行经验化导入。已有经验是指学生在生活经历中累积起来的经验，包括对人民生活和国家生活的认知。热点和新闻是两种经常被采用的"已有经验"。比如，对于"如何增强政府的公信力和执行力？"这一议题，可以通过调查获取资料或调用已有经验，让学生谈谈"眼中的政府"，感受政府的形象。已学知识是指前期学习中所积累的各种知识，特别是本学科的知识。这些知识通过温故知新的方法呈现，形成学科认知上的知识链。比如，"中国共产党为什么能？"这一议题是一个单元式议题，这一议题的教学是在《政治与法治》第一单元分课教学完成后的大单元教学。因而我们可以在认知衔接环节调用《中国特色社会主义》和《政治与法治》的相关知识，设置"从

---

① 李方.教育知识与能力[M].北京：高等教育出版社，2011：11.

党史学习和中国特色社会主义发展史学习中，你得出了哪些结论？"之类的问题，将高中段所学的思政课知识串联起来，形成相关链接。

认知衔接环节的活动性主要表现为生生对话或师生对话。在议题式教学中，用于认知衔接的活动形式主要有两种：调查汇报和师生对话。议题式教学中的调查汇报就是学生个体或小组通过线上线下的途径，就相关议题或议题引领下的某一问题进行专题调查，获取结论，并在课堂上进行汇报的活动。这是一种具有综合性、社会性和研究性的认知活动，是连接学校小课堂与社会大课堂的通道，能够成为议题式教学认知衔接环节的亮丽风景。比如，"怎样看待人大代表的作用？"议题式教学中学生采访人大代表的活动，"我们怎样当家作主？"议题式教学中学生对居委会或村委会的调查活动，等等。与调查汇报相比，师生对话更加具有常态性，主要通过师问生答、生问师答、师生协商的方式呈现。这一方式容易拉近师生之间的距离，也易于操作。比如，在"为什么说人民代表大会制度是我国的好制度？"议题式教学中，师生共同探讨"衡量好制度的标准"的对话便是一种引人入胜的衔接方式。尽管衔接环节也可以通过教师讲授的方式进行，但从活动型学科课程和素养化培育的视角来看，对话优于讲授。

二、理解层级：必备知识情境化理解

必备知识情境化理解是议题式教学常态课的第二层级，也是知识理解和建构的基本环节。在这一环节中，教师通过设置理解性的问题、良构性的情境和接受性的活动，帮助学生理解学科重要知识和知识体系。设置这一环节的心理学依据主要是奥苏伯尔（David Pawl Ausubel）的有意义学习理论。这一理论认为，"当学生把教学内容与自己认知结构联系起来时，意义学习便发生了"[①]，而这一意义学习是从表征学习开始的。在议题式教学中，必备知识的情境化理解环节通过表征学习、概念学习和命题学习建构知识与体系。

知识理解环节的议题式是通过设置辅助知识理解的问题或子议题实现的。设置的问题包括有助于理解要点的问题和建构体系的问题。有助于理解要点的问题一般为小问题或小问题串，其目的在于对必备知识点进行各个"击破"，使新知识"着床"于原有的知识结构之上。比如，在"协商民主有什么优势？"议题式教学中，为了理解和认同我国的协商民主，不仅需要设计让学生了解协商民主的形式、政协的职能之类的问题，而且需要设计让学生理解协商民主的优势之类的问题。学生对于必备知识的理解

---

① 施良方.学习论[M].北京：人民教育出版社，2001：223.

不应该停留在点，而应该拓展到面，即建构知识体系。因而，在知识理解环节，我们还需要在结构化层面上设计问题，引导学生聚点成面，理解知识之间的逻辑关系，建立逻辑结构。比如，在"协商民主有什么优势？"议题式教学的知识理解环节，在进行知识要点的理解后，教师需要引领学生对协商民主的含义、类型、重要性等知识进行逻辑建模，形成具有逻辑关系的知识结构。

知识理解环节的情境化是教师创设良构情境、柔化刚性理论的过程。由于这一阶段的情境化目的在于帮助学生理解知识，因此，创设的情境多数选择结构良好的情境，以提供充分和生动的助学载体。这一环节的情境化主要表现为知识要点的情境化理解和知识体系的情境化建构。知识要点的情境化理解一般通过创设情境引领学生理解教材相应的知识点的方法来实现。比如，在"怎样看待人大代表的作用？"议题式教学中，教师创设"十三届全国人大四次会议的部分议程"的情境，让学生找出哪些属于人大代表的职权、哪些属于人大的职权，其目的就是让学生理解人大代表和人大的职权。知识体系的情境化建构过程就是结合情境，让知识点形成知识面，建立知识结构。比如，"怎样看待人大代表的作用？"议题式教学中，我们可以结合人民代表大会的情境形成图3所示的知识结构。

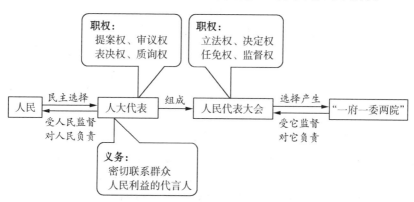

图3　关于"人民代表大会"的知识结构

知识理解环节的活动性主要表现在师生对话和课堂商讨活动之中。师生对话是最常见的知识理解活动，通过师生之间的对话循序渐进地剖析知识、理解要义。值得一提的是，师生对话过程中，教师要引领学生提问，形成问答互动，使师问生答的单边活动走向师生互相问答和协商的双边活动，使学习者从被动应答走向主动提问。相对于师生对话，课堂商讨更具生生互动特色，同桌或小组通过商讨提出问题、解决问题，实现"互惠"。

教师通过引领学生提问、解答学生疑问的方法为商讨活动提供引领和支撑。

三、应用层级：重点知识情境化应用

重点知识情境化应用是议题式教学常态课的第三层级，也是"议中学"的关键环节。这一环节的主要任务是知识应用，即应用本课所学的重点知识解决复杂而良构的情境问题。设置这一环节的心理学依据是认知情境理论，试图通过实践和情境脉络中的协商让纯粹的事情或表征变成动态的知识建构和组织。通常情况下，教师围绕议题设计应用性问题或子议题，引领学生应用所学知识进行商讨或辩论，在深度学习中提高学生的学科能力和学科素养。

知识应用环节的议题式主要表现为将问题设计为应用性的子议题。与知识理解环节相比，应用性问题更具深度，往往是高思维量或思辨性的，其直接目的是提高学生的知识应用能力，包括辨识与判断、分析与综合、推理与论证、探究与建构、反思与评价等能力。比如，在"如何建设现代化经济体系？"议题式教学中，一位教师在调用学生经验的基础上设计了"我们的城市应该寻找怎样的城市当伙伴？"的问题，这是个富含思维量的问题；再比如，"如何弘扬社会主义核心价值观？"议题式教学中的"要弘扬社会主义核心价值观，高调宣传和低调践行哪个更重要？"的辩题便是个具有思辨性的问题。知识应用环节的子议题或问题的形式具有多样性，但就其功能而言，都应该是一个具有时代性和价值引领性的高质量"议"点。

知识应用环节的情境化主要表现为创设具有复杂性或综合性的良构情境，让学生应用所学的重点知识解决较复杂的现实问题。复杂情境是个相对概念，不同的学者有不同的考量标准。本文所述的具有复杂性的良构情境是指主体多、关系杂、影响因素多，但又具有较大确定性的情境，它区别于简单情境，也区别于挑战性复杂情境，一般与新课标学业质量水平划分第三层次要求相对应。综合性的良构情境是复杂情境的一种整合形态，既包括同一层面内各因素横向融合的情境，也包括不同层面间各因素纵向交互的情境。创设综合性的良构情境的直接目的在于帮助学生举一反三、触类旁通。比如，在"科学立法"一框教学的知识理解环节后，为了让学生讨论"良法之下会有法治国家吗？"的议题，一位教师创设了融合《中华人民共和国民法典》（以下简称《民法典》）、《网络交易监督管理办法》、《中华人民共和国未成年人保护法》（以下简称《未成年人保护法》）三部法律的立法背景、立法意义、司法信息的情境，这便是具有复杂性和综合

性的良构情境。

知识应用环节的活动性主要表现在课堂讨论之中，通常采用深度商讨、评析和辩论等形式。深度商讨，即对问题进行条分缕析的讨论，或是挖掘现象背后的深层原因，或是进行策略方案的深度思考。比如，前文所述的"良法之下会有法治国家吗？"议题的讨论便是一个深度商讨的过程。评析不同于评论，它既要分析和阐发观点或现象的意义，又要针对事物的理解进行个人或群体意义上主观或客观的阐述，思维量足。比如，一位教师在"双循环如何实现良性循环？"议题式教学中，设置了让学生评析关于双循环的两种观点——"内循环为主意味着我国产业与国际产业链脱钩"与"双循环中内循环和外循环一样重要"。这一活动便是知识应用性的评析活动。辩论是最具"议"味的"议中学"活动，通常采用小组讨论基础上的自由辩论或大组讨论基础上的结构化辩论的方式进行。值得注意的是，用于学生讨论的命题不能是伪命题、废命题或已经形成明确结论的命题。比如，2021年上半年，我们可以让学生辩论"要不要'防沉迷'？"的议题；下半年，则不应该停留在"要不要"，而应该落点于"该不该进行'防沉迷'立法？"之上，因为8月份国家新闻出版署已出台"防沉迷"政策，但未形成立法。知识应用环节的课堂讨论是最需要深度的"议中学"活动，需要教师留出足够的时间，让学生充分地讨论并表达。

四、迁移层级：学科知识创生化迁移

学科知识创生化迁移是议题式教学常态课的第四层级，也是素养落地的考量环节。这一环节的主要任务是让学科知识在新情境、真实情境、劣构情境中得到应用。设置这一环节的理论依据是 D. H. 乔纳森的建构主义理论。这一理论强调，教师"在构建学习任务时应要充分考虑非良构问题和开放性问题"[①]，让学习者成为积极的、富有创造性的、能自控的意义建构者。对于议题式常态课而言，这种过程具有高阶意义。它是学科知识提升和拓展的教学环节，常常由小课堂延伸到社会大课堂；它又是"教学评"融合的育人环节，将教师的教、学生的学和表现性评价相融合，在融合中育人；它还是核心素养的落地环节，通过学生在知识迁移中的真实表现考量其素养化水平。

创生化迁移环节的议题式通过设置开放性和可议性的一般问题、课题

---

① 谭敬德，徐福荫. 乔纳森建构主义的认识论特征分析及其对教学设计发展的影响[J]. 现代教育技术，2006（1）：15.

或可议性项目来实现。一般问题的落点较小，主要用于解决现实生活中与学科知识相关联的小问题。比如，提出几个建议、设计几条标语、撰写一段倡议等。课题的落点较大，不仅需要发挥团队的力量，而且需要较多的时间保证，一般需要延伸到课后完成。比如，在"如何使市场在资源配置中起决定性作用？"议题式教学中，一位教师设计了"以小组为单位撰写最新市场调查报告"的任务便是一个可议性课题，体现"议中研"的特征。可议性项目是最能体现议题式教学"议中做"特征的议题表现形式，它不仅要求有过程，而且要求有物态产品。在议题式常态课中，可议性项目的物态产品常常以方案形式呈现，比如，模拟议案、模拟提案、模拟立场文件等大方案，演讲稿、倡议书、策划案等一般方案。

创生化迁移环节的情境化是通过创设具有真实性、开放性和劣构性的情境来实现的。它通过教师提供状态不明、目标不明的劣构载体，辅助素养落地，考量素养水平。按照真实性和开放性的程度，这种情境可以分为课堂拓展情境、角色模拟情境、真实参与情境三类。课堂演讲、课堂评论等活动属于课堂拓展情境，此类情境具有即时生成性，为一线教师广泛采用；模拟人大、模拟政协、模拟听证会、模拟法庭等情境属于角色模拟情境，此类情境需要课前的资料准备和课堂的角色代入，对于培养学生的政治能力和素养具有积极意义；真实参与情境是指学生走出课堂，参与社区民意听证会、新时代文明实践站、基层立法联系点等公共活动的情境，这种情境是原生态的，值得思政课教学大力提倡，也须思政课教师大胆运用。

创生化迁移环节的活动性是通过"议中做"的方式体现的，即通过学生的社会化活动实现学科知识在新情境中的迁移。从活动与公共参与的关系看，活动可分为课堂拓展活动、角色模拟参与活动和社会真实参与活动；从活动的思维层次看，它包括复杂推理、真实探究和创新思考；从活动的组织方式看，主要表现为小组合作式活动，讲究社会建构；从活动的探究层次看，它是在接受式探究基础上的一种建构式探究和发现式探究，遵循"发现问题→提出假说→验证假说"的逻辑进路。教师在组织迁移活动时，首先要有真正的认同，认同素养对于学生成长的意义，认同活动对于素养提升的意义，树立学科育人观念；其次要有充分的活动准备，厘清活动的来龙去脉，明确活动的各种要求，制定活动的具体攻略；再次要有适当的评价，认同学生的活动成果，考量成果的素养水平，在真评中引领学生真议和真做。

在议题式教学意义建构逻辑的四个环节中，经验化导入环节主要用于知识衔接，以学生的生活经验、已学知识或调查资料为切口进行课堂导入；情境化理解环节主要用于知识的理解和建构，通过知识的描述比较、分析综合、情境柔化等方式理解其内涵，形成体系；情境化应用环节主要用于重要概念、观点、原理的情境化运用，使内化于心的知识外化于行；创生化迁移环节主要用于重难点在新情境中的应用，解决开放型问题，促使素养落地。根据个人喜好和学生实际，这四个环节具有多种表现方式，比如，单环理解整体递进型、单环应用整体递进型、单环迁移整体递进型等，如图4所示。

图4　议题式教学建构逻辑的三种表现方式

单环理解整体递进型，即将教学过程分解为"经验化导入—情境化理解—情境化应用—创生化迁移"四个环节逐次推进的模式，这种模式的情境化应用和素养化迁移往往安排在知识的情境化理解和整体建构之后。单环应用整体递进型，即将教学过程分解为"经验化导入—情境化理解应用（情境化理解—情境化应用）—整体性建构—创生化迁移"四个环节，其中的情境化应用直接发生于情境化理解之后、整体性建构之前。单环迁移整体递进型，即将教学过程分解为"经验化导入—情境化理解应用迁移（情境化理解—情境化应用—创生化迁移）—整体性建构"三个环节，其中的创生化迁移直接发生于情境化理解和应用之后、整体性建构之前。

三重保障：议题式教学常态化实施的支撑体系

议题式教学，作为与新课程改革（以下简称"新课改"）相呼应的一种新的教学方式，需要考虑新时代的人才需求、新课标的素养指向、新高考评价的"'一核''四层''四翼'"① 要求、新教材的议题解决等一系列新课改要求。在《政治与法治》议题式教学中，基于对新课改精神和实践操作的系统考虑，我们形成了具有"三重保障"功能的支撑体系：大单元教学、素养化进阶、协同型教研。

1. 大单元教学：保障议题式教学的实施宽度

大单元教学思维，即根据学科大概念形成学科大单元，在大单元思域内形成若干个议题或主题进行具有统整意义的教学的一种思维。由于学校教学通常采用的是 40 分钟或 45 分钟的课时制，因此，大单元教学往往需要将知识的分解和思维的统整结合起来。教师在教学设计中需要改变单课教学和单框教学的思维定式，在大单元视域中进行整体设计。首先，大单元教学思维主张从单元整体上进行顶层设计。教师要能够运用系统论方法对单元及其教学的各方面、各层次、各要素统筹规划，形成具有顶层引领性、要素关联性和实践可操作性的教学目标和整体规划。其次，大单元教学思维主张从议题分解和活动安排上进行重点突破。议题分解要求教师将单元主题分解为若干个议题并将议题分解为问题串，以求"各个击破"；活动安排就是要考虑教学活动在空间层面上的方式整合、时间层面上的环节相继和素养层面上的层阶递进。在空间层面上，大单元教学既要考虑课堂活动，又要考虑课外活动；在时间层面上，大单元教学既要考虑课前活动，又要考虑课中活动和课后活动；在素养层面上，大单元教学既要考虑接受式探究，又要考虑建构式探究和发现式探究。

在《政治与法治》议题式教学过程中，我们遵循教材的单元划分思路，将模块分为"中国共产党的领导""人民当家作主""全面依法治国"三个单元，再根据知识间的相互关联将每个单元分为若干个议题。其中，"中国共产党的领导"单元设计了 4 个议题："为什么说中国共产党执政是历史和人民的选择？""怎样高扬永不褪色的旗帜？""如何理解办好中国事情的关键在党？""如何理解依法执政？""人民当家作主"单元设计了 6 个议题："如何理解人民民主专政？""怎样看待人大代表的作用？""为什么说人民代表大会制度是我国的好制度？""协商民主有什么优势？""我国各族人民怎样和睦相处？""我们怎样当家作主？""依法治国"单元设计了 9 个议题："为什么说全面依法治国是国家治理的一场深刻革命？""如何做好法治中国的顶层设计？""良法之下会有法治国家吗？""如何增强政府的公信力和执行力？""法治如何让生活更美好？""公民参与立法

---

① 教育部考试中心. 中国高考评价体系[S]. 北京：人民教育出版社，2019：6.

的意义和途径""如何避免法律成为纸老虎?""为什么说司法公正是社会公平正义的最后一道防线?""生活中如何推进全民守法?"另外,每个单元安排了一个单元复习议题,共有三个单元议题:"中国共产党为什么能?""为什么说中国式民主是管用的?""基层立法联系点如何助力法治中国建设?"

2. 素养化进阶:保障议题式教学的实施高度

素养化进阶思维,即按照《中国高考评价体系》的"四层"要求设计教学目标,再按照"理解—应用—迁移"的运行逻辑设计素养进阶路线的一种思维。首先,教师需要设计"四层"式教学目标:必备知识目标、关键能力目标、学科素养目标和核心价值目标。必备知识是《中国高考评价体系》指向下高中学生必须掌握的专业知识,包括核心概念、主要原理、基本理论观点和重要论断等学科知识、时事知识、生活知识和创生知识。关键能力是指支撑学生终身发展、适应时代要求的认知能力、合作能力、创新能力和职业能力。在事例性的问题情境中,这些能力表现为辨识与判断、分析与综合、推理与论证、探究与建构、反思与评价、获取和解读信息、语言文字表达等。学科素养包括政治认同(政治立场与理想信念、思想品质与道德情操)、科学精神(科学认知与求真务实、价值判断与行为选择)、法治意识(法治思维与法治实践)和公共参与(公共参与与责任担当)。核心价值包括政治素养、道德品质、科学思维、综合素质等。其次,教师要按照运行逻辑设计素养化进阶路线:认知衔接→知识理解→知识应用→知识迁移。制定素养化进阶路线的目的在于衔接学生的认知结构,在理解中内化知识、建构体系,在应用中外化知识,在迁移中提升素养。

《政治与法治》分册的每一个议题式教学叙事都遵循素养化进阶思维,形成"经验化导入—情境化理解—情境化应用—创生化迁移"四个环节。比如,在第一单元的"怎样高扬永不褪色的旗帜?"议题式教学中,环节一可从"疫情期间,你印象最深的是什么?它留给你的是什么颜色?"个人发言切入;环节二可以安排"中国共产党为什么能够领导中国人民取得抗疫的胜利?"的自由发言以理解知识,安排"搜集或者采访你所了解的抗疫期间的感人党员事迹,说说优秀共产党员的先锋模范作用,归纳本质上的共同点"的个人发言活动以理解知识、合作建构本课知识结构的活动;环节四可以进行"结合'三牛'精神,根据本土实际,构思宣传小报"的项目化学习以应用和迁移知识。比如,在第二单元的"怎样看待人大代表的作用?"议题式教学中,环节一进行的"学生小组对身边的人大代表调查并汇报",用于认知衔接;环节二进行"十三届四次会议部分议程与人大代表职权、人大职权"的连线活动以情境化理解知识;环节三要求学生小组讨论"民有所呼,'会'有所应是如何在拉齐尼·巴依卡身上体现的"问题以情境化应用知识;环节四要求学生合作撰写100字左右的议案以创生化迁移知识。再比如,在第三单元的"良法之下会有法治国家吗?"议题式教学中,环节一进行的"分享法治新闻,感悟法治进程"的活动,用于认知衔接;环节二进行"为什么说新修订的《未成年人保护法》是科学立法的一次成功实践?"的小组讨论以理解知识并建构体系;环节三进行"良法之下会有法治国家吗?"的辨析活动以应用知识;环节四进行课堂模拟立法听证会活动以迁移知识。

3. 协同型教研:保障议题式教学的实施长度

协同型教研,即在方向和主题认同基础上的协作共思、共教和共研过程。协作共思主要表现在教学设计上的集体备课、教学实施中的集体反思;共教主要表现在主备人的试点式引领和成员间的无壁垒听课;共研主要表现在主备人思路形成后的再构和主讲人课堂实施后的共研。认同是协同型教研的基础,它能够使教研获取每个人的原始动力,能够让每个人成为具有自觉教研的共同体成员。教研认同包括认同教研的目标、内容、形式和策略。协作共事是协同教研的主体,它是成员根据自己的特长领取任务、共同完成整体任务的过程,包括任务分工、协商再构、课堂观察和教学反思。

议题式教学的常态化实施绝不是一个人的单兵作战,而是一个共同体的协同教研。首先,高质量的教学设计需要众人的智慧。单个人的认知受实践水平的制约,是有限的。而集体的认知能够突破单个人实践水平的制约,最大限度地汇聚智慧和能量,提升教学设计的质量。其次,可持续的教学行为需要众人的接力。一个高质量的议题式教学设计至少需要两天时间,一般每个成员的周课时数为4~5节课,再加上上课、作业批改和其他事务等因素的影响,他不可能连续地完成高质量的教学设计,甚至无法连续性地提供一般性的教学设计。因而要想让议题式教学成为一个可持续发展的教学行为,协同型教研必不可少。

在《政治与法治》议题式教学中,我们团队的协同型教研是通过"一二三"的模式进行的。首先,建立"主持领衔、主力分工、主干协同"的管理机制,即主持进行顶层设计,主力进行分工协作,主干进行方案协同。其次,建立"主备—协同—优化"的教研运行机制。第一步,共同体成员按照任务分工形成各自的教学思路;第二步,共同体组织研讨主备人的教学思路，提供再构的意见和建议；第三步，共同体成员根据意见和建议进行改进和优化。最后，建立"设计—实践—反思"的课堂改进机制。在这一课堂改进机制中，协同设计是协同教研的基础环节，课堂实践是协同教研的关键环节，课后反思是协同教研的提升环节。

目录

"为什么说中国共产党执政是历史和人民的选择?"议题式教学叙事 …… 第 001 页

"怎样高扬永不褪色的旗帜?"议题式教学叙事 …… 第 013 页

"如何理解办好中国事情的关键在党?"议题式教学叙事 …… 第 027 页

"如何理解依法执政?"议题式教学叙事 …… 第 037 页

"如何理解人民民主专政?"议题式教学叙事 …… 第 048 页

"怎样看待人大代表的作用?"议题式教学叙事 …… 第 057 页

"为什么说人民代表大会制度是我国的好制度?"议题式教学叙事 …… 第 069 页

"协商民主有什么优势?"议题式教学叙事 …… 第 083 页

"我国各族人民怎样和睦相处?"议题式教学叙事 …… 第 095 页

"我们怎样当家作主?"议题式教学叙事 …… 第 107 页

"为什么说全面依法治国是国家治理的一场深刻革命？"议题式教学叙事 …… 第 120 页

"如何做好法治中国的顶层设计？"议题式教学叙事 …… 第 134 页

"良法之下会有法治国家吗？"议题式教学叙事 …… 第 144 页

"如何增强政府的公信力和执行力？"议题式教学叙事 …… 第 155 页

"法治如何让生活更美好？"议题式教学叙事 …… 第 169 页

"公民参与立法的途径及意义"议题式教学叙事 …… 第 182 页

"如何避免法律成为纸老虎？"议题式教学叙事 …… 第 197 页

"为什么说司法公正是社会公平正义的最后一道防线？"议题式教学叙事 …… 第 209 页

"生活中如何推进全民守法？"议题式教学叙事 …… 第 220 页

"中国共产党为什么能？"议题式教学叙事 …… 第 233 页

"为什么说中国式民主是管用的？"议题式教学叙事 …… 第 247 页

"基层立法联系点如何助力法治中国建设？"议题式教学叙事 …… 第 262 页

后　记 …… 第 276 页

"为什么说中国共产党执政是历史和人民的选择?"议题式教学叙事

——基于"历史和人民的选择"一课

吴江中学 柳翠执笔,备课组协同

一、形成教学思路:重点探究百年历程

2021年春,备课组决定以《政治与法治》为载体开展议题式常态课教学。作为备课组组长,我身先士卒,根据备课组商定的单元布局,基于第一课"历史和人民的选择"进行议题式教学设计。《普通高中思想政治课程标准(2017年版,2020年修订)》(以下简称"新课标")对本节课的要求是引述宪法序言,说明没有中国共产党就没有新中国,阐明中国共产党成为执政党的必然性。新课标的教学建议是以"为什么说中国共产党执政是历史和人民的选择?"为议题,探究中国共产党带领中国人民革命、建设和改革的奋斗历程。可开展红色旅游,如参观烈士陵园、革命遗址、革命历史展览馆等相关教育实践基地,理解中国共产党是中国工人阶级的先锋队,同时是中国人民和中华民族的先锋队。可开展"不忘初心,牢记使命"的访谈,请老党员宣讲党的使命,请老战士、老模范口述历史,从中汲取一代又一代中国共产党人为共产主义理想而奋斗的精神力量。可直面各种质疑、非议或诋毁,澄清基本事实,阐明党的宗旨,论证中国共产党是中国革命、建设和改革的领导核心。[1]

根据新课标的要求和教学建议,我们初步制定了本节课的学习目标:通过对党领导人民站起来、富起来和强起来的革命和建设历程等内容的教学,学生能够认同中国共产党的先进性和中国共产党执政的历史必然性,进而自觉拥护中国共产党的领导,成为具有共产主义理想信念的党和国家的可靠接班人。我们根据新课标确定了本节课议题:为什么说中国共产党执政是历史和人民的选择?

---

[1] 中华人民共和国教育部. 普通高中思想政治课程标准(2017年版,2020年修订)[S]. 北京:人民教育出版社,2020:17.

本节课从内容上来看，时间跨度大，史料丰富，要获取的信息量比较多，但是政治课不能上成历史课，要从大量的史实中跳出来，高屋建瓴地去提取政治原理，这就要求有大概念和大单元思维，不能仅仅局限于本节课内容，也不能拓展太多其他内容，毕竟一节课45分钟是有限的。要在有限的时间内高效率地完成教学任务，还要让学生觉得这节课有趣，确实需要好好动脑筋做好教学设计。由此，我初步做出了线性的教学设计，具体设计方案如下。

第1部分，漫漫探索路。创设情境：参观中国国家博物馆举办的"复兴之路"主题展览，了解近代中华民族的苦难历史和复兴历程。设置任务：结合展览经历，运用你所学知识，说说近代中国先后有哪些政治力量登上历史舞台，它们对时代的声音分别做出了怎样的回应；说说你对"没有共产党就没有新中国"的理解。通过主题展览活动，学生提升了理论认识：没有共产党就没有新中国。这是近代以来中国人民斗争经验的历史总结，是中国人民在长期探索、艰苦奋斗的基础上共同确认的历史真理。

第2部分，奋斗百年路。创设情境：2021年是中国共产党成立100周年，也是"十四五"开局之年，必将在中国历史上留下浓墨重彩的标注。锚定党中央擘画的宏伟蓝图，观大势、谋全局、抓大事，坚持底线思维，保持战略定力，勇于担当作为，增强斗争精神，认真做好各项工作，以优异成绩庆祝中国共产党成立100周年。设置任务：小组合作讨论，完成以下任务群。① 设计电影拍摄的篇章。② 选择其中一个篇章的实例，说明如何体现中国共产党的先进性。③ 为你组选择的这个篇章写出前言导语。本部分设计的目的是想通过模拟拍电影的形式回顾党史，抓住党在社会发展中的伟大瞬间事件，论证"中国共产党执政是历史和人民的选择"这一结论；学生通过史实也能充分认识到：中国共产党领导人民艰辛探索社会主义建设道路取得的物质成就和历史经验，为改革开放奠定了坚实的基础；中国共产党带领全国人民，推动中国特色社会主义进入新时代；在新时代，党领导中国人民踏上了决胜全面小康、基本实现社会主义现代化、全面建设社会主义现代化强国的新征程。从而用实践充分证明，中国共产党领导是历史的选择，是人民的选择，是正确的选择。

第3部分，眺望复兴路。创设情境：建党100周年。设置任务：学校举办"我有话对党说"迎接建党100周年演讲比赛，写100字左右的演讲稿概述。本部分设计是对本节课所学内容的践行，能够让学生认同中国共产党的先进性和中国共产党执政的历史必然性，进而自觉拥护中国共产党的领导，成为具有共产主义理想信念的党和国家的可靠接班人。

二、协同教学设计：保留情境，改进视角

备课组集体备课，对初案提出了建设性意见和建议。

① 知识梳理部分需要保留下来，放在理解环节之后。对于是让学生自主梳理还是教师给出框架，备课组的成员有了一点小分歧：让学生自主梳理或许对知识的认识和理解会参差不齐，教师给出框架则有点限制学生的思维。最后经过激烈探讨，备课组一致决定：由教师给出大体框架，学生去书本上找知识填写下来。这样既调动了学生主动学习的积极性，也有利于教师基于大单元教学把握整体逻辑框架。大家一致认为，本节课的知识梳理还应该体现一些下节课的内容，做到前挂后连。

② 情境选用党史教育，契合当下时政热点，正值建党100周年，议题延伸了新任务——"我有话对党说"迎接建党100周年演讲比赛，写100字左右的演讲稿概述，包括党史回顾、展望、青年态度三个部分，这是对本节课知识的迁移和升华，青年学生要有公共参与意识，真正懂得"中国共产党执政是历史和人民的选择"这一真理，懂得中国共产党保持和践行初心的原因，树立尊重历史、尊重国情的唯物史观和以人民为中心的意识。

③ 奋斗百年路、起航新征程的《百年大党为什么能》的电影模拟拍摄环节很有意思，学生应该很感兴趣，通过拍电影将学生带入一种"沉浸式"教学之中，学生在好玩中收获满满。一系列的问题层层递进，更能很好地引领学生一步步找出"党为什么能"的真理：没有共产党就没有新中国。这是近代以来中国人民斗争经验的历史总结，是中国人民在长期探索、艰苦奋斗的基础上共同确认的历史真理；中国共产党领导人民艰辛探索社会主义建设道路取得的物质成就和历史经验，为后来的改革开放奠定了坚实的基础；中国共产党带领全国人民，推动中国特色社会主义进入新时代；在新时代，党领导中国人民踏上了决胜全面小康、基本实现社会主义现代化、全面建设社会主义现代化强国的新征程。从而用实践充分证明，中国共产党领导是历史的选择，是人民的选择，是正确的选择。

当然，备课组细细推敲后，发现本节课存在以下问题：

① 整个设计环节看标题依然没有脱离历史发展的这条线，以时间轴设定了"漫漫探索路""奋斗百年路""眺望复兴路"三个环节，这不该是政治课该有的样子，史实只能是政治课中的情境，是为论证政治原理服务的，不能作为上课的主要基调。最后备课组商议决定，聚焦"历史和人民的选择"，将以上环节分别改为以下三个环节。环节一：唱支山歌给党听；环节二：百年历程感党恩；环节三：我们有话对党说。三个环节按照新课标的能力等级是层层上升的，聚焦历史和人民的选择，更具政治理论

色彩，跳出了历史的角度，抽象且有高度地抽取出政治结论。政治课就该具有价值引领和认知引导，培育学生认同中国共产党的先进性和中国共产党领导的历史必然性的学科素养。

② 整节课没有结论性语言或小结。每个环节设置的目的是如何呈现政治原理结论。例如，第2部分的问题设置，叙说近代中国先后有哪些政治力量登上了历史舞台，它们对时代的声音分别做出了怎样的回应。学生讨论结束后，教师应该有个总结概括和升华的过程，从情境中得出了什么重要原理才是课堂效果达成的成果。因此，在学生回答完问题后，教师要给予高屋建瓴的总结和概括，理解中国共产党执政是历史和人民的选择的原因和事实。事实证明，在中国共产党的领导下，中国从"中华人民共和国成立、社会主义制度的确立"站起来，到改革开放富起来，再到新时代强起来；因为中国共产党始终坚持以人民为中心，始终站在时代前列，具有先进性，所以能够领导人民站起来、富起来、强起来。再者，第2部分的最后回归议题，总结概括"中国共产党执政是历史和人民的选择"的结论，这既是对必备知识的概括总结，也是本节课重点掌握的内容。

③ 知识梳理太单调，没有逻辑性。知识梳理的过程也是学生对本节课的基本认知过程，必备知识不仅要体现新课标要求，还要将知识进行结构化处理，才更有逻辑性。最后，备课组一致认为有必要将知识梳理可视化。可视化的知识梳理不仅可以简化学生对知识的识记，还可以对复杂知识有简明的建模作用，不仅让学生记得牢，还能让学生理解得深。

三、整体教学设计：感受历程，探究原因

（一）教材与学情

1. 内容分析

（1）本课地位

本单元以"中国共产党的领导"为核心，结合历史与现实，探究中国共产党领导和执政地位的形成、党的先进性、坚持和加强党的领导等内容。本单元围绕"中国共产党的领导"分三课进行阐述。本课是《政治与法治》的开篇，起铺垫的作用。

（2）本课内容

第一课"历史和人民的选择"，描述了自1840年以来无数仁人志士各种各样的尝试，未能改变救中国的社会面貌的事实；阐释了中国共产党领导人民先后完成新民主主义革命、社会主义革命，进行了改革开放和社会主义现代化建设的伟大革命；让学生认清中国共产党的领导和执政地位是历史的选择、人民的选择。

2. 学情分析

（1）学生心智特征分析

这个时期的青少年处于人生观、价值观的形成时期，处于向成熟期的过渡阶段。在看待事物、分析问题、判断事物等方面容易表面化和片面化，容易受个人情绪等因素的影响，需要教师正确价值观的引导。高中生已经具备一定的抽象思维能力，对归纳、对比等归因分析方法有一定的了解，具备一定的逻辑思维能力；创设问题情境，发挥学生具有的分析与综合的思维能力，理解党的领导是历史和人民的选择。

（2）学生已有知识经验分析

本课内容为《政治与法治》第一单元第一课的内容，学生对政治生活的理论知识掌握应该在原有的初中基础上有所提升，初中已经学习了我国的政党制度，对党的知识有了初步的了解。学生对社会生活中的政治现象有所耳闻，为学习本课内容提供了一定的生活基础。

3. 教学目标与重难点

（1）教学目标

了解党领导人民站起来、富起来和强起来的革命和建设历程，理解党的先进性；在小组讨论中培养交流合作能力、获取和解读信息能力、推理论证能力，应用和迁移"党的执政是历史和人民的选择"的知识；认同中国共产党的先进性和中国共产党执政的历史必然性，自觉拥护中国共产党的领导，成为具有共产主义理想信念的党和国家的可靠接班人。

（2）教学重难点

教学重点：中国共产党执政是历史和人民的选择的原因。

教学难点：中国共产党执政是历史和人民的选择的原因。

（二）路线与结构

1. 教学路线

本课采用议学任务引领的议题式教学方式，议题、情境、活动、知识四个要素构成了如下四条线。

议题线：由"为什么说中国共产党执政是历史和人民的选择？"议题引领如下问题串，《唱支山歌给党听》是如何创作和传播的？为什么会广泛而久远地传播？—中国共产党带领人民进入新时代踏上新征程意味着什么？—中国共产党领导为什么能够成为历史和人民的选择？—《百年大党为什么能》可设几个篇章？—"我有话对党说"演讲稿。

情境线：《唱支山歌给党听》歌曲—"复兴之路"展览—《百年恰是风华正茂》视频、演讲稿。

活动线：分享—对话、交流—讨论、演讲。

知识线：选择的历程—选择的原因—选择的表现。

2. 教学结构（图1）

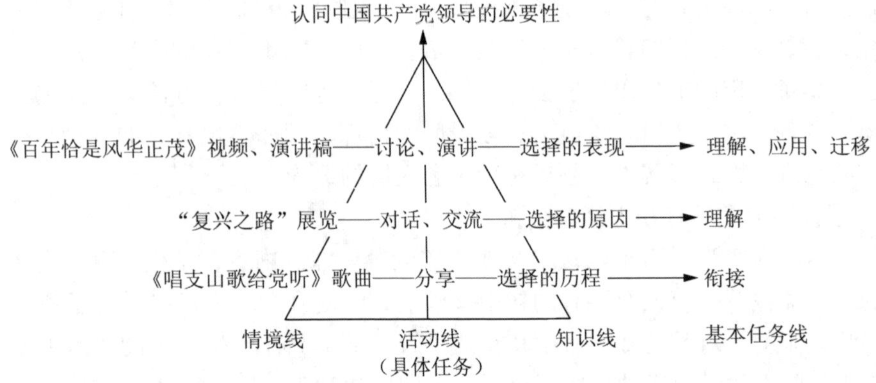

```
                    认同中国共产党领导的必要性
                              △
《百年恰是风华正茂》视频、演讲稿——讨论、演讲——选择的表现——→理解、应用、迁移
      "复兴之路"展览——对话、交流——选择的原因——→理解
    《唱支山歌给党听》歌曲——分享——选择的历程——→衔接
         情境线          活动线          知识线        基本任务线
                      （具体任务）
```

图1 "为什么说中国共产党执政是历史和人民的选择？"议题式教学结构

（三）过程与意图

[议题] 为什么说中国共产党执政是历史和人民的选择？

[课前准备] 课前播放：MV《唱支山歌给党听》。

环节一：唱支山歌给党听

[导入] 问：春晚上为什么老一辈艺术家齐聚一堂，共同演绎《唱支山歌给党听》？

[学习任务] 自由分享：这首歌是谁作词？谁作曲？谁首创的？这首歌曲是怎样创作和传播开来的？为什么会广泛而久远地传播？

[设计意图] 通过学生感兴趣的话题和优美歌曲代入今天的学习，激发学生的学习兴趣。通过歌曲的创作、传播的资料分享，学生能感受党的伟大。

环节二：百年历程感党恩

[学科概念] 历史和人民的选择。

[教学情境] 参观中国国家博物馆举办的"复兴之路"主题展览，了解近代中华民族的苦难历史和复兴历程。

[学习任务1] 师生对话：叙说近代中国先后有哪些政治力量登上历史舞台，他们对时代的声音分别做出了怎样的回应。

[答案提示1] 三种方案失败的原因。分别阐述即可。

[教师小结] 理解"中国共产党执政是历史和人民的选择"的原因和事实。事实证明，在中国共产党的领导下，中国从"中华人民共和国成

立、社会主义制度的确立"站起来,到改革开放富起来,再到新时代强起来;因为中国共产党始终坚持以人民为中心,始终站在时代前列,具有先进性,所以能够领导人民站起来、富起来、强起来。

[学习任务2]同桌交流:中国共产党带领人民进入新时代,踏上新征程意味着什么?

[答案提示2]分别从中国发展史、世界发展史、人类发展史三个角度来阐述,说明中国共产党带领人民进入新时代的意义。

[学习任务3]小组讨论:中国共产党领导为什么能够成为历史和人民的选择?

[答案提示3]从原因和意义两个角度阐述。先从中华人民共和国成立—社会主义建设—改革开放—中国特色社会主义进入新时代等事实层面描述,再从共产党自身的纯洁性和先进性的角度分析。

[设计意图]通过博物馆"复兴之路"的展览历程,学生理解"中国共产党执政是历史和人民的选择"。

[学习任务4]归纳总结知识体系(图2)。

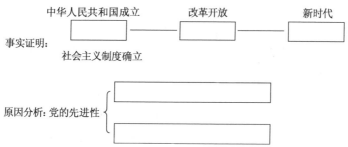

图2 "中国共产党执政是历史和人民的选择"知识结构

[设计意图]通过对本节课知识梳理,学生可从整体上把握所学知识,也为后面议题式教学活动任务的达成奠定了知识根基。

环节三:我们有话对党说

[教学情境1]播放视频:《百年恰是风华正茂》。

2021年是中国共产党成立100周年,也是"十四五"开局之年,必将在中国历史上留下浓墨重彩的标注。锚定党中央擘画的宏伟蓝图,观大势、谋全局、抓大事,坚持底线思维,保持战略定力,勇于担当作为,增强斗争精神,认真做好各项工作,以优异成绩庆祝中国共产党成立100周年。

[学习任务1]小组合作,完成以下任务:① 如果拍摄《百年大党为什么能》的电影,你认为可设几个篇章(可用图谱表示)?说说你设置的

理由或依据。② 每个篇章须安排典型事例，请设计一个事例，说明如何体现中国共产党的先进性。

［答案提示1］本题具有开放性，根据历史重大事件或者时间轴写出理由和依据，安排典型事例要注意事例的典型性。

［设计意图］通过拍电影形式增强学习的趣味性和带入感，学生能增强对"中国共产党执政是历史和人民的选择"的认同感。

［教学情境2］100年的风雨历程，100年的辉煌历史，伟大的中国共产党带领我们开创了一次又一次光辉时刻。

历史的车轮滚滚向前。

在迎接建党100周年之际，

青少年读者秉着求是之精神，

歌颂中国共产党、歌颂祖国，抒以万丈豪情，

歌颂大美河山，描以百年光景，

形式多样，真情却始终如一。

所有的祝愿与赞许，所有的赤诚与忠心，

都将化作对党最好的赞礼。

［学习任务2］独立撰写并演讲：为迎接建党100周年，我校将组织"我有话对党说"演讲比赛，试写100字左右的微演讲稿并演讲（包括党史回顾、展望、青年态度）。

［答案提示2］争取民族独立、人民解放和实现国家富强、人民幸福，是中国共产党百年历史的主题和主线；不懈奋斗史、理论探索史、自身建设史，是中国共产党百年历史的主流和本质；中国共产党今天取得的辉煌，为明天取得更大的辉煌提供了前提、创造了条件、奠定了基础。守初心，担使命，迈向新征程，我们整装待发，为实现第二个百年奋斗目标、实现中华民族伟大复兴的中国梦奉献自己的智慧和力量，用青春书写人生的华彩篇章。

［设计意图］通过知识迁移，学生能培养公共参与能力，认同中国共产党的先进性和中国共产党执政的历史必然性，自觉拥护中国共产党的领导，成为具有共产主义理想信念的党和国家的可靠接班人。

［总结］回顾党的历史，这是用鲜血、汗水、泪水、勇气、智慧、力量写就的百年，争取民族独立、人民解放和实现国家富强、人民幸福，是中国共产党百年历史的主题和主线。中国共产党今天取得的辉煌，为明天取得更大的辉煌提供了前提、创造了条件、奠定了基础。不忘初心、牢记使命、永远奋斗。作为青年学生，守初心，担使命，迈向新征程，我们整

装待发,为实现第二个百年奋斗目标、实现中华民族伟大复兴的中国梦奉献自己的智慧和力量,用青春书写人生的华彩篇章。

[推荐阅读] 电视剧《觉醒年代》、电影《建党伟业》。

四、反思教学过程:充分关注世情、学情

(一) 亮点与价值

1. 设计思路着眼于大单元教学,能发展学生整体性思维品质

本节课以"为什么说中国共产党执政是历史和人民的选择?"为议题,着眼于大单元教学,系统规划进阶式教学目标,确定教学结构,实施教学评价,赋予议题单元教学的意义。以大单元教学打破知识碎片化的僵局,对知识进行系统性的整合和重组,使其更符合学科逻辑和学生的思维规律。因此,将本节课知识放在大单元教学视域下,分析"中国共产党执政是历史和人民的选择"的事实和原因,有利于发展学生的整体性思维品质。

2. 实施过程遵循情境化路线,能培育学生的政治认同素养

本节课选择党史学习这一当下时政热点,借助 2021 年中国共产党成立 100 周年的契机,引发学生的关注和兴趣。情境的语脉承自时代的热点,增加课堂的鲜活性。从"春晚上为什么表演《唱支山歌给党听》?"这一生活问题出发,学生在情境中了解生活中处处有学科知识的道理;设计《百年大党为什么能》电影环节,学生主动参与拍摄的过程,将课堂所学内容外化为自觉认同的行为,让学生在"好玩""有趣"中增强对"中国共产党执政是历史和人民的选择"的高度认同感,自觉拥护中国共产党的领导,成为具有共产主义理想信念的党和国家的可靠接班人,从而实现思政课立德树人的目标。

3. 迁移活动通过场景化方式,能助力学科核心素养落地

"三新"背景下的新高考更多地注重对学生核心素养的培养,试题更加注重开放性。因此,在延伸环节,设置了为迎接建党 100 周年,我校将组织"我有话对党说"演讲比赛,让学生试写 100 字左右的微演讲稿并演讲。学生在写演讲稿的过程中,不仅需要具备丰富的历史知识,还要有很好的文学功底,以及在台上展示演讲的勇气和魄力,这都增强了学生的素养要求。用场景化的活动更能增强学生对"中国共产党执政是历史和人民的选择"的体验感,在体验中认同党的领导。

(二) 问题与对策

1. 课前准备中未充分引领资料收集，学生党史知识不足，须教师进行任务驱动

本节课的情境选择"党史"为主题，契合了当下的时政热点，具有鲜明的时代性，也为"中国共产党执政是历史和人民的选择"提供了对应和典型的载体，具有充分性。拍摄《百年大党为什么能》电影篇章，有趣，但是需要学生充分拥有有效的资源和有用的信息，如果资料搜集不够或者不够精准，活动的展开和议学任务的完成就面临挑战。因此，如何在有限的时间内让学生充分占有资料是值得深思的问题；是安排在课前自主搜集，还是教师给予一定的资料？怎样能让学生主动去了解和搜集资料？这些也将是在以后教学过程中慢慢探索并逐步解决的问题。

2. 学生演讲中未充分联系自身实际，学生外化行为空泛，须教师引领具化思考

演讲的活动形式更能激发学生的学习热情和激情，在演讲中提升学生的综合能力和素质，也能助力学科核心素养的生长。但在实际操作中，学生在演讲中未能联系自身实际，演讲稿中更多的是泛泛而谈的口号，因此，在今后的开放性探究活动中，教师首先要给学生明确演讲稿的一般格式和具体要求，提供典型的样本，构建适恰的支架，让学生能够"跳一跳，摘得到"。

"历史和人民的选择"议学单

议题：为什么说中国共产党执政是历史和人民的选择？

姓名：_____ 班级：_____ 得分：_____

【学习目标】了解党领导人民站起来、富起来和强起来的革命和建设历程，理解党的先进性；在小组讨论中培养交流合作能力、获取和解读信息能力、推理论证能力，应用和迁移"党的执政是历史和人民的选择"的知识；认同中国共产党的先进性和中国共产党执政的历史必然性，自觉拥护中国共产党的领导，成为具有共产主义理想信念的党和国家的可靠接班人。

环节一：唱支山歌给党听

【学习任务1】"中国共产党执政是历史和人民的选择"的事实和原因。

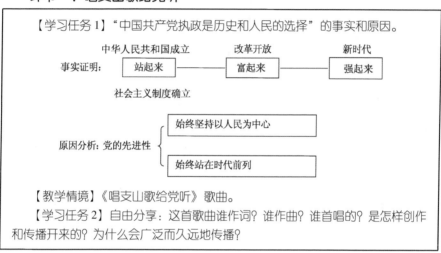

【教学情境】《唱支山歌给党听》歌曲。

【学习任务2】自由分享：这首歌曲谁作词？谁作曲？谁首唱的？是怎样创作和传播开来的？为什么会广泛而久远地传播？

环节二：百年历程感党恩

【教学情境】参观中国国家博物馆举办的"复兴之路"主题展览，了解近代中华民族的苦难历史和复兴历程。

【学习任务1】师生对话：说说近代中国先后有哪些政治力量登上了历史舞台，他们对时代的声音分别做出了怎样的回应。

【答案提示1】北洋军阀、国民党统治集团让中国继续走半殖民地半封建的道路；中间派走独立发展资本主义的道路；中国工人阶级（中国共产党）从新民主主义走向社会主义。

【学习任务2】同桌交流：中国共产党带领人民进入新时代，踏上新征程意味着什么？

【答案提示2】中华民族迎来了从站起来、富起来到强起来的伟大飞跃；科学社会主义在21世纪的中国焕发出强大生机和活力，在世界上高高举起了中国特

续表

色社会主义的伟大旗帜。

【学习任务3】小组讨论：中国共产党领导为什么能够成为历史和人民的选择？

【答案提示3】① 中国共产党始终代表人民的利益，始终站在时代前列，其先进性决定了它能够成为历史和人民的选择。② 实践证明，中国共产党领导是中国革命和建设取得胜利的根本保证。

环节三：我们有话对党说

【教学情境1】2021年是中国共产党成立100周年，也是"十四五"开局之年。锚定党中央擘画的宏伟蓝图，观大势、谋全局、抓大事，坚持底线思维，保持战略定力，勇于担当作为，增强斗争精神，认真做好各项工作，以优异成绩庆祝中国共产党成立100周年。

【学习任务1】小组讨论：

1. 如果拍摄《百年大党为什么能》的电影，你认为可设几个篇章（可用图谱表示）？说说你设置的理由或依据。

2. 每个篇章须安排典型事例，请设计一个事例，说明如何体现中国共产党的先进性。

【答案提示】1. 开天辟地（红船精神）；惊天动地（探索社会主义）；翻天覆地（改革开放）。

2. 红船精神，敢为人先精神；三大改造、改革开放，有格局、有眼光；疫情，井井有条。

【教学情境2】100年的风雨历程，100年的辉煌历史，伟大的中国共产党带领我们开创了一次又一次光辉时刻。

历史的车轮滚滚向前。
在迎接建党100周年之际，
青少年读者秉着求是之精神，
歌颂中国共产党、歌颂祖国，抒以万丈豪情，
歌颂大美河山，描以百年光景，
形式多样，真情却始终如一。
所有的祝愿与赞许，所有的赤诚与忠心，
都将化作对党最好的赞礼。

【学习任务2】为迎接建党100周年，学校将举办"我有话对党说"的演讲比赛，请你写出100字左右的微演讲稿。

"怎样高扬永不褪色的旗帜?"议题式教学叙事
——基于"中国共产党的先进性"一课

吴江中学　梁英姿执笔，备课组协同

一、形成教学思路：创设抗疫情境，感受党的先进性

按照学期初集体大备课的任务分配要求，我承担第一单元第二课"中国共产党的先进性"、第三课第二框"依法执政"部分、第二单元第六课"民族区域自治制度"、第三单元第八课"法治政府"、第三单元第九课"全民守法"五个课时的备课任务。

《政治与法治》作为一本新修订的教材，较之以前变动较大，为准确理解新教材理念和教学内容，必须精心研读新课标、新教材。吴江中学高一年级政治课堂采用的是议题式教学法，备课之前一定要从大单元角度设定议题群。新课标中关于本单元的教学提示，给出了"为什么说中国共产党执政是历史和人民的选择？""怎样高扬永不褪色的旗帜？""如何理解依法执政？"三个议题。在学期初集体大备课中，根据教材的学科逻辑，备课组增加了议题：如何理解办好中国事情的关键在党？从教材来看，《政治与法治》教材是由"中国共产党的领导""人民当家作主""全面依法治国"三个单元组成的有机整体。第一单元"中国共产党的领导"分为"历史和人民的选择""中国共产党的先进性""坚持和加强党的全面领导"，以及综合探究"始终走在时代前列的中国共产党"四个部分。

恰逢2021年是党的百年华诞，这为第一单元教学添加了很强的时代意义。"中国共产党的先进性"一课，以"怎样高扬永不褪色的旗帜？"为议题，选择抗疫情境既具有亲和性，又具有充分性，可以通过展示、讨论、分析抗疫取得的成就和抗疫英雄人物事迹，充分有效地展现党的先进性。议题和情境的确定，为备课开了一个好头。但是，"'中国共产党的先进性'整整一课内容一节课能上完吗？"这是摆在我面前的第一个难题。"本课知识点很多、很碎，如何全部讲解清楚？"是横亘在我脑海中的第二个难题。在遇到难题与解决难题的多次反复中，我抓耳挠腮了好几个晚上终于完成了议学单初稿。

总体上，设计初稿以"怎样高扬永不褪色的旗帜？"为议题，探究中国共产党是如何保持先进性的。以抗疫为本课的情境，通过分析中国共产党能够领导中国人民取得抗疫胜利的原因，学生了解中国共产党所具有的优秀特质和所起的引领作用，掌握中国共产党的性质、宗旨和指导思想等必备知识；理解中国共产党的先进性，在组内商议和小组辩论中，培养学生搜集信息、协同合作、建构评析的能力；在"议中学""议中研""议中做"的过程中，认同中国共产党的先进性、中国共产党领导的历史必然性和现实必要性，培养学生的唯物史观。本课具体分为"必备知识梳理""使命：不忘初心，方得始终""抉择：立党为公、执政为民""前行：先锋模范，时代担当"四个环节。

环节一，梳理"中国共产党的先进性"必备知识点，形成知识结构图。本节"中国共产党的先进性"共分为"始终坚持以人民为中心"和"始终走在时代前列"两个部分，通过绘制红色五角星形思维导图，直观地呈现学科知识逻辑，实现学科逻辑的可视化。

环节二，使命：不忘初心，方得始终。播放视频《让党旗飘扬在战"疫"一线》，让抗疫情境入课堂。精选材料，创设良构情境，展现党群共同抗疫的真实"画卷"：在抗疫紧要关头，党团结带领广大人民打赢疫情防控阻击战，各级党组织和广大党员干部的作用得到充分发挥，广大干部群众齐心协力，共同守护好人民群众的生命安全和身体健康。基于此情境设置任务：中国共产党为什么能够领导中国人民取得抗疫的胜利？通过"学生自主探究问题、组织答案、自由发言—其他学生随时补充—教师点评学生发言、引导学生补充、归纳知识点"的活动路线实现学科知识的情境化理解。

环节三，抉择：立党为公、执政为民。本环节设置辨析任务：疫情期间，经济发展至上还是生命安全至上？通过"学生课前搜集材料—组内商议、组际辩论—教师点评学生发言、引导学生补充、归纳知识点"的活动方式进行。引导学生通过辨析式学习体验疫情期间党的伟大抉择，在辩论中理解"不管是疫情紧要关头的生命安全至上，还是以经济建设为中心的经济发展至上，都是人民至上"，从而感受"人民至上"的理念，进而深刻理解党的性质、宗旨、人民立场、执政理念。

环节四，前行：先锋模范，时代担当。通过播放张文宏医生接受记者采访时所说的"'共产党员先上'不仅仅是一句口号，而是党支部最光荣的传统"的视频，学生感受到党员的先锋模范作用。本环节共设计两个任务：任务一，学生课前搜集或者采访所了解的抗疫期间的党员感人事迹，课上说一说优秀共产党员在本质上的共同点,并说明他们是如何发挥先锋模范作用的。通过这一任务,学生能深刻领悟身边党员的模范力量。任务二,结合中国共产党建党100周年,小组合作绘制爱国爱党展现时代担当的主题手账。通过这一任务,学生能自觉学习和宣传党员的先锋模范作用,展现青年一代的时代担当。

总体上,教学设计初稿按照教材逻辑,在"理解—应用—迁移"的认知发展路径上,引导学生理解党的先进性等学科必备知识,提升关键能力,认同党的领导,并自觉学习模范,展现时代担当。

二、协同教学设计:引入大单元教学和可视化学习

当我拿出初稿时,心中既如释重负,又忐忑不安。如释重负在于,终于不管怎样先做出来了一个样品,而不是把自己零散的想法一直停留为想法;忐忑不安在于,设计的东西依然是围绕知识点进行的,很难将所理解的议题式教学理念贯穿到设计中去。期待团队协同设计时,自己有更多的成长与收获。

果不其然,我的思维依然停留在教材知识点本身,难以用大单元思维进行教学设计,用学科大概念进行归纳整理,环节一知识梳理部分需要重新再做。沈雪春老师建议我重新思考"怎样高扬永不褪色的旗帜?"也就是"中国共产党如何保持先进性?"这一问题。当我跳出教材回归议题本身进行思考的时候,我忽然发现教材上的文字灵动了起来。教材在第一单元第二课"中国共产党的先进性"的首段写道:"衡量一个政党的先进性,就是看它在性质、宗旨和指导思想等方面所具有的优于其他政党的特质,看它在人类社会历史发展不同阶段所起的引领作用。历史雄辩地证明,中国共产党不忘初心、牢记使命,是始终走在时代前列、人民衷心拥护、勇于自我革命、经得起各种风浪考验、朝气蓬勃的马克思主义政党。"中国共产党之所以能始终保持先进性,不正是因为始终坚持以人民为中心、始终走在时代前列、全面从严治党勇于自我革命吗?虽然环节一知识梳理部分我依然有着要不要画详细图、怎样设计更美观的板书等疑问,但是真正开始学会从议题角度来思考一节课,是我最开心的收获。而且本节课知识逻辑的确定也为我随后的备课指明了方向。

环节二、三、四则是根据始终坚持以人民为中心、始终走在时代前列、全面从严治党三部分进行设计的。协同备课中,沈雪春老师和柳翠老师提出了很多问题,如学生活动任务的设计如何具有可议性?任务和活动怎么设定更合理?学生讨论后的参考答案如何更规范?这个过程是思维碰撞的过程,我原有的疑惑在一次次讨论中得到解答,新的疑问不断产生,

比如,"始终走在时代前列"包括三个部分的小知识——党的指导思想与时俱进、党走在时代前列的法宝、党员的先锋模范作用,是要面面俱到还是有重点地选择?如果有重点地选择,是选择共产党员的先锋模范作用还是党的指导思想?选择的依据是什么?没有被选择到的知识点如何处理?学生讨论后教师公布的答案要不要进行逻辑上和语言上的分析?一场场的头脑风暴,虽然"烧脑",但是感觉自己在大单元思维、必备知识教学、学科思维可视化方面对议题式教学的理解在一步步加深。

① 用大单元思维进行教学设计,设计议题群统领课时教学。"跳出教材教教材",如果总是停留在课本知识层面,就知识理解知识,无法从育人角度去理解一本书、一单元、一课、一个课时的课堂架构。审读这堂课的设计,我们发现,进行大单元教学设计,依托议题群进行课时教学,是实现让学生从做题走向做事做人,从知识立意走向能力立意和素养立意的有益尝试。议题式教学设计要依托现实情境,使用学科必备知识分析一个个问题,让学生在个人发言、小组讨论、项目化学习中学习和应用必备知识,提升关键能力,落实学科素养,培养核心价值。这样的课时安排不仅仅是够的,还将会是有效的、高效的。

② 必备知识从点点清走向重点清。当面对自己脑海中一串关于"学科必备知识如何落实"的问题时,我反问自己:"是不是所有知识必须全部讲解清楚?是的话,在哪里讲解?不是的话,该如何选择?"最终我们讨论后认为,教师应课前精心备课,依据学科概念从知识逻辑本身梳理、整合必备知识,并关注重点知识。教学设计中,必备知识梳理部分,通过"学生自主预习填空—小组讨论补充—学生提问—教师发问",引导学生在整体梳理必备知识的基础上,去思考和理解教材上的重点知识;在理解、应用、迁移环节,则强调重点知识在不同层级情境下的应用。

这样做既统筹兼顾,又突出重点,在学生自主学习、生生互助学习、师生协同、小组讨论中完成了对必备知识的理解和掌握。

③ 通过学科思维可视化,提升学科思维逻辑水平。关于学生学科思维逻辑培养的问题,我们尝试从课堂教学细节上着手改进。第一,学生讨论要有商有量有记录,要尝试用学科知识和逻辑去书写小组讨论内容;第二,学生发言要尽可能使用学科规范化语言;第三,教师在 PPT 中用关键词、箭头等呈现答案的思考过程和思考路径,使其清晰可见。这样有利于学生规范使用学科概念,精准表达学科逻辑。

三、整体教学设计

（一）教材与学情

1. 内容分析

（1）本课地位

"中国共产党的先进性"是《政治与法治》教材第一单元"中国共产党的领导"第二课的内容。通过第一课"历史和人民的选择"的学习，学生明确了"中国共产党领导是历史的选择、人民的选择"。"实践充分证明，由中国共产党领导中华民族实现伟大复兴，是历史的选择，是人民的选择，是正确的选择。"[1] 在此基础上，我们进一步分析百年大党为何依然风华正茂，原因就在于中国共产党的先进性。中国共产党不忘初心、牢记使命，是始终走在时代前列、人民衷心拥护、勇于自我革命、经得起各种风浪考验、朝气蓬勃的马克思主义政党。

（2）本课内容

本课以"怎样高扬永不褪色的旗帜？"为议题，统领了第二课全部内容，以及第三课和综合探究的部分内容，从始终坚持以人民为中心、始终走在时代前列、坚持全面从严治党三个角度回答了这一问题。在中国共产党建党100周年的历史节点，感悟"人民就是江山，江山就是人民""党员先锋作用""党勇于自我革命加强自身建设"，进一步引导学生拥护党的领导，感党恩，听党话，跟党走，培养合格的社会主义建设者和接班人。

2. 学情分析

（1）学生心智特征分析

高一学生具有较强的学习动力、较好的思维能力，学习态度端正，对新知识、新情境具有很强的好奇心，但是缺乏思维的广度和深度，需要从情境材料的选取上增加信息的广度，在知识的建构中增加思维的厚度，利用课堂讨论增进理解的深度。

（2）学生已有知识经验分析

新冠肺炎疫情期间，学生从电视、网络等大众传媒上看到了很多感人至深的抗疫故事，尤其是很多党员舍小家为大家，冲锋在前，让党旗飘扬在抗疫一线，其精神让人感动，其行为让人泪目。再加上见证了近些年在党的领导下国家取得的一系列成就，学生非常拥护和认同中国共产党的领导。但是，由于知识积累和生活经验所限，学生缺乏对中国共产党先进性

---

[1] 教育部. 政治与法治[S]. 北京：人民教育出版社，2019：14.

的理性认识，他们需要在教师的引导下全面理解中国共产党的性质、宗旨、根本立场、执政理念，以党的先锋模范为榜样，努力成为新一代有责任、有使命、有担当的有为青年，努力成为为中国人民谋幸福、为中华民族谋复兴的时代接班人。

3. 教学目标与重难点

（1）教学目标

通过分析中国共产党能够领导中国人民取得抗疫胜利的原因，学生了解中国共产党所具有的优秀特质和它所起的引领作用，进而理解中国共产党的先进性，掌握中国共产党的性质、宗旨和指导思想等必备知识；在商议中培养搜集信息、协同合作、建构评析的能力；在"议中学""议中研""议中做"的过程中，认同中国共产党的领导。

（2）教学重难点

教学重点：中国共产党的先进性。

教学难点：全面从严治党的意义。

（二）路线与结构

1. 教学路线

议题线：由"怎样高扬永不褪色的旗帜？"议题引领如下问题串，优秀共产党员本质上的共同点——中国共产党为什么能够领导中国人民取得抗疫的胜利？——以习近平同志为核心的党中央大力加强党内法规制度建设的意义——主题小报。

情境线：学生的疫情印象——视频《共产党员先上》《让党旗飘扬在战"疫"一线》、中共中央印发三部新修订的法规——党员志愿者家庭场景——建党100周年、"三牛"精神。

活动线：自由发言——个人发言、同桌交流、小组讨论——情境模拟——绘制主题小报。

知识线：时政知识——党的先进性——从严治党意义、党员先锋模范作用——青年的时代担当。

2. 教学结构（图1）

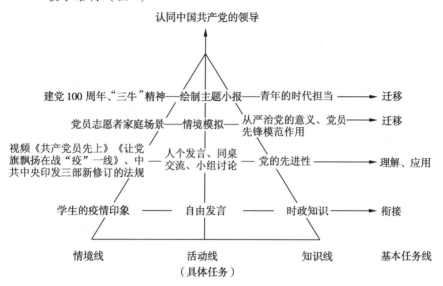

图1 "怎样高扬永不褪色的旗帜？"议题式教学结构

（三）过程与意图

[议题] 怎样高扬永不褪色的旗帜？

环节一：畅谈抗疫印象，感悟党的先进性

[导入] 问：疫情期间，你印象最深的是什么？它留给你的是什么颜色？

[设计意图] 不管学生心目中是用橄榄绿来代表除夕夜奔赴抗疫一线的战士们，还是用白色来代表奋战在抗疫一线的医生们，或是用蓝色代表口罩的颜色……本环节设计意图是通过活动，学生能把思绪拉回抗疫一线，感悟不同颜色背后的精神，在原有生活经验的基础上实现认知衔接，完成教学议题的经验化导入。

环节二：结合抗疫情境，理解党的先进性

[学科概念] 中国共产党的先进性。

[教学情境1] 亮色：先锋模范，时代担当。

视频文本：2020年9月28日下午，复旦大学附属华山医院感染科党支部书记张文宏接受记者采访时表示，"共产党员先上"不仅仅是一句口号，而是党支部最光荣的传统。

[学习任务1] 个人发言：搜集或者采访你所了解的抗疫期间的党员感人事迹，说说优秀共产党员的先锋模范作用，归纳本质上的共同点。

[答案提示1] 事迹（略）。

模范作用：他们舍小家为大家，为了人民，冲在前面、不怕牺牲。这种精神也感染了我们，他们是我们的榜样。

[设计意图] 本环节是对发扬共产党员先锋模范作用相关必备知识的理解和应用。通过播放视频，学生能感悟中国共产党始终走在时代前列的表现，深刻感悟优秀共产党员的先锋模范作用。通过分析，我们可以看出优秀共产党员发挥了骨干、带头和桥梁作用，一方面，自身坚定马克思主义信仰，践行全心全意为人民服务的根本宗旨；另一方面，影响和带动群众共同贯彻党的基本理论、基本路线、基本方针。原因：由先锋队性质决定，始终成为时代先锋、民族脊梁，永葆创造力、凝聚力和战斗力，是取得胜利的坚强保证。让学生发现身边的感人事例，感悟优秀共产党员的先锋模范作用，透过现象分析其内在本质的伟大建党精神——坚持真理、坚守理想、践行初心、担当使命、不怕牺牲、英勇斗争，对党忠诚、不负人民。这既是对优秀共产党员的礼赞，也对学生的一种精神洗礼，更是为了播撒种子，让伟大的建党精神代代相传、发扬光大。

[学习任务2] 师生对话：党始终走在时代前列不仅仅体现在党员的先锋模范作用上，还体现在党的指导思想与时俱进和坚持解放思想、实事求是、与时俱进、求真务实这一法宝上。请结合历史事实，谈谈你的理解。

[答案提示2] 略。

[教学情境2] 底色：不忘初心，方得始终。

播放视频：《让党旗飘扬在战"疫"一线》。

习近平总书记强调："让党旗在防控疫情斗争第一线高高飘扬。"在抗疫的紧要关头，只有坚持党的领导，才能统一规划、全面协调，维护好人民利益，团结带领广大人民群众打赢疫情防控阻击战。

人民群众是防控疫情的主体，也是打赢这场战斗的强大力量。有各级党组织和广大党员干部作用的充分发挥，有广大人民群众的共同努力，一定能坚决打赢疫情防控阻击战，守护好人民群众的生命安全和身体健康。

[学习任务3] 同桌交流：中国共产党为什么能够领导中国人民取得抗疫的胜利？

[答案提示3] ①（领导核心）——发挥了党总揽全局、协调各方的领导核心作用；②（人民中心）——性质、宗旨、根本立场、执政理念、群众观点。

[设计意图] 本环节帮助学生理解中国共产党始终以人民为中心等相

关知识，通过对简单情境的分析，学生可以看到中国共产党能够领导中国人民取得抗疫的胜利，一是中国共产党发挥了领导核心作用，在抗疫中统一规划、全面协调、总揽全局；二是中国共产党始终以人民为中心，以中国最广大人民的根本利益为根本出发点和落脚点，这体现了党的性质、宗旨、根本立场、执政理念；三是人民群众是防控疫情的主体，是打赢这场战斗的强大力量，这体现了党坚持人民立场，切实做到一切为了人民，一切依靠人民；四是充分发挥广大党员的先锋模范作用和各级党组织的战斗堡垒作用。学生从真实情境中学习、理解、应用必备知识。

环节三：守住底色、亮色、本色，永葆党的先进性

［教学情境1］本色：持之以恒，正风肃纪。

自党的十八大以来，以习近平同志为核心的党中央大力加强党内法规制度建设，先后制定、修订了180多部党内法规，基本健全完善了党内法规制度，党内法规执行力明显提升。2019年，中共中央印发了新修订的《中国共产党党内法规制定条例》《中国共产党党内法规和规范性文件备案审查规定》《中国共产党党内法规执行责任制规定（试行）》三部法规。这三部法规涵盖了新时代坚持党的全面领导的主要方面、重要领域、系列制度等。新时代坚持党的全面领导必须进一步发挥它们的作用。

［学习任务1］小组讨论：以习近平同志为核心的党中央大力加强党内法规制度建设的意义。

［答案提示1］以习近平同志为核心的党中央大力加强党内法规制度建设，是为了坚持全面从严治党（推动全面从严治党向纵深发展），是推进党的建设伟大工程的必然要求，关系到党的先进性和纯洁性，有利于坚持和完善党的领导，保持和巩固党的执政地位。

［设计意图］本环节是对坚持全面从严治党相关必备知识的理解应用。首先，带着信仰上思政课，与学生一起直面现实问题，感悟并理解勇于自我革命是中国共产党区别于其他政党的显著标志，"打铁还需自身硬"，我们党始终坚持党要管党、从严治党，确保党不变质、不变色、不变味，不忘初心，持之以恒，正风肃纪，守住本色。其次，能力培养上，能力层级在本环节也有所上升，从简单良构情境走向复杂劣构情境，从简单理解到知识应用，不再仅仅是归纳和概括能力的一种锻炼，而是分析推理演绎能力的一种提升。最后，学科思维可视化，引导学生进行学科知识逻辑分析，尝试在课堂教学中用关键词、箭头等把本来不可视的思考过程和思考路径呈现出来，使其清晰可见，从而有利于学生更好地理解和记忆，提高信息加工及信息传递的能力。

[学习任务2] 小组商议：完善"高扬永不褪色的旗帜"知识架构。

高扬永不褪色的旗帜 → 保持和弘扬党的先进性 { 始终坚持以人民为中心→有底色 / 始终走在时代前列→增亮色 / 坚持全面从严治党→保本色

[答案提示2] 一是始终坚持以人民为中心，有底色；二是始终走在时代前列，增亮色；三是坚持全面从严治党，保本色。始终坚持以人民为中心，要把握党的性质和宗旨、执政理念，坚守人民立场，始终为了人民、依靠人民；始终走在时代前列，要注意党的指导思想与时俱进，坚持解放思想、实事求是、与时俱进、求真务实这一法宝，发挥党员的先锋模范作用和党组织的战斗堡垒作用；坚持全面从严治党，推进党的建设伟大工程，关系到党的先进性、纯洁性，关系人心向背，关系国家和民族的兴衰，关系党的生死存亡。

[设计意图] 本任务是必备知识梳理部分，根据议题，重构了相关知识，并梳理出了思维导图。在教学过程中，通过"学生课前预习填空—课中小组讨论补充—学生提问—教师发问"四个小环节，进行知识的梳理、理解，从而形成本课知识思维导图。

[教学情境2] 寒假里，有一个抗疫志愿者活动，主要任务是为疑似新冠病毒感染者送饭菜、倒垃圾。吴江某党员报名参加，家人很是担心。

[学习任务3] 小组讨论：与志愿者家人沟通。

[答案提示3] 不参加，理由：不敢参加，自己没有抗体，害怕感染；想参加，但是心中还是有顾虑，会有矛盾，担心父母家人不同意。参加，理由：总要有人来做，愿意为了大家做事，会积极做好防护，为抗击疫情贡献自己的力量。我校全体党员教师疫情期间参加了该志愿者活动，为疑似新冠病毒感染者送饭菜、倒垃圾。这些人包括很多我们熟悉的任课教师（展示图片）。

[设计意图] 模拟活动，一方面，通过现实社会中价值判断和价值选择中的矛盾冲击，学生更直观地感受到中国共产党的先进性，始终以人民为中心，发挥党员的先锋模范作用，走在时代的前列。另一方面，身边人、身边事、身边的榜样更容易感染学生。学生在真实情境下的辨析式学习中深度认同党的领导。

环节四：制作小报，展示爱党情怀和时代担当

[教学情境] 彩色：爱国爱党，青春飞扬。

2021年是中国共产党建党100周年，学校举办了一个"以奋斗姿态

开启新征程 用'三牛'精神实现新作为"的主题展览，并特地为同学们设计了一面相关主题的文化墙。

[学习任务] 小组合作：根据主题，结合本土特色，构思一张小报，参与展览，以展示当代青年的爱党情怀和时代担当。

[设计意图] 通过课后微项目化学习，学生根据"以奋斗姿态开启新征程 用'三牛'精神实现新作为"这一主题，结合苏州市吴江区本土特色，构思小报，参与展览。通过项目化学习的方式，学生学习和运用建党100周年、新征程、"三牛"精神、本土特色等多个角度去设计小报，展示当代青年的爱党情怀和时代担当，为建党100周年献礼。

四、反思教学过程：在研究中不断探索，在协作中不断成长

（一）亮点与价值

① 基于真实生活情境中的价值冲突和价值选择更易引发学生的思考与感动。情境是议题式教学的一个重要载体。生活化的真实情境则是把生活"活水"引进课堂，让知识活起来、让学生活动起来的一个极佳选择。本节课中，导入环节通过个人畅谈疫情期间所见，把思绪拉回熟悉的抗疫一线，在生活现象中探秘背后的精神内核。搜集疫情中的党员感人故事环节，通过观察身边或新闻中的优秀共产党员，听其言、观其行，分析他们的共性特征，感悟共产党员的先锋模范作用。寒假里，有一个抗疫志愿者活动，主要任务是为疑似新冠病毒感染者送饭菜、倒垃圾。吴江某党员家中的情境模拟，通过创设两难的问题情境，学生直面两难中的党员舍小家为大家的价值选择。在创设两难问题情境时，教师特别注意情境中两难的真实性、情境的生活性，其目的在于让学生在责任与价值冲突中思考、辨别和选择，形成正确的价值导向。不管是抗疫英雄，还是身边的党员，他们都是在真实生活情境中，面对小家与大家的冲突，选择了为大家，选择了逆行、坚守、奉献。基于真实生活情境中的价值冲突和价值选择更易引发学生的思考与感动，让学生从内心认同党员的先锋模范作用，认同党的先进性。

② 核心素养下的大单元教学设计助推学生素养提升。《政治与法治》教材依据新课标和教材内容进行设计，按照教材总学习目标、单元学习目标、课时学习目标，分解课标质量与评价要求。遵循学科逻辑进行大单元知识重构，系统梳理了"中国共产党的先进性""全面从严治党""综合探究"部分内容；从必备知识、关键能力、学科素养、核心价值的角度设计本节课的课时目标；设计素养层阶"教学议题的经验化导入—必备知识情境化理解—重点知识情境化应用—学科知识素养化迁移"，促使学习目

标一步步落实，有利于必备知识的理解、关键能力的提升、学科素养的落地、核心价值的培养。

（二）问题与对策

在课堂实施过程中，我们发现，制作"学习'三牛'精神，展现青年担当"小报的项目化学习环节偏离"中国共产党的先进性"这一主题，并不能够充分对应议题，活动的设计浮于表面。如何围绕议题设计学科项目化学习活动？这是需要深入思考和研究的一个问题。

随着学科素养研究与实践的深入，项目化学习进入了一线教师的课堂。在目前分学科教学为主的客观现实下，学科项目化学习是兼顾教学现实和素养培育的一条"中间路径"。与传统的学科教学设计相比，学科项目化学习设计需要注意以下方面：学科知识定位更加综合，通过驱动性问题实现高阶学习，从单元角度设计更持续探究的实践活动，探索与真实世界的联系，具有公开的项目成果，采用科学合理的过程性和结果性评价。本节课的项目化学习设计，是一种微项目化活动，是项目化学习与高中思政课议题式教学相结合的课堂样态和大胆尝试。

议题式教学以议题为纽带，议题贯穿教学活动的始终。议题式教学活动是由议题引领下的问题串驱动的。通过议题引领的学科项目化学习，可以借助驱动性问题让学生主动投入持续多样的实践活动，引发学生经历高阶认知历程，产出展现学生认知水平和学科素养的公开成果。本节课的议题是"怎样高扬永不褪色的旗帜？"，驱动性问题的设计应围绕这一主题，综合调用相关知识，通过采访、调查、讨论、成果制作等活动进行。

新课标提出构建以培育思想政治学科核心素养为主导的活动型学科课程，为了增加活动的真实性、有效性、亲和性，我借鉴了建党100周年开展的真实活动，将真实活动引入课堂。比如，模拟政党大会"人民的幸福　政党的责任"，各小组写发言提纲。再比如，采访身边"光荣在党50年"老党员的事迹，设计主题板报。

"中国共产党的先进性"议学单

议题：怎样高扬永不褪色的旗帜？

姓名：_____ 班级：_____ 得分：_____

【学习目标】通过这一议题探究中国共产党是如何保持先进性的。通过分析中国共产党能够领导中国人民取得抗疫胜利的原因，了解中国共产党所具有的优秀特质和所起的引领作用，进而理解中国共产党的先进性，掌握中国共产党的性质、宗旨和指导思想等必备知识；在组内商议和小组辩论中培养学生搜集信息、协同合作、建构评析的能力；在"议中学""议中研""议中做"的过程中，认同中国共产党的先进性、中国共产党领导的历史必然性和现实必要性，培养学生的唯物史观。

环节一：畅谈抗疫印象，感悟党的先进性

【学习任务】个人发言：疫情期间，你印象最深的是什么？它留给你的是什么颜色？

环节二：结合抗疫情境，理解党的先进性

【教学情境1】亮色：先锋模范，时代担当。

视频文本：2020年9月28日下午，复旦大学附属华山医院感染科党支部书记张文宏接受记者采访时表示，"共产党员先上"不仅仅是一句口号，而是党支部最光荣的传统。

【学习任务1】个人发言：搜集或者采访你所了解的抗疫期间的党员感人事迹，说说优秀共产党员的先锋模范作用，归纳本质上的共同点。

【答案提示1】事迹（略）。

模范作用：他们舍小家为大家，为了人民，冲在前面、不怕牺牲。这种精神也感染了我们，是我们的榜样。

【学习任务2】师生对话：党始终走在时代前列不仅仅体现在党员的先锋模范作用上，还体现在党的指导思想与时俱进和坚持解放思想、实事求是、与时俱进、求真务实这一宝上。请结合历史事实，谈谈你的理解。

【答案提示2】略。

【教学情境2】底色：不忘初心，方得始终。

播放视频：《让党旗飘扬在战"疫"一线》。

习近平总书记强调："让党旗在防控疫情斗争第一线高高飘扬。"在抗疫的紧要关头，只有坚持党的领导，才能统一规划、全面协调，维护好人民利益，团结带领广大人民群众打赢疫情防控阻击战。

人民群众是防控疫情的主体，也是打赢这场战斗的强大力量。有各级党组织和广大党员干部作用的充分发挥，有广大人民群众的共同努力，一定能坚决打赢疫情防控阻击战，守护好人民群众的生命安全和身体健康。

【学习任务3】同桌交流：中国共产党为什么能够领导中国人民取得抗疫的胜利？

【答案提示3】①（领导核心）——党发挥了党总揽全局、协调各方的领导核心作用。②（人民中心）——性质、宗旨、根本立场、执政理念、群众观点。

环节三：守住底色、亮色、本色，永葆党的先进性

【教学情境 1】本色：持之以恒，正风肃纪。

自党的十八大以来，以习近平同志为核心的党中央大力加强党内法规制度建设，先后制定、修订了 180 多部党内法规，基本健全完善了党内法规制度，党内法规执行力明显提升。2019 年，中共中央印发了新修订的《中国共产党党内法规制定条例》《中国共产党党内法规和规范性文件备案审查规定》《中国共产党党内法规执行责任制规定（试行）》三部法规。这三部法规涵盖了新时代坚持党的全面领导的主要方面、重要领域、系列制度等。新时代坚持党的全面领导必须进一步发挥它们的作用。

【学习任务 1】小组讨论：以习近平同志为核心的党中央大力加强党内法规制度建设的意义。

【答案提示 1】

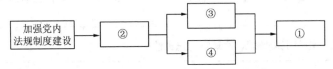

【学习任务 2】小组商议：完善"高扬永不褪色的旗帜"必备知识结构图（图 1）。

图 1 "高扬永不褪色的旗帜"必备知识结构图

【教学情境 2】寒假里，有一个抗疫志愿者活动，主要任务是为疑似新冠病毒感染者送饭菜、倒垃圾。吴江某党员报名参加，家人很是担心。

［学习任务 3］小组讨论：党员志愿者和家人沟通的场景。

环节四：制作小报，展示爱党情怀和时代担当

【教学情境】彩色：爱国爱党，青春飞扬。

2021 年是中国共产党建党 100 周年，学校举办了一个"以奋斗姿态开启新征程 用'三牛'精神实现新作为"的主题展览，并特地为同学们设计了一面相关主题的文化墙。

【学习任务】小组合作：根据主题，结合本土特色，构思一张小报，参与展览，以展示当代青年的爱党情怀和时代担当。

"如何理解办好中国事情的关键在党?" 议题式教学叙事
——基于"坚持和加强党的全面领导"一课

吴江中学 柳翠执笔,备课组协同

一、形成教学思路:引入《山海情》,感受党的领导

本节课的新课标要求是"理解坚持党对一切工作领导的意义,阐述中国共产党依宪执政、依法执政的道理、方式和表现"。"如何理解依法执政?"是新课标教学建议中与本节课内容相关联的一个参考议题。然而我在备课中发现,"如何理解办好中国事情的关键在党?"也是个值得讨论的议题,可以据此探究"党政军民学,东西南北中,党是领导一切的"道理。因此,我们在教学中设置了两个议题:如何理解办好中国事情的关键在党?如何理解依法执政?

根据新课标要求和教学建议,我初步制定了本节课的学习目标。以脱贫为例,理解新时代坚持和加强党的全面领导的内涵、意义和要求。在意义的讨论和发展篇章的书写中理解、应用和迁移知识,提高学生推理论证、建构探究和文字表达的能力,认同新时代坚持和加强党的全面领导,自觉贯彻党的路线、方针、政策。根据新课标,结合教材,我确定了本节课议题:如何理解办好中国事情的关键在党?

"坚持和加强党的全面领导"这节课主要在强调:中国共产党是我国最高政治领导力量,办好中国事情的关键在党;中国共产党领导是中国特色社会主义最本质的特征,是中国特色社会主义制度的最大优势;必须坚持和加强党的全面领导。这节课从教材内容上来看,主要有"党的政治领导、思想领导、组织领导"和"新时代坚持和加强党的全面领导"两部分内容。梳理教材知识结构,找到本节课的知识逻辑,将教材必备知识归纳整合为"是什么—为什么—怎么样"的知识结构,从整体上把握本节课的知识框架。第一框与第二框又有必然联系,加强党的领导必须坚持科学执政、民主执政和依法执政,为了保持逻辑上的完整性,我运用了大单元教学。

本节课的理论知识较多，与学生的生活实际离得有点远，如何让学生从感官上体验、理性上认同呢？上本节课时正值大型史实类脱贫攻坚电视剧《山海情》热播，于是我选择了《山海情》作为主情境，要在有限的时间内高效率地完成教学任务，还要让学生觉得这节课有趣，确实需要好好动脑筋做好教学设计。由此，我初步做出了如下的具体方案。

环节一，梳理必备知识。基础知识的理解是应用和迁移的前提，没有知识体系支撑的议题式教学往往华而不实。梳理"坚持和加强党的全面领导"的知识体系，从是什么、为什么、怎么样的角度，用思维导图的方式，引领学生从可视化的知识点上整体把握。

环节二，通过播放《山海情》的宣传片，学生从西海固的脱贫历程中找出党的领导方式，寻找坚持党的领导的重要性和要求。

环节三，依托《山海情》的主情境，结合脱贫攻坚的伟大成就，探寻坚持党的领导的重要性。

环节四，续写《山海情》发展新篇章。本环节是对必备知识的能力迁移，也是对主情境《山海情》的前呼后应。

本节课以热播电视剧《山海情》为主题情境，活动形式多样，问题任务层层递进，由浅入深，使学生在情境体验中感知、领会党的领导对中国发展的关键意义，理解"坚持和加强党的全面领导"的要求。

二、协同教学设计：锁定《山海情》，引领知识建构

对于整个教学设计，备课组基本认同以下几个亮点，同时也对初案提出了建设性意见和建议。

（1）亮点

① 对于主情境的选择，选用时下热播的脱贫攻坚纪录片《山海情》，符合时代语脉，在脱贫攻坚中更好地彰显党的全面领导。《山海情》这部电视剧以展现东西协作扶贫下的"闽宁模式"为创作题材。"闽宁模式"是中国奇迹的一个缩影，是一个具有现实意义的创作命题。该剧所展现的脱贫故事，不仅仅是在阐述一个地区的物质发展、精神发展历程，还聚焦放大其中党员的故事。从秃山困地走到绿水金潭，从一息尚存走到生机勃勃，从穷乡僻壤走到富饶美好，这不是虚构，而是一个人、一群人的真实经历，更是时代大潮写给每个人的波澜壮阔的史诗。选择这样的情境更能展现党的领导的意义和作用。

② 整个教学设计结构完整，层层深入，将必备知识和能力要求紧密结合，形成"党的领导方式—坚持和加强党的领导的重要性—坚持和加强党的全面领导的要求"的课堂流程。环环相扣而又符合思维的逻辑，每个

环节标题起到了画龙点睛的作用。因此,备课组一致认为保持整个教学四个环节的框架结构。

③ 问题设置围绕情境展开,紧扣课标要求,贯穿教学始终,激发学生的学习兴趣,为学生的自主学习搭建讨论质疑的平台。本节课问题的设计紧扣课标,围绕议题,从大处着眼,既保证了问题的方向性,又保证了准确性。问题要讲究深度,让学生从设置的问题当中层层递进,由小到大,由浅入深。围绕情境倡导的探究性教学,是一个激发学生的情感体验,活跃学生的思维,提高学生的分析和解决能力,感悟知识生成的过程,这也就是要求我们设计的问题要有一定的梯度,有一定的深度,具有可探性,因此,我设计了"是什么—为什么—怎么样"的结构化问题系列,层层递进。尤其是关于"怎么样"的问题,即怎样书写"两江情"的问题具有挑战性。

(2) 不足

① 知识梳理过于简单,知识点之间的逻辑关系表达不清晰。在思路的初步形成过程中,我将知识结构梳理如下:

坚持和加强党的领导 { 是什么——党的领导的内涵和方式
为什么——坚持党的领导的重要性
怎么样——坚持和加强党的领导的措施

这一知识结构太过简单,没有围绕"办好中国事情的关键在党"这一观点在"坚持党的领导的重要性和措施"层面进一步展开。

② 虽然选择了《山海情》作为主题情境,但是不能保证每个学生都看过这部电视剧,有的学生不了解这部电视剧怎么办?环节二中的"《山海情》中西海固的脱贫历程体现了党在哪些方面的领导?"这个问题就不好解决。经过备课组讨论决定,在播放宣传片的基础上进一步提供一些典型观点,然后形成三个层级,逐步引领学生理解党的领导方式、坚持和加强党的领导的原因和措施。

③ 最后的续写《山海情》,同样面临两个尴尬的问题:一是学生不了解这部电视剧,不知道该怎么发展?不了解的这部分学生就无从下手,不能完成续写。二是续写哪方面的发展?是脱贫攻坚继续发展?还是党的方面的续写?并且这个续写与学生的生活实际离得比较远,学生对西部也不是很了解,从学生的价值观来说也没有达到良好的契合。因此,备课组决定就地取材,根据吴江和印江结对的情况书写"两江情"。

三、整体教学设计：叙说《山海情》，认同党的全面领导

（一）教材与学情

1. 内容分析

（1）本课地位

本课是《政治与法治》第一单元第三课第一框的内容，讲述的是"坚持和加强党的全面领导"。党的领导是全面的、系统的、整体的，包括政治领导、思想领导、组织领导，同时讲述了新时代坚持和加强党的全面领导的具体要求和重要意义，对前面一节课"中国共产党的先进性"和后面的"坚持科学执政、民主执政和依法执政"起到了承上启下的作用。

（2）本课内容

第三课"坚持和加强党的全面领导"，从中国共产党的领导是中国特色社会主义最本质的特征入手，认识中国特色社会主义制度的最大优势，理解新时代必须坚持和加强党的领导、巩固党的执政地位的重要性。第一框"坚持党的领导"介绍了党的领导方式和加强党的领导的要求。通过学习本课知识，学生明确党的领导是社会主义建设取得胜利的根本保证，认同党的领导，树立"一心一意跟党走"的意识。

2. 学情分析

（1）学生心智特征分析

一方面，这个时期的青少年处于人生观、价值观的形成时期，处于向成熟期的过渡阶段，看待事物、分析问题、判断事物等容易受表面影响或看得不够全面，且容易受个人情绪等因素的影响，需要教师正确价值观的引导。另一方面，高中生已经具备一定的抽象思维能力，对于对比、归纳等归因分析方法有一定的了解，具备一定的逻辑思维能力；通过创设问题情境，学生能发挥对比分析的能力，能够较好地理解坚持党的领导的重要性和要求。

（2）学生已有知识经验分析

本课内容为《政治与法治》第一单元第三课第一框的内容。一方面，学生在前两节课上已经初步了解了中国共产党领导是历史和人民的选择、中国共产党先进性等知识，这为本课"坚持和加强党的全面领导"的学习提供了理论基础。另一方面，学生对社会生活中的政治现象有所耳闻，对本课内容有一定的知识积累。

3. 教学目标与重难点

（1）教学目标

以脱贫为例，理解新时代坚持和加强党的全面领导的内涵、意义和要

求。在意义的讨论和发展篇章的书写中理解、应用和迁移知识，提高学生的推理论证、建构探究和文字表达能力，认同新时代坚持和加强党的全面领导，自觉贯彻党的路线、方针、政策。

（2）教学重难点

教学重点：坚持和加强党的全面领导的意义。

教学难点：新时代坚持和加强党的全面领导的要求。

（二）路线与结构

1. 教学路线

本课采用议学任务引领的议题式教学方式，议题、情境、活动、知识四个要素构成了如下四条线。

议题线：由"如何理解办好中国事情的关键在党？"议题引领如下问题串，《山海情》中体现了党的哪些领导？—新时代、新征程，党如何进一步强化对中国特色社会主义事业的全面领导？—为"两江"党委擘画蓝图提供参考意见。

情境线：《山海情》西海固脱贫历程—脱贫攻坚助推乡村振兴—江苏吴江和贵州印江结对帮扶，续写"两江情"。

活动线：观赏、对话—师生对话、讨论—小组讨论—续写篇章。

知识线：已有的脱贫认知—党的领导方式—坚持和加强党的领导的重要性—坚持和加强党的领导的措施。

2. 教学结构（图1）

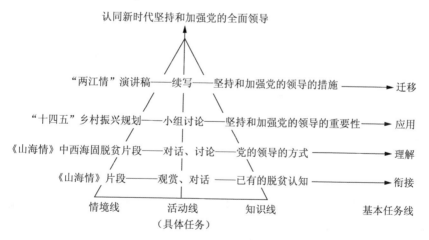

图1 "如何理解办好中国事情的关键在党？"议题式教学结构

（三）过程与意图

[议题] 如何理解办好中国事情的关键在党？

环节一：闽宁结对，山海情深

[导入]《山海情》讲述的是一个扶贫宁夏贫困山村的故事，福建和宁夏对口扶贫，闽宁镇也是真实存在的，宁夏的西海固地区以前真的是"贫瘠甲天下"。剧中的很多事情都是真实发生过的。通过《山海情》脱贫攻坚的过程来探究"如何理解办好中国事情的关键在党？"这一议题。

[设计意图] 通过电视剧的剧情回顾，学生增加学习兴趣。根据真实事例编写的电视剧也有助于学生了解时事政治和国家政策。

环节二：脱贫攻坚，关键在党

[学科概念] 党的领导方式、原因和要求。

[教学情境]《山海情》的脱贫攻坚实例和机制。

[学习任务1] 师生对话：《山海情》西海固的脱贫历程体现了党在哪些方面的领导？

[学习任务2] 小组讨论：《山海情》西海固的脱贫成就对我们的启示是什么？

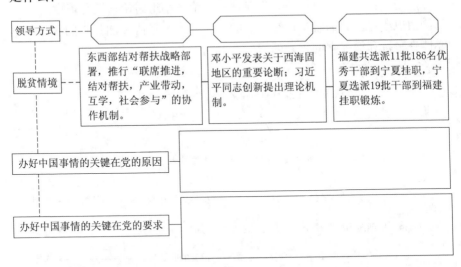

[设计意图] 通过讲述《山海情》的脱贫历程和成就，学生理解党的领导方式、重要性和要求。

环节三：凝心聚力，振兴乡村

[学科概念] 坚持和加强党的全面领导的重要性。

[教学情境] 2021年，中央一号文件聚焦实现巩固拓展脱贫攻坚成果

同乡村振兴有效衔接，明确具体任务，做出系统部署。文件明确提出，脱贫攻坚取得胜利后，要加强党对全面推进乡村振兴的领导，才能加快推进农业农村现代化。

［学习任务］小组讨论：为什么说推进乡村振兴要坚持和加强党的全面领导？

［设计意图］从影视中的脱贫攻坚的历程，逐步延伸到乡村振兴，在复杂情境中理解坚持和加强党的全面领导的重要性。

环节四：结对帮扶，擘画蓝图

［学科概念］坚持和加强党的全面领导的要求。

［教学情境］自2018年以来，江苏吴江和贵州印江结对帮扶，取得了显著成绩。在实现2035年远景规划的新征程中，吴江和印江必然会书写"两江情"的新篇章。

［学习任务］课堂抢答：书写"两江情"的新篇章离不开"两江"党委的正确领导。请你为"两江"党委擘画蓝图提供三条建议。

［设计意图］通过知识迁移，学生能培养公共参与能力，认同新时代坚持和加强党的全面领导，自觉贯彻党的路线、方针、政策。

［总结］党的十九大报告指出，要"坚持党对一切工作的领导"，并把它作为新时代坚持和发展中国特色社会主义基本方略的第一条，强调"党政军民学，东西南北中，党是领导一切的"，提出新时代党的建设的总要求首要的是"坚持和加强党的全面领导"。只要我们更加紧密地团结在以习近平同志为核心的党中央周围，在习近平新时代中国特色社会主义思想的指引下，毫不动摇地坚持党对一切工作的领导，就一定能让中华民族伟大复兴的曙光燃烧成人类发展史上壮丽的日出。

四、反思教学过程：再思《山海情》，追求知情紧关联

（一）亮点与价值

1. 知识线和情境线有机统一，能有效达成知识目标和素养目标的统一

以反映脱贫攻坚时政热点话题的电视剧《山海情》为生活逻辑线，以知识体系的"是什么—为什么—怎么样"为学科逻辑线，两条线巧妙合理地融合在一起，贯彻整个教学设计。

2. 隐性知识与显性知识巧妙结合，相得益彰

本课的显性知识是对党的领导方式、坚持党的领导等知识的掌握，引领学生认同办好中国的事情的关键在党的真理；理解中国共产党的领导是中国特色社会主义最本质的特征，是中国特色社会主义制度的最大优势；

体悟中国共产党是中国革命、建设和改革事业不断取得胜利的根本政治保证，激发学生参与社会主义现代化的热情。通过大型纪实片《山海情》的辅助，将理解、应用、迁移内隐在对话、讨论、演讲活动之中，形成隐性任务，在真实的情境中体验党的领导对建设社会主义现代化的意义，提升对党的领导的认同感。

（二）问题与对策

1. 以电视剧作为情境，需要充分了解学情

本节课选择脱贫攻坚题材的《山海情》为主题情境，既契合了当下的时政热点，具有时代性和引领性，也能通过脱贫历程中党的事迹感悟坚持党的领导的原因和意义。但是，一方面，电视剧有一定的艺术和演绎色彩，可能会让学生觉得不够真实；另一方面，如果学生没有看这个电视剧，那么整个教学设计的有效性就很小。因而教师创设主题情境需要考虑学生占有的资源和信息。如果资料搜集不够或者不够精准，活动的展开和议学任务的完成就面临挑战。因此，如何在有限的时间内让学生充分占有资料是一个值得深思的问题。

2. 对知识的迁移更应与教材内容紧密结合

通过《山海情》的铺垫，学生在本地与印江结对的生活实际中迁移知识，这有利于学科核心素养的落实。在实现 2035 年远景规划的新征程中，引导学生书写"两江情"的新篇章是落实学生对党的领导的政治认同的有效路径。然而，学生对续写篇章的范围和要求界限不够明确，教师的任务问法较宽泛，脱离教材内容，如此知识的迁移目标的达成度就会受到影响。因此，在今后的这种开放性探究活动中，教师首先要给学生明确演讲稿的写法、演讲稿的主题、演讲稿的内容包括哪些方面，甚至包括演讲的一些小技巧等。

"坚持和加强党的全面领导"议学单

议题：如何理解办好中国事情的关键在党？

姓名：_____ 班级：_____ 得分：_____

【学习目标】以脱贫为例，理解新时代坚持和加强党的全面领导的内涵、意义和要求。在意义的讨论和发展篇章的书写中理解、应用和迁移知识，提高学生推理论证、建构探究和文字表达的能力，认同新时代坚持和加强党的全面领导，自觉贯彻党的路线、方针、政策。

环节一：闽宁结对，山海情深

【教学情境】播放《山海情》宣传片。
【学习任务】自由发言：聊聊扶贫那些事。

环节二：脱贫攻坚，关键在党

【教学情境】《山海情》的脱贫攻坚实例和机制。
【学习任务1】师生对话：《山海情》西海固的脱贫历程体现了党在哪些方面的领导？
【学习任务2】小组讨论：《山海情》西海固的脱贫成就对我们的启示是什么？

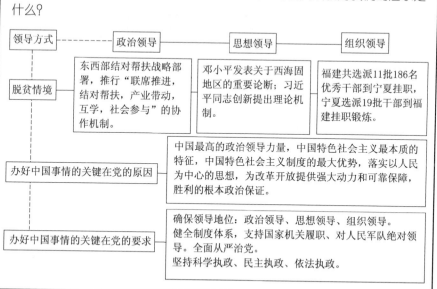

环节三：凝心聚力，振兴乡村

【教学情境】2021年，中央一号文件聚焦实现巩固拓展脱贫攻坚成果同乡村振兴有效衔接，明确具体任务，做出系统部署。文件明确提出，脱贫攻坚取得胜利后，要加强党对全面推进乡村振兴的领导，才能加快推进农业农村现代化。

【学习任务】为什么说推进乡村振兴要坚持和加强党的全面领导？

【答案提示】① 办好中国事情的关键在党。中国共产党领导是中国特色社会主义最本质的特征，是中国特色社会主义制度的最大优势。乡村振兴的关键同样在党。② 坚持和加强党的全面领导，才能落实以人民为中心的思想，解决好"三农"问题。③ 坚持和加强党的全面领导，才能为乡村振兴提供强大动力和政治保证。④ 坚持和加强党的全面领导，可以发挥乡村基层党组织的战斗堡垒作用和党员的先锋模范作用。

环节四：结对帮扶，擘画蓝图

【教学情境】在夺取全面建成小康社会伟大胜利的征程上，书写光辉的"两江"篇章，向党和人民交上一份优异答卷，为全国决战决胜脱贫攻坚做出"两江"贡献。

【学习任务】课堂抢答：书写"两江情"的新篇章离不开"两江"党委的正确领导。请你为"两江"党委擘画蓝图提供三条建议。

"如何理解依法执政?"议题式教学叙事
——基于"坚持科学执政、民主执政、依法执政"一课

吴江中学　梁英姿执笔，备课组协同

一、形成教学思路：议题引领下的大单元教学设计

新课标在对接内容要求的教学提示中，以议题的方式提示课程内容，并提出多种活动建议，供课程实施时选择。新课标中，《政治与法治》第一单元共有"为什么说中国共产党执政是历史和人民的选择？""怎样高扬永不褪色的旗帜？""如何理解依法执政？"三个议题。本节课的教学设计与实施就是围绕"如何理解依法执政？"这一议题进行的。

首先，研读新课标，明确课程内容和活动建议。新课标的内容要求部分为"阐述中国共产党依宪执政、依法执政的道理、方式和表现"[1]。按照这一要求，我们可以清楚地看到以依法执政为学科概念，分为表现（是什么）、道理（为什么）、方式（如何做）三个部分，可以在此基础上梳理教材、查阅资料，重构学科必备知识。教学提示部分为"以'如何理解依法执政'为议题，探究党领导人民制定法律、在宪法和法律范围内活动的方式。可评析有关事例，说明'党政军民学，东西南北中，党是领导一切的'。可走访所在地区的政府机关、企事业单位的党组织，了解党依法执政的表现。可就坚持和改善党的领导的有关举措，分享各自的心得"[2]。教学提示为学科活动的开展提供了诸多参考。

其次，精研教材、查阅资料，重构学科知识体系。依法执政在《政治与法治》第一单元正文部分只有两段文字，在传统的讲授式课堂上，可能也就是几句话一带而过，但是作为一个议题"如何理解依法执政？"，如何进行课堂设计和实施就是需要重新思考的大问题。一是要挖掘教材相关内容，除了教材 P31 两段文字之外，综合探究和第三单元依法治国部分也有

---

[1] 中华人民共和国教育部. 普通高中思想政治课程标准（2017 年版，2020 年修订）[S]. 北京：人民教育出版社，2020：17.

[2] 中华人民共和国教育部. 普通高中思想政治课程标准（2017 年版，2020 年修订）[S]. 北京：人民教育出版社，2020：17-18.

所涉及。这就需要用大单元思维去重构依法执政的学科知识体系，去理解"什么是依法执政？为什么要依法执政？如何依法执政？"。

再次，搜索新闻资料，寻找情境和活动切入口。如何让依法执政从教材理论走向具体实例？如何从理解到应用再到迁移？如何在一个个课堂活动中习得新知、提升能力、增进认同？我登录学习强国 App 和央媒官网搜集资料，寻找突破口。《中华人民共和国宪法》（以下简称《宪法》）是我国的根本大法，宪法情境具有充分性和典型性，学生了解较多，把宪法作为依法执政知识情境化理解环节的情境，最是恰当不过。恰逢"十四五"规划落地，用此新情境作为依法执政知识创生化迁移环节也是占尽天时地利人和之举。

最后，基于新课标学科素养，设计学习目标。通过研读新课标、新教材，以及查阅相关资料，了解学情，我最终确定本课的学习目标为通过分析中国共产党在编纂《宪法》修订中的作用，学生掌握依法执政的重要体现、地位、意义、内容等必备知识；通过分析、辩论和应用，学生增强阅读理解、信息整理、辩证思维和在新情境中解决新问题的能力，提升科学思维、人文思维和创新思维水平，树立宪法法律至上、法律面前人人平等的法治理念。至此，"依法执政"一节的设计初稿基本完成。

初稿共分为"知识梳理——依法执政知识结构""议题分析——依法执政的体现""议题讨论——澄清认识误区""应用迁移——'十四五'规划"四个环节。

环节一，知识梳理。综合分析了《政治与法治》依法执政的相关知识，将依法执政的相关知识梳理为重要体现、地位、意义、内容。通过填空的形式，学生初步理解依法执政知识。

环节二，议题分析。用表格形式展示 2018 年宪法修正的时间和事件，设置活动任务为个人自由发言：谈谈在宪法修订过程中，党是如何坚持依法执政的。这样做，一方面将依法执政的学科知识与情境相结合，让学生在情境中理解依法执政的知识；另一方面通过表格形式展现时间和事件，有利于复杂情境的清晰化。

环节三，议题讨论。本环节选取了习近平总书记所说的"'党大还是法大'是一个伪命题"这一论断，让学生通过辩论分析为什么这是一个伪命题，去理解党的领导和依法治国并不矛盾，而是有机统一。对这一论断的分析，既是直面社会现实，激浊扬清，又在讨论分析中加深了对党依法执政的理解。

环节四，应用迁移。根据"十四五"规划制定的过程，创设情境，设置的第一个任务是让学生根据所学填空，要求填出党的十九届五中全会审议通过"十四五"规划之后按照法定程序提请全国人大审议、全国人大审议通过两个环节。设置的第二个任务是分析党在"十四五"规划过程中是如何发挥领导作用的。这一环节是新知识在新情境中的迁移，任务具有较高的综合性和应用性。

二、协同教学设计：良构情境与劣构情境的创设

初稿设计完毕，我心里还有诸多疑问需要和备课组研讨。比如，民主执政和科学执政属于本课的内容吗？如果是的话，如何进行议题式教学课堂设计和实施？

在备课组研讨中，沈雪春老师和柳翠老师给了很多极具建设性的建议。

第一，科学执政、民主执政、依法执政知识部分的处理问题。科学执政、民主执政和依法执政都是执政方式，依法执政是中国共产党执政的基本方式。教材逻辑是在分析三种执政方式的同时，阐述了三者的有机统一及意义。本节课的议题虽然是"如何理解依法执政？"，但是不等于把依法执政与科学执政、民主执政割裂开来去讲，只是在教学设计和实施中有主有次、详略得当。

第二，教学情境的设置问题。教学情境是议题式教学的载体，承载着"议中学"活动的开展和学科知识的建构任务，因其生动性、亲和性、时代性而成为思政课堂的风景线，因其充分性、有效性、学科性而成为提升素养的辅助线。教学中要尽量选择最新、最有效的情境材料进行原创性加工，为学习任务开展、学科知识理解应用提供充分的支撑。沈雪春老师指出初稿设计上存在原创情境设置不当的问题。一是选择《宪法》还是《民法典》情境的问题。选择《宪法》入境，是因为《宪法》是我国的根本大法，2018年3月我国进行了《宪法》修正，时间节点也算较新；选择《民法典》入境，是因为《民法典》是中华人民共和国第一部以法典命名的法律，在法律体系中居于基础性地位，也是市场经济的基本法，2020年5月28日通过，2021年1月1日实施。备课组讨论后认为应选取《民法典》中的案例，更具有时代性和亲和性。二是原创情境的良构、劣构问题。《民法典》和"十四五"规划的议学问题如何体现能力素养上的进阶，可以通过情境上的区分和问题上的变化来实现。《民法典》入境环节是必备知识的情境化理解环节，情境辅助要点理解，应当用良构情境；"十四五"规划入境环节是学科知识素养化迁移环节，情境辅助知识能力的应用性、创新性运用，宜用劣构情境或开放性情境。

三、优化教学设计：在真实情境中进行学科知识的综合应用

(一) 教材与学情

1. 内容分析

(1) 本课地位

依法执政是中国共产党执政的基本方式，坚持依法执政的目的不仅仅在于不断改进党的领导方式和执政方式，提高党的执政能力，巩固党的领导核心和执政地位，还在于始终以人民为中心，不负初心和使命。本节课是党的领导、人民当家作主、依法治国的有机统一，具有重要的学科地位。

(2) 本课内容

本课内容是《政治与法治》第一单元第三课第二框第二目"坚持科学执政、民主执政、依法执政"的内容。教材通过相关链接、探究与分享等内容，介绍了科学执政、民主执政、依法执政的含义，阐明了三者之间的有机统一关系，以及坚持科学执政、民主执政、依法执政的目的。

2. 学情分析

(1) 学生心智特征分析

高一的学生有了一定的学习接受能力，以及逻辑思维、分析问题的能力。教师可以通过创设教学情境，发挥学生分析与综合的思维功能，理解党依法执政的重要体现、地位、意义、内容、目的等必备知识。

(2) 学生已有知识经验分析

在前面几节课的学习中，学生对中国共产党的知识有了一定的了解，为本节课的学习做好了知识储备。而学生对如何巩固党的执政地位还需要进行深入的理性分析，才能更好地对坚持中国共产党的领导形成政治认同，自觉拥护党的领导。

3. 教学目标与重难点

(1) 教学目标

通过分析中国共产党在编纂《民法典》中的作用，学生掌握依法执政的重要体现、地位、意义、内容等必备知识；通过分析、辩论和应用，学生增强阅读理解、信息整理、辩证思维和在新情境中解决新问题的能力，提升科学思维、人文思维和创新思维水平，树立宪法法律至上、法律面前人人平等的法治理念。

(2) 教学重难点

教学重点：依法执政的目的。

教学难点：科学执政、民主执政、依法执政的有机统一关系。

(二) 路线与结构

1. 教学路线

议题线：由"如何理解依法执政？"议题引领如下问题串，《民法典》的立法过程—在《民法典》编纂过程中，党是怎样依法执政的？—为什么"党大还是法大"是一个伪命题？—党在制定"十四五"规划中是如何发挥领导作用的？

情境线：《民法典》立法过程—《民法典》编纂过程—"党大还是法大"的观点—"十四五"规划。

活动线：课前搜集，课中展示—同桌交流、师生对话—课堂讨论—课堂讨论。

知识线：依法治国初中学习内容—依法执政的内容和体现—党的领导与依法治国的关系—党的领导方式。

2. 教学结构（图1）

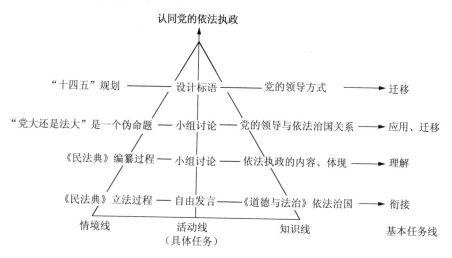

图1 "如何理解依法执政？"议题式教学结构

(三) 过程与意图

[议题] 如何理解依法执政？

[学科概念] 依法执政。

环节一："社会生活的百科全书"诞生记

[教学情境] 2020年5月28日，十三届全国人大三次会议表决通过了《民法典》，自2021年1月1日起施行。《民法典》被称为"社会生活的百科全书""新时代人民权利的宣言书"。

[学习任务] 课前搜集，课中展示：《民法典》立法过程。

[设计意图] 从 1954 年开始，《民法典》的立法被多次提起，但是历经波折，多次搁浅。2014 年 11 月，党的十八届四中全会明确提出编纂《民法典》。经过各方多年努力，终于在 2020 年 5 月通过。学生只知道《民法典》的通过，而对这一过程，则几乎没有了解。本环节通过课前调查的方式，让学生去梳理《民法典》的立法过程，一是为了更加深入地了解《民法典》，二是为本节课党依法执政的学习做好认知衔接，三是让学生体会立法过程的不易、牵涉主体的广泛，也为依法治国、人大的学习做生活化认知铺垫。

环节二：《民法典》编纂中的依法执政

[教学情境]《民法典》被称为"社会生活的百科全书"，是中华人民共和国第一部以法典命名的法律，在法律体系中居于基础性地位，也是市场经济的基本法。表 1 记录的是《民法典》编纂的主要过程和事件。

表 1 《民法典》编纂的主要过程和事件

时间	事件
十八届四中全会（2014 年）	做出关于编纂《民法典》的决定
2019-12-28 至 2020-01-26	在中国人大网上全文公开征求社会公众意见
十三届人大三次会议（2020 年）	《民法典》草案经大会讨论审议通过

[学习任务 1] 同桌交流：在《民法典》编纂过程中，党是怎样坚持依法执政的？

[答案提示 1] ① 中国共产党领导立法，做出编纂《民法典》的决定；② 党支持人大依法履行职能，公开征求意见，通过法定程序使党的主张上升为国家意志。

[设计意图] 通过良构情境展示《民法典》编纂的主要过程和事件，学生能分析党是怎样坚持依法执政的，在课堂活动中理解党依法执政的重要体现。第一，良构情境可以直观、清楚、有结构地呈现必备知识相关要点，有助于学生对知识的理解；第二，自由发言的方式可以让学生从易到难地寻找学科知识与情境的结合点，并在表达和倾听中增进对知识的理解。

[学习任务 2] 小组讨论，师生对话：完善依法执政必备知识结构。

[答案提示 2] 科学执政、民主执政、依法执政是党的执政方式。其中，科学执政是基本前提，民主执政是本质所在，依法执政是基本方式，三者有机统一。其意义在于不断改进党的领导方式和执政方式，提高党的执政能力，巩固党的领导核心地位和执政地位，保证党领导人民有效治理

国家，实现党的执政使命，实现中华民族伟大复兴。依法执政的重要体现是支持人民代表大会依法履行职能，使党的主张通过法定程序上升为国家意志；是中国共产党执政的基本方式；其内容是领导立法、保证执法、支持司法、带头守法；其意义是从国家层面推进依法治国，建设社会主义法治国家，促进国家治理体系、治理能力现代化，从党自身层面是巩固党的领导核心地位和执政地位，保证党领导人民有效治理国家，实现执政使命。

[设计意图] 在学科知识情境化理解的基础上通过师生对话方式，进行学科知识的结构化梳理。本课的必备知识梳理，采用结构化的形式，从执政方式切入，围绕依法执政展开。从执政方式切入，梳理了三种执政方式的目的与意义。围绕依法执政展开，梳理了依法执政的重要体现、地位、内容、意义。既兼顾了教材知识结构的完整，又突出了本课议题，还在教材基础上围绕议题对依法执政进行了深入的挖掘和跨单元的内容整合。

环节三：澄清依法执政的认识误区

[教学情境]《习近平关于全面依法治国论述摘编》一书中提道："我说过，'党大还是法大'是一个政治陷阱，是一个伪命题。对这个问题，我们不能含糊其词、语焉不详，要明确予以回答。"

[学习任务] 讨论回答：为什么说"党大还是法大"是一个伪命题？

[答案提示] ① 党和法、党的领导和依法治国是高度统一的；② 党是领导核心—法治要坚持党的领导—党的领导是中国特色社会主义最本质的特征，是社会主义法治最根本的保证；③ 法是党的主张和人民意志的统一，党的领导要通过法治实现，党既领导人民制定宪法法律，也领导人民实施宪法法律，党在宪法和法律的范围内活动。

[设计意图] 习近平总书记在省部级主要领导干部学习贯彻党的十八届四中全会精神全面推进依法治国专题研讨班上的讲话厘清了依法治国和党的领导之间的关系。本节课在党依法执政的学习过程中，牵涉到党的领导与依法治国的关系，如何讲清楚、讲明白，习总书记的讲话给了我们极大的指引。选择评析回答的方式，是通过辨析式学习的方式探本寻源、激浊扬清。这一环节既是对学理的明晰，也是对学生辨析能力的提升，更是对依法治国、党的领导的认同。

环节四：制定"十四五"规划中的党的领导

[教学情境]"五年规划"，全称为"国民经济和社会发展五年规划纲要"，是中国国民经济计划的重要部分，主要是对国家重大建设项目、生

产力分布和国民经济重要比例关系等做出规划，为国民经济发展远景规定目标和方向。2020年10月29日，党的十九届五中全会审议通过《中共中央关于制定国民经济和社会发展第十四个五年规划和二〇三五年远景目标的建议》，明确"十四五"时期到二〇三五年经济社会发展的指导思想、宏伟目标、主要任务和重大举措。

2020年7月，中共中央召开政治局会议，研究关于制定第十四个五年规划。	2020年8月，中共中央、国务院及相关部门对规划进行网上意见征求活动。	①
2020年7月至9月，习近平总书记主持召开专家座谈会，听取社会各界的意见和建议。	2020年10月29日，党的十九届五中全会审议通过《中共中央关于制定国民经济和社会发展第十四个五年规划和二〇三五年远景目标的建议》。	②

［学习任务］小组讨论。

1. 根据所学，填空。

① _____

② _____

2. 分析党在制定"十四五"规划过程中是如何发挥领导作用的。

［答案提示］1. ① 按照法定程序，提请人大审议；② 2021年3月，十三届全国人大四次会议审议通过。

2. ① 中国共产党在制定"十四五"规划中总揽全局、协调各方，充分发挥领导核心作用；② 党做出制定"十四五"规划的决定；③ 党公开征求意见，推动立法民主化、科学化，保障人民当家作主；④ 依法执政，通过法定程序使党的主张上升为国家意志；⑤ 坚持党的领导、人民当家作主和依法治国的有机统一。

［设计意图］本课的学科知识素养化迁移环节，"十四五"规划情境的设置符合最新时政，也是提高学生时政知识储备的很好选择。设置复杂、开放、劣构情境，开展学习任务，进行学科知识应用上的综合性、应用性和创新性。本环节综合应用了党的领导、依法治国、人民当家作主的知识，让学生根据所学进行合理推理填空，并结合所学和情境进行综合性分析，对应学业质量评价水平3级、4级划分标准，是对学生学以致用的很好检验和提升。PPT答案展示采用逻辑结构可视化方式展示，①—②③

④—⑤，②③④三条对应情境，有利于知识体系的构建，①⑤与②③④之间是总分结构，学教材又不止于教材，读情境也挖掘情境。

四、反思教学过程：在研究中不断探索，在协作中不断成长

（一）亮点与价值

第一，以《民法典》和"十四五"规划为主题情境阐述"如何理解依法执政"。本课的教学设计，情境选择上选取《民法典》和"十四五"规划，既具有时代性，增进学生对时政的理解，又具有层次性，引导学生从理解党领导立法到党支持人大依法履行职能，是党的主张通过法定程序上升为国家意志的重要体现。在情境的层层铺设和递进中，学生对依法执政的理解逐步深入，从领导立法到全方位理解依法执政。

第二，选取"'党大还是法大'是一个伪命题"进行课堂活动设计。思政课是落实立德树人根本任务的关键课程，要帮助学生树立正确的政治方向，提高思政学科核心素养。习总书记的"'党大还是法大'是一个伪命题"这一科学论断，是针对社会上的错误认知进行的，"依法执政"一课阐述的就是党的领导和依法治国相统一，在本节课谈论这个问题有必要、有意义。

（二）问题与对策

第一，学科必备知识的梳理环节不够综合。"依法执政"一课内容的学科概念是依法执政，按照教材内容，属于执政方式，是"中国共产党的领导"一单元的部分内容；在备课过程中我发现，按照学理分析，与人民当家作主、依法治国又紧密相连，尤其与第三单元"全面依法治国"部分，是有重合的。应该在知识梳理部分进行综合性的梳理，涵盖本课相关的知识点。

第二，在具体的操作过程中，建议课前通过学生预习的方式梳理执政方式的相关知识。课中围绕议题"如何理解依法执政？"，依托《民法典》和"十四五"规划等情境围绕依法执政进行党的领导、依法治国、人民当家作主的系统分析和整理。总之，学科知识的梳理要源于教材、综合教材、高于教材。

"坚持科学执政、民主执政、依法执政"议学单

议题：如何理解依法执政？

姓名：_____ 班级：_____ 得分：_____

【学习目标】通过分析中国共产党在编纂《民法典》中的作用，掌握依法执政的重要体现、地位、意义、内容等必备知识；通过分析、辩论和应用，增强阅读理解、信息整理、辩证思维和在新情境中解决新问题的能力，提升科学思维、人文思维和创新思维水平，树立法律至上、法律面前人人平等的法治理念。

环节一："社会生活的百科全书"诞生记

【教学情境】2020年5月28日，十三届全国人大三次会议表决通过了《民法典》，自2021年1月1日起施行。《民法典》被称为"社会生活的百科全书""新时代人民权利的宣言书"。

【学习任务】课前搜集，课中展示：《民法典》立法过程。

环节二：《民法典》编纂中的依法执政

【教学情境】《民法典》被称为"社会生活的百科全书"，是新中国第一部以法典命名的法律，在法律体系中居于基础性地位，也是市场经济的基本法。表1记录的是《民法典》编纂的主要过程和事件。

表1 《民法典》编纂的主要过程和事件

时间	事件
十八届四中全会（2014年）	做出关于编纂《民法典》的决定
2019-12-28至2020-01-26	在中国人大网上全文公开征求社会公众意见
十三届人大三次会议（2020年）	《民法典》草案经大会讨论审议通过

【学习任务1】同桌交流：在《民法典》编纂过程中，党是怎样坚持依法执政的？

【答案提示】① 中国共产党领导立法，做出编纂《民法典》的决定；② 党支持人大依法履行职能，公开征求意见，通过法定程序使党的主张上升为国家意志。

【学习任务2】小组讨论，师生对话：完善"依法执政"必备知识结构图（图1）。

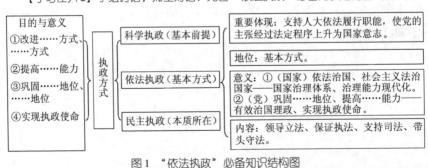

图1 "依法执政"必备知识结构图

环节三：澄清依法执政的认识误区

【教学情境】《习近平关于全面依法治国论述摘编》一书中提道："我说过，'党大还是法大'是一个政治陷阱，是一个伪命题。对这个问题，我们不能含糊其词、语焉不详，要明确予以回答。"

【学习任务】小组讨论：为什么说"党大还是法大"是一个伪命题？

【答案提示】① 党和法、党的领导和依法治国是高度统一的；② 党是领导核心——法治要坚持党的领导——党的领导是中国特色社会主义最本质的特征，是社会主义法治最根本的保证；③ 法是党的主张和人民意志的统一，党的领导要通过法治实现，党既领导人民制定宪法法律，也领导人民实施宪法法律，党在宪法和法律的范围内活动。

环节四：制定"十四五"规划中的党的领导

【教学情境】"五年规划"，全称为"国民经济和社会发展五年规划纲要"，是中国国民经济计划的重要部分，主要是对国家重大建设项目、生产力分布和国民经济重要比例关系等做出规划，为国民经济发展远景规定目标和方向。2020年10月29日，党的十九届五中全会审议通过《中共中央关于制定国民经济和社会发展第十四个五年规划和二〇三五年远景目标的建议》，明确"十四五"时期到二〇三五年经济社会发展的指导思想、宏伟目标、主要任务和重大举措。

2020年7月，中共中央召开政治局会议，研究关于制定第十四个五年规划。	2020年8月，中共中央、国务院及相关部门对规划进行网上意见征求活动。	①
2020年7月至9月，习近平总书记主持召开专家座谈会，听取社会各界的意见和建议。	2020年10月29日，党的十九届五中全会审议通过《中共中央关于制定国民经济和社会发展第十四个五年规划和二〇三五年远景目标的建议》。	②

【学习任务】小组讨论。

1. 根据所学，填空。

① _____
② _____

2. 结合材料，用所学的中国共产党的知识分析党在制定"十四五"规划过程中是如何发挥领导作用的。

【答案提示】1.① 按照法定程序，提请人大审议；② 2021年3月，十三届全国人大四次会议审议通过。2.① 中国共产党在制定"十四五"规划中总揽全局、协调各方，充分发挥领导核心作用；② 党做出制定"十四五"规划的决定；③ 党公开征求意见，推动立法民主化、科学化，保障人民当家作主；④ 依法执政，通过法定程序使党的主张上升为国家意志；⑤ 坚持了党的领导、人民当家作主和依法治国的有机统一。

"如何理解人民民主专政?"议题式教学叙事
——基于"人民民主专政的社会主义国家"一课

吴江中学　柳翠执笔，备课组协同

一、形成教学思路：在抗疫和安全中体会"人民至上"

本节课的新课标要求是列举宪法有关人民主体地位的规定，说明我国是人民民主专政的社会主义国家。新课标教学建议是以"如何理解人民民主专政?"为议题，探究党领导人民制定法律、在宪法和法律范围内活动的方式。

根据新课标要求和教学建议，我初步制定本节课的学习目标：列举宪法有关人民主体地位的规定，说明我国是人民民主专政的社会主义国家。坚持人民民主专政，坚信我国人民民主是最广泛、最真实、最管用的民主，坚定地走中国特色社会主义道路。依法有序参与政治生活，发挥主人翁作用，做中国特色社会主义事业的建设者和接班人。

根据新课标，我结合教材确定了本节课议题：如何理解人民民主专政？

"人民民主专政的社会主义国家"这节课有两个框题，我考虑到大单元教学和大概念教学，将第四课的两个框题合并为一节课完成。第一框"人民民主专政的本质：人民当家作主"主要阐述了人民民主专政是什么。"人民民主的特点"是本框题的重点和难点，要求学生能运用所学知识解决实际问题，因此，这一框的突破点选择了《民法典》在实施中的真实情境，利用连线的方式解决，简洁明了，有利于培养学生结合理论解决实际问题的能力。第二框"坚持人民民主专政"是从怎么样的角度阐述如何坚持人民民主专政和坚持人民民主专政有什么意义。具体设计方案如下。

环节一：梳理知识建构体系。本节课涵盖了两个框题，要求学生在大概念的图示下整理出两个框题之间的逻辑关系，梳理"人民民主专政"的知识体系，从是什么、为什么、怎么样的角度，用思维导图的方式整体把握。

环节二：人民至上，一以贯之。运用《民法典》的情境，设计问题：《民法典》为什么称为"民之法典"？从这个情境中明确我国的国家性质是人民民主专政的社会主义国家。

环节三：民主专政，保家卫国。通过两则关于保障民生、惩处犯罪的真实事例来说明人民民主专政的特点，通过材料分析理解人民民主专政的优越性。

选取当下的热点情境材料：有4名解放军官兵在中印边境牺牲，中国外交部发言人华春莹表示，2020年6月发生的加勒万河谷冲突事件，造成了人员伤亡。从视频中我们可以看出我们国家的什么态度？这体现了国家的哪些职能？

环节四：安全中国，责任在身。以国家安全的重要性为情境，设计活动任务：假如你是外交部发言人，以"安全中国"为主题，写出新闻发布会的演讲稿。

二、协同教学设计：在大单元视域中拓展教学的宽度

本节课有两个框题，备课组统一思想，结合大单元和大概念教学理念，普遍认同这样"二合一"的设计，但是也担心一节课难以完成教学任务。集体备课讨论结果如下。

（1）备课组认可的地方

① 采取大概念和大单元教学法。这是适应新课改的积极尝试。站在知识系统性的高度，以单元主题和学科概念为基础，将本节课出现的重要知识进行整体编排，组成一个知识整体或意义整体。

② 能够紧密结合时政，用最鲜活的情境激发学生探究的乐趣。情境是课堂上的一道亮丽的风景，通过创设的"《民法典》适用""中印冲突""中国抗疫"等真实的情境，学生能进行情感体验。这样不仅可以让学生的认知和智力系统处在一个兴奋的状态下，还可以让学生全身心地投入认识和意向的活动中来。

③ 任务问题设置环环相扣，层层深入，最后落脚于"立德树人"。从最简单的连线问题到"为什么""怎么样"的内在逻辑，将学生的思维引向深入。

（2）不足之处

① 本节课根据知识点需要选择情境，但比较分散，缺少主题。本节课内容理解起来并不难，但是知识点琐碎，因此，情境的选择如果能够找个主线贯穿起来会更好，比如，用新冠肺炎疫情等主题串联。

② 本节课的知识框架不够明确。大单元教学背景下，应该如何整合

知识点？大概念下的知识结构除了整合本课、本单元、本模块甚至本学科的知识外，要不要整合跨学科相关内容？如何在大单元框架下理解我国国体的内涵，明确人民民主专政在我国社会主义制度中的根本性意义，增强制度自信？这也是在备课中遇到的难题。

三、整体教学设计：在项目化学习中认同我国的国体

(一) 教材与学情

1. 内容分析

（1）本课地位

本单元围绕"人民当家作主"这一主题，探究了富有中国特色的政治制度和具有中国优势的民主形式。人民民主专政是中国特色社会主义政治制度的根本内容，因而本节课的教学内容有奠基之功。

（2）本课内容

本课内容围绕我国是人民民主专政的社会主义国家，主要探究了我国的国家性质、人民民主专政的本质、人民民主的特点、民主与专政的关系、坚持人民民主专政的必要性。理解我国国体的内涵，明确人民民主专政在我国社会主义制度中具有根本性意义，增强制度自信。结合宪法对我国国家性质的规定，说明我国是人民民主专政的国家，增强对宪法的认识，树立法治意识。

2. 学情分析

（1）学生心智特征分析

一方面，高中生处于世界观、人生观、价值观的形成期，看待事物、分析问题、判断事物等容易表面化和片面化，尤其对国家的政治认同容易受个人情绪的影响，需要教师正确价值观的引导。另一方面，高中生已经具备一定的抽象思维能力，对归纳、对比等归因分析方法有一定的了解，具备一定的逻辑思维能力。

（2）学生已有知识经验分析

本课内容为《政治与法治》第二单元第四课内容，在初中的《道德与法治》中，学生已经初步了解了我国的国家性质，知道我国是人民民主专政的社会主义国家。结合学生自身的生活经验和社会观察，学生对本课内容的学习有一定的生活经验。

3. 教学目标与重难点

（1）教学目标

列举宪法有关人民主体地位的规定，说明我国是人民民主专政的社会主义国家。坚持人民民主专政，坚信我国人民民主是最广泛、最真实、最

管用的民主，坚定地走中国特色社会主义道路。依法有序地参与政治生活，发挥主人翁作用，做中国特色社会主义事业的建设者和接班人。

（2）教学重难点

教学重点：人民民主专政的优越性。

教学难点：总体国家安全观。

（二）路线与结构

1. 教学路线

议题线：由"如何理解人民民主专政？"议题引领如下问题串，《民法典》为什么姓"民"？—材料如何体现人民民主专政？视频体现了国家的哪些职能？—"安全中国"新闻发布。

情境线：《民法典》视频—抗疫事例、中印冲突—《人民日报》报道。

活动线：自由发言—同桌交流、小组讨论—新闻发布。

知识线：民主的特点—人民民主专政的本质—总体国家安全观。

2. 教学结构（图1）

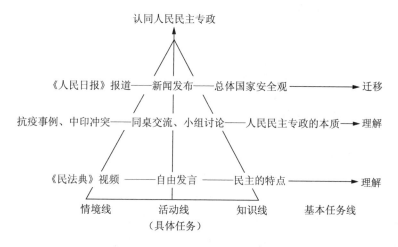

图1 "如何理解人民民主专政？"议题式教学结构

（三）过程与意图

［议题］如何理解人民民主专政？

环节一：析中国民主特征

［课前准备］播放视频：《〈民法典〉为什么姓"民"？》。

［教学情境］2020年5月28日，中华人民共和国法治建设迎来了历史性的时刻——中华人民共和国成立后第一部以法典命名的法律诞生了。

《民法典》与时代紧密相连，是"社会生活的百科全书"，是市场经济的基本法，是关乎14亿人民生老病死、衣食住行的"权利宣言"。人民对权利的种种诉求，都在这部《民法典》中得到了切实回应。

［学习任务1］自由发言：《民法典》为什么被称为"民之法典"？

［学习任务2］连线，并说明理由。

《民法典》增设了居住权，突出房子的居住功能，保障了弱势群体的住房需求。	最管用
"封一座城，护一国人"，新冠肺炎疫情发生后，我国政府不计代价抗击疫情，竭尽全力救助人民。反观美国政府，消极抗疫。	最真实
出席十三届全国人大四次会议的2 000多名人大代表来自全国各省、自治区、直辖市、香港特别行政区、澳门特别行政区等数十个选举单位，各方代表均占一定比例。	最广泛

［教师补充］① 最广泛：强调的是要让全体人民都能参与，主体广泛，权利广泛，如人民具有选举权和被选举权、政治自由、监督权。② 最真实：强调的是必须能真正体现人民的意愿，如"制度保障""政治保证""民主选举""民主协商"等。③ 最管用：强调的是途径畅通、合理高效，如"制度体系""效率提高"等。

［设计意图］学生能从具体事例中体会我国民主的特点。

环节二：探中国国体本质

［学科概念1］人民民主专政的特点。

［教学情境1］材料一：2021年2月23日，习近平强调，切实保障基本民生，强化对困难群众的兜底保障，对患者特别是有亲人罹难的家庭要重点照顾。国家医保局表示，对新冠肺炎患者医疗费用单独列预算，不占用当年总额预算指标。实行先救治后结算，确保患者不因费用问题影响就医。

材料二：2020年2月5日，山东潍坊市公安机关发布通报称，2020年2月3日，潍坊市公安局奎文分局依法对故意隐瞒旅行史和接触史的新型冠状病毒感染者张某芳立案侦查。

［学习任务1］同桌交流：上述两则材料是如何体现人民民主专政的。

［设计意图］以具体事例辅助知识理解。

［学科概念2］国家的对内和对外职能。

［教学情境2］视频文本：据《解放军报》2021年2月19日报道，有4名解放军官兵在中印边境牺牲，分别是营长陈红军、战士陈祥榕、战士肖思远、战士王焯冉，团长祁发宝身负重伤。对此，2月19日，中国外交

部发言人华春莹表示，2020年6月发生的加勒万河谷冲突事件，这个事件的责任不在中方。这个事件也造成了人员的伤亡。

[学习任务2] 小组讨论：从视频中我们可以看出我们国家的什么态度？这体现了国家哪些职能？

[答案提示] 分别从国家的对外和对内职能的角度阐述具体做法的意义。

[设计意图] 通过时政热点情境的回放，学生在了解的基础上进行理论分析，提升政治认同感。

[学习任务3] 小组讨论：完成必备知识建构图（图2）。

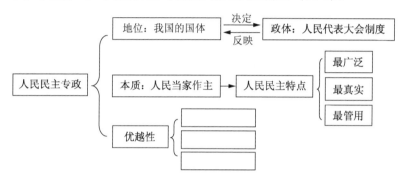

图2 "人民民主专政"的知识建构图

环节三：为"安全中国"发声

[教学情境]《人民日报》：全面贯彻落实总体国家安全观，深刻把握国家安全的辩证关系。2020年12月11日，习近平总书记在中央政治局第二十六次集体学习时强调："国家安全工作是党治国理政一项十分重要的工作，也是保障国泰民安一项十分重要的工作。"

[学习任务] 小组讨论：模拟外交部发言人，以"安全中国"为主题进行新闻发布。

[设计意图] 学生深度理解人民民主专政的本质特征和优越性，能积极主动地参与政治生活，提升作为主人翁的公共参与意识。

四、反思教学过程：项目化可圈可点，情境化有待整合

（一）亮点与价值

项目化学习可圈可点。本课采用新闻发布的方法引导学生进行项目化学习，形式新颖，这不仅能够评价学生对人民民主专政本质和特点的理解程度，而且能够考量学生的时政素养。

(二) 问题与对策

大概念教学不仅能让学生明确知识体系的逻辑性,还能培养学生的系统思维。大概念教学的实施,需要主题情境的协助。本课中的情境虽然都是真实情境,但是情境之间没有必然的逻辑性,需要优化。

"人民民主专政的社会主义国家"议学单

议题：如何理解人民民主专政？

姓名：_____ 班级：_____ 得分：_____

【学习目标】学习宪法有关人民主体地位的规定，了解我国人民民主专政的社会主义国家性质；理解我国人民民主是最广泛、最真实、最管用的民主，坚定地走中国特色社会主义道路；通过议题讨论、项目学习等活动培养学生的合作交流能力、综合应用能力和公共参与意识。

环节一：析中国民主特征

【教学情境1】播放视频：《〈民法典〉为什么姓"民"？》。

【教学情境2】2020年5月28日，中华人民共和国法治建设迎来了历史性的时刻——第一部以法典命名的法律诞生了。《民法典》与时代紧密相连，是"社会生活的百科全书"，是市场经济的基本法，是关乎14亿人民生老病死、衣食住行的"权利宣言"。人民对权利的种种诉求，都在这部《民法典》中得到了切实回应。

【学习任务1】自由发言：《民法典》为什么被称为"民之法典"？

【答案提示1】《民法典》既全面强化了对于公民权利的保护，同时也便于公民保护自身权利。

【学习任务2】连线，并说明理由。

2014年11月，党的十八届四中全会明确提出编纂《民法典》。被誉为"新时代人民权利的宣言书"的《民法典》经十三届全国人大三次会议表决通过，自2021年1月1日起施行。	最管用
《民法典》在编纂中通过人大网公开征求意见，累计收到42.5万人提出的102万条意见和建议。"两会"期间，人大代表根据各方面意见，对草案又做了100余处修改。2020年5月28日，十三届全国人大三次会议表决通过《民法典》。	最真实
出席十三届全国人大四次会议的代表来自全国，各方代表均占一定比例。	最广泛

环节二：探中国国体本质

【教学情境1】材料一：2021年2月23日，习近平强调，切实保障基本民生，强化对困难群众的兜底保障，对患者特别是有亲人罹难的家庭要重点照顾。国家医保局表示，对新冠肺炎患者医疗费用单独列预算，不占用当年总额预算指标。实行先救治后结算，确保患者不因费用问题影响就医。

材料二：2020年2月5日，山东潍坊市公安机关发布通报称，2020年2月3日，潍坊市公安局奎文分局依法对故意隐瞒旅行史和接触史的新型冠状病毒感染者张某芳立案侦查。

【学习任务1】同桌交流：上述两则材料是如何体现人民民主专政的。

续表

【答案提示1】① 先救治后结算，尊重和保障生命权，体现了我国的民主是最真实、最管用的，其本质是人民当家作主。② 对疫情期间违反人民公共安全的事件立案调查，体现了人民民主专政的国家政权担负着对极少数敌对分子实行专政，维护国家稳定的重要职能。

【教学情境2】据《解放军报》2021年2月19日报道，有4名解放军官兵在中印边境牺牲，分别是营长陈红军、战士陈祥榕、战士肖思远、战士王焯冉，团长祁发宝身负重伤。对此，2月19日，中国外交部发言人华春莹表示，2020年6月发生的加勒万河谷冲突事件，这个事件的责任不在中方。这个事件也造成了人员的伤亡。

【学习任务2】小组讨论：从视频中我们可以看出我们国家的什么态度？这体现了国家哪些职能？

［答案提示2］① 视频中可以看出我国秉持"我将无我，不负人民，人民至上"的态度。② 体现了国家对外职能：主要是防御外来侵略，保卫国家安全。③ 体现了国家对内职能：主要是维护国家稳定，促进社会发展。

【学习任务3】小组讨论：完成必备知识建构图（图1）。

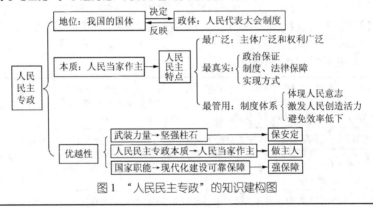

图1 "人民民主专政"的知识建构图

环节三：为"安全中国"发声

【教学情境】《人民日报》：全面贯彻落实总体国家安全观 深刻把握国家安全的辩证关系。

2020年12月11日，习近平总书记在中央政治局第二十六次集体学习时强调："国家安全工作是党治国理政一项十分重要的工作，也是保障国泰民安一项十分重要的工作。"

【学习任务】小组讨论：模拟外交部发言人，以"安全中国"为主题进行新闻发布。

"怎样看待人大代表的作用？"议题式教学叙事
——基于"人民代表大会：我国的国家权力机关"一课

吴江中学　杨帆执笔，备课组协同

一、形成教学思路：迎"两会"入境

三月伊始，冬末春初，恰好是樱花纷飞的季节，我们也开始了新学期的新探索。这学期我们的教学任务是采用议题式教学的教学方法完成《政治与法治》教学。按照教学计划和备课组分工，我的第一个备课任务是第五课第一框——"人民代表大会：我国的国家权力机关"。

接到这个备课任务，与备课组商量后，我决定以"三步走"的策略完成设计过程。

第一步，翻阅新课标和《中国高考评价体系》，来确定本节课的议题和学习目标。依据新课标和《中国高考评价体系》的要求，本节课的议题确定为"怎样看待人大代表的作用？"，学习目标设定为掌握人民代表大会和人大代表的职权，系统认知人民代表大会与"一府一委两院"之间的关系。在小组讨论中培养学生的交流合作能力、获取和解读信息能力、推理论证能力，应用和迁移"人民代表大会：我国的国家权力机关"的知识；认同我国的根本政治制度，自觉拥护中国共产党的领导。

第二步，根据本节课的议题和学习目标，围绕议题，初步设计出本节课的知识结构、主要环节和活动任务。环节一：了解人民代表大会，即梳理本节课的知识点；环节二：了解人大代表和人民代表大会的职权，即人大代表职权和人大职权的情境化理解；环节三：国家机关结构关系图的生成；环节四：参与人民代表大会，即学生模拟人大代表履职。

第三步，根据本节课的知识结构框架及具体学习内容，在学习强国、人民网、新华网等平台收集相关的备课资料。

教学设计过程具体如下。

环节一：必备知识的结构化梳理，让学生对书本知识有宏观的掌握。因此，环节一依据的资料主要是教材和教师教学用书。以人民代表大会制度的含义为依托，构建出本节课的知识框架，学生自主根据部分提示完成流程图。

环节二：重点知识的情境化理解。这一部分学生的学习目的是理解并区分人大和人大代表的职权。由于实际上课时，2021年的人大会议还未召开，因此，选择2020年十三届全国人大三次会议的闭幕会为情境，在人民网中收集相关资料。通过呈现本次闭幕会的部分议程，学生小组讨论，将十三届全国人大三次会议的部分议程与人大职权连线，并说明在这过程中人大代表履行了哪些职权。

环节三：重点知识的情境化运用。依据新课标，学生需要探究人民代表大会与"一府一委两院"的关系。本次备课采用一例到底的情境设置，以人大会议为主题情境。十三届全国人大四次会议开幕在即，因此，在本环节选择十三届全国人大四次会议的部分议程为情境，让学生通过小组讨论的方式，画出人民代表大会与"一府一委两院"的关系结构图。

环节四：学科知识的情境化迁移。学生是课堂的主体，其参与度影响公共参与核心素养的培育。要解决"怎样看待人大代表的作用？"这一议题，通过前几个环节，学生已对人大代表的职权有了初步的了解，需要通过实际的参与来加深对人大代表作用的理解。我从人民网上搜到2021年"两会"召开之前，人民网发起了"2021，我给'两会'捎句话"的活动，因此，情境采用2021年人民网"两会"调查热点搜索事例。这一调查已连续推出19年，关注度逐年升温，已成为"两会"间媒体报道、评论和官方决策的重要参考选择。设计"模拟人大代表撰写议案"的活动，让学生模拟人大代表，选择自己感兴趣的热点词，针对当地情况，写一个200字左右的"议案"。

至此，"人民代表大会：我国的国家权力机关"的议学单初稿已经形成，比较粗略和稚嫩，还有许多地方需要商榷、修改和完善。

二、协同教学设计：让思想碰撞

议学单初稿完成以后，交予备课组集体研讨，根据新课标、议题和本节课学生须掌握的知识点，备课组提出了初稿存在的问题及部分修改意见，具体情况如下。

环节一中必备知识的结构不完整。本节课的议题为"怎样看待人大代表的作用？"，而知识梳理只出现人大代表的职权，还应增添人大代表的义务。

环节二存在两个问题。问题1为情境的时政性不够强。关于环节二的情境选择，备课组的教师各抒己见。A老师指出，2021年十三届全国人大四次会议召开在即，选择十三届全国人大三次会议的闭幕会为情境是否弱化了本节课的时政色彩？B 老师则认为，情境是手段，学生要通过情境理解人大代表和人大的职权，十三届全国人大三次会议的闭幕会可以直接体现人大代表和人大行使职权。虽然使用十三届全国人大四次会议时政性更强，但是目前只有部分会议议程，不能直接说明知识点，可以将 2021 年"两会"的召开作为时政热点补充或者作为本节课的导入。C 老师认为，可先暂定用十三届全国人大三次会议的闭幕会作为情境，根据实际教学时间随机调整和变换情境。即如若 2021 年的全国人民代表大会早于本节课的实际教学时间，则采用最新的十三届全国人大四次会议作为情境；反之，则采用 2020 年的十三届全国人大三次会议的闭幕会作为情境。问题 2 为活动形式的逻辑不通顺。人大代表是在召开人民代表大会时行使相应职权，应当明确区分这两者，避免学生模糊概念。

环节三的情境、活动、任务未能解决本节课的议题。A 老师认为，让学生画出人民代表大会与"一府一委两院"的关系结构图这一活动的意图不明朗，与知识梳理部分存在重复。B 老师认为，想要解决"怎样看待人大代表的作用？"的议题，应当从人大代表的职权和义务两方面着手。环节二已经解决了人大代表职权这一部分，按照逻辑顺序，下一环节应当解决人大代表的义务这一问题，须选择合适的情境解释人大代表的义务。

环节四的活动切入点太大，学生操作难度较大。学生与外界联系相对较少，对"两会"热词的了解程度不深，应当呈现 2021 年"两会"热词，供学生选择。另外，人大代表和议案都离学生的实际生活较远，学生缺乏经验和知识储备，还应当给学生补充相应的课外知识，比如，议案由几部分构成、应当如何撰写议案等。

三、整体教学设计：显代表之职

根据备课组各位教师提出的问题及修改意见，我对议学单进行了修改、补充和完善，形成了教学设计。

（一）教材与学情

1. 内容分析

（1）本课地位

"人民代表大会：我国的国家权力机关"是《政治与法治》第五课"我国的根本政治制度"的第一个框题。本框主要介绍有关人民主体地位的规定，说明各级人民代表大会是人民行使国家权力的机关，使学生明确人民代表大会制度是我国的根本政治制度，并为后续学习人民代表大会制度和基本政治制度打下基础。

（2）本课内容

本框阐述了人民行使国家权力的机关和国家权力机关运行的过程，证实了人民代表大会制度是符合中国国情、保证人民当家作主的根本政治制度。本框共设两目。

第一目"人民行使国家权力的机关"，主要介绍了人民代表大会的性质，全国人民代表大会的地位、职权及其常设机构。

第二目"肩负人民重托的人大代表"，主要阐述了人大代表的产生、职权和义务。

2. 学情分析

（1）学生心智特征分析

本课的教学对象是高一学生，教材内容与思路较为清晰，内容结构化特点较为明显，便于学生学习。学生已经初步了解对比、归纳等分析方法，具有一定的抽象逻辑思维能力，能对教师设置的文本和视频资料进行综合分析。

（2）学生已有知识经验分析

一方面，本框内容与历史学科有关内容存在交叉，降低了学生学习和理解的难度；另一方面，学生初中时已经学过我国的政治制度，有一定的知识基础。同时，现实生活中我国社会主义民主政治取得的成就也为教学提供了必要的佐证。

3. 教学目标与重难点

（1）教学目标

掌握人民代表大会职权及人大代表的职权与义务，理解人民代表大会对人民当家作主的保障作用，系统认知人民代表大会与"一府一委两院"之间的关系。在小组讨论中培养交流合作能力、获取和解读信息能力、推理论证能力，应用和迁移"人民代表大会：我国的国家权力机关"的知识；认同我国的根本政治制度，自觉拥护中国共产党的领导。

（2）教学重难点

教学重点：人民代表大会的性质、地位、职权；人大代表的产生、职权和义务。

教学难点：区分人民代表大会和人大代表的职权。

（二）路线与结构

1. 教学路线

本课采用议学任务引领的议题式教学方式，议题、情境、活动、知识四个要素构成了如下四条线。

议题线：由"怎样看待人大代表的作用？"引领如下问题串，人大代表的采访提纲——人大代表和人大行使了哪些职权？——"民有所呼，'会'有所应"如何在拉齐尼·巴依卡身上体现的？——模拟人大议案。

情境线：身边的人大代表——十三届全国人大四次会议议程——《缺席的人大代表——拉齐尼·巴依卡》——"两会"热词。

活动线：采访、对话——对话、讨论——讨论——撰写。

知识线：身边人大代表的作用——人大代表和人大的职权——人大代表的义务——议案。

2. 教学结构（图1）

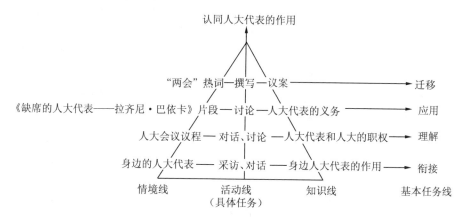

图1 "怎样看待人大代表的作用？"议题式教学结构

（三）过程与意图

[议题] 怎样看待人大代表的作用？

[导入] 2021年的"两会"李克强总理在做政府工作报告时指出：2020年是中华人民共和国历史上极不平凡的一年，中国取得了举世瞩目的成就，比如，疫情防控的重大战略成果、全球主要经济体中唯一的正增长、脱贫攻坚的全面胜利、全面建成小康社会、"十三五"规划圆满完成、《民法典》的颁布等。在党中央的领导下，我们交出了一份人民满意、世界瞩目、可以载入史册的答卷。2020年这一年全国人大及其常务委员会紧紧围绕党和国家工作大局依法履职尽责，认真完成了十三届全国人大三次会议部署的各项任务。2021年正值"十三五"荣耀收官，"十四五"开局落子之年，2021年"两会"意义非凡，今天我们就来学习"两会"其中之一——人民代表大会，我国的国家权力机关。

[设计意图] 利用时政导入，让学生举例说明我国在2020年取得的成

就；预热课堂，让学生对家事国事天下事，事事关心，保持对时政的敏感度，增强对国家的政治认同。

环节一：采访人大代表事迹

[学习任务] 小组讨论："我身边的人大代表"采访提纲。

[设计意图] 采访身边的人大代表，课前预热，让学生调用生活经验，从已有的知识和经验出发，使学生带着轻松愉快的心情学习，为后续模拟人大代表撰写议案唱响前奏。

环节二：连线全国人大议程

[学科概念] 人大代表和人民代表大会的职权。

[教学情境] 播放视频：《非常之年，非凡"答卷"——"数"看全国人大常委会工作报告》（以下简称《非常之年，非凡"答卷"》）。

2021年3月11日下午，第十三届全国人民代表大会第四次会议在人民大会堂闭幕。大会批准政府工作报告、全国人大常委会工作报告等。大会修改《中华人民共和国全国人民代表大会组织法》，通过全国人民代表大会关于香港特别行政区选举制度完善的决定，等等。

[学习任务1] 小组讨论：依据教材，将十三届全国人大四次会议的部分议程与人大的职权连线，并说明在这过程中人大代表履行了哪些职权。

人大代表职权	十三届全国人大四次会议的部分议程	全国人民代表大会职权
提案权	审议《国民经济和社会发展第十四个五年规划和2035远景目标纲要》	立法权
审议权	审议"一府一委两院"工作	决定权
质询权	修改《中华人民共和国全国人民代表大会组织法》	任免权
表决权	审议关于完善香港特别行政区选举制度的决定	监督权

[答案提示] 以十三届全国人大四次会议为情境，以人大代表的职权和人民代表大会的职权为知识指向，设置连线题。审议"十四五"规划和2035远景目标纲要、审议关于完善香港特别行政区选举制度的决定，体现了人大行使决定权；审议"一府一委两院"工作，体现了人大行使监督权；修改《中华人民共和国全国人民代表大会组织法》，体现了人大行使立法权。人大代表在这个过程中行使提案权、审议权、表决权。

[设计意图] 议题式教学的任务之一是知识和经验的输出，即外化和

顺应知识的过程。根据议题和新课标要求，结合视频情节，以时政材料为依托，引导学生对议题进行商讨，进行观点陈述，正确认识并区分人大代表和人大的职权，理解人民代表大会是我国的国家权力机关。在知识和情境的关联中，提升科学精神、政治认同等学科核心素养。

[学习任务2]师生对话：完成必备知识的结构化梳理（图2）。

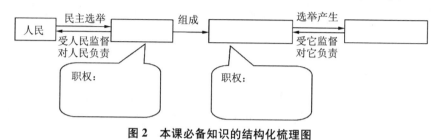

图2 本课必备知识的结构化梳理图

[设计意图]议题式教学的初级任务就是学生知识和经验的输入，而能力立意和素养立意都有赖于学生知识的积累。学生在时政情境中先行感知和理解知识，再通过对教材的提取、关联和整合，内化知识，找寻知识脉络，形成知识结构，为后面环节中知识和经验的输出提供前提条件。

[小结]我国人大代表具有广泛的代表性，他们生活在人民之中，最能代表人民，他们在行使职权的同时，也要履行相应的义务。过去的一年，在抗击疫情和脱贫攻坚这两场没有硝烟的战争中，人大代表冲在一线，履职尽责，展现了人大代表的使命担当。

环节三：讨论人大代表义务

[学科概念]人大代表的义务。

[教学情境]播放视频：《缺席的人大代表——拉齐尼·巴依卡》。

扎根高原，默默奉献，拉齐尼·巴依卡一家三代人接力护边的故事，在新疆大地家喻户晓。2018年，拉齐尼·巴依卡当选为第十三届全国人大代表。此后3年，他围绕民生话题积极建言献策，共提交了12份议案，大大改善了边境基础设施和边境管控水平。为了更好地履职，把民众心声带到"两会"，他走遍当地农牧区，关注护边员的社保和医疗问题，关心家乡建设与发展，帮助群众解决实际困难。2021年1月5日，拉齐尼·巴依卡为解救落入冰窟的小孩不幸逝世，他的生命永远定格在了41岁。2021年3月3日，中共中央宣传部追授拉齐尼·巴依卡"时代楷模"称号。

[学习任务]小组讨论：结合材料，说说"民有所呼，'会'有所应"是如何在拉齐尼·巴依卡身上体现的。

[答案提示] 以拉齐尼·巴依卡的事件为情境，以人大代表的义务为知识指向，设置体现类主观题。拉齐尼·巴依卡 3 年提交 12 份议案，体现了拉齐尼·巴依卡是人民利益的代言人，肩负人民重托，努力为人民服务，并自觉接受人民监督；拉齐尼·巴依卡走遍当地牧区，关注护边员的社保和医疗问题，帮助群众解决实际困难，体现了拉齐尼·巴依卡与群众保持密切联系，采取多种方式经常听取人民的意见和要求，了解人民群众的利益需求。

[小结] 拉齐尼·巴依卡用生命践行使命，用热血扛起担当，在雪地铸就忠魂。他是不穿军装的戍边战士，他永远是帕米尔雄鹰，守护他热爱的祖国山河。我们致敬英雄，更要缅怀英雄，接力是最好的缅怀。

[设计意图] 在议题式教学的过程中，知识和经验的输出过程实质上是议题解决的过程。从人大代表的职权和义务两个角度来解决本节课的主议题。以《缺席的人大代表——拉齐尼·巴依卡》视频为情境，学生感悟人大代表为民服务、为民履职的精神，深入探讨人大代表的义务，以议题研讨的形式探讨"民有所呼，'会'有所应是如何在拉齐尼·巴依卡身上体现的"，实现课程内容活动化、活动内容课程化，在活动型学科课程学习中，提升政治认同核心素养。

环节四：体验人大代表履职

[教学情境] 问政于民、问需于民、问计于民。2021 年，人民网"两会"调查热点如约而至，从 2002 年起，这一调查已连续推出 19 年，关注度逐年升温，已成为"两会"间媒体报道、评论和官方决策的重要参考。

[学习任务 1] 选择你关心的年度热词。

[答案提示 1] 2021 年"两会"热词：社会保障、乡村振兴、依法治国、全民健康、新发展格局、六稳六保、中国外交、打虎拍蝇、绿水青山、住有所居、教育改革、社会治理、国防和军队建设、国家安全、金融风险、科技创新、全面小康、文化软实力、数字化生活、体育强国。

[学习任务 2] 独立撰写："2021，我给'两会'捎句话"，请你模拟人大代表，针对你所选择的热点词撰写议案，100 字左右。

[答案提示 2] 议案多样化，有自己的想法均可。

[小结] 非凡成绩来之不易，伟大使命催人奋进。不凡之年，我们见证了人大代表的一片冰心，见证了人民代表大会的力量，更感受到了人民代表大会制度的优势，那么下一节课我们就以"人民代表大会制度的优越性"为议题展开学习。

[设计意图] 议题式教学的高级任务是知识和经验的高级输出，也是

一种能力和素养的输出过程。学生对知识和经验的深入整合与新知构建的过程，也是对知识进行迁移创新的过程。以"模拟人大代表撰写议案"的形式，在认同人民代表大会制度的基础上，将所学知识与自己的真实生活、时政热点相联系，使理论观点与生活经验有机结合，增强学生对我国根本政治制度的认同感，更加坚定中国特色社会主义制度自信。

四、反思教学过程：让教学落地

（一）亮点与价值

1. 尝试走向社会大课堂

新课标将高中思想政治课程定性为活动型学科课程，要求实现学科内容与活动设计的融合、课堂教学与社会实践的对接。社会实践活动是实施活动型学科课程的社会大课堂，更加注重学生实践体验的过程和感悟。本节课的环节一是让学生自拟"采访身边的人大代表"的提纲，设置了真实性的问题情境，在学科内容和真实社会生活之间建立起了联系。在拟定提纲和采访的过程中，涉及了人大代表的职权和义务问题，实现了对本节课基础知识的预习，学生由书本小课堂走向社会大课堂，找到了理论和实践的交汇点，实现了书本和现实的同频共振，有利于政治认同和公共参与学科核心素养的培育。

2. 充分发挥情境感染力

教学情境是议题式教学的载体，承载着"议中学"活动的开展和学科知识的建构任务。思想政治课本质上是德育课，肩负育人的职责，要对学生施以社会感召，将其培养成和社会文明相协调的社会人。在课堂上，社会感召力常常通过教材知识的延伸与社会热点的链接而发生，因此，本节课选择了拉齐尼·巴依卡的事迹作为情境来向学生阐述人大代表的义务。在实际的课堂教学中，不少学生在看到《缺席的人大代表——拉齐尼·巴依卡》的视频后，都红了眼眶，留下了泪水。感染力较强、吻合学生心境的情境引起了学生的认知冲突和情感体验，让学生在感染中入境，深刻体会人大代表的义务；将"硬知识"柔化，震撼学生的心灵，充分发挥了思想政治课的育人功能；有利于学生形成和培育正确的世界观、人生观、价值观。

3. 十分注重公共参与

新课标提出政治学科的核心素养是政治认同、科学精神、法治意识和公共参与。本节课把学习目标定位于政治认同和公共参与，所有的教学和学习活动都围绕人大代表的作用而展开。环节一"采访身边的人大代表"的最后一个环节"模拟人大代表撰写议案"，随着课堂活动的逐渐深入，充分调动学生的积极性,在潜移默化中引导学生认同我国的人民代表大会制度,勇于承担社会责任,积极行使人民当家作主的权利,增强了学生的公德意识和参与能力。

(二) 问题与对策

教学追求精心预设,但预设难以面面俱到,精心设计难免留有遗憾。在实际教学中,我发现本次教学设计还存在以下问题。

1. 采访不到位

在实际的教学过程中,我发现,学生对环节一中"采访身边的人大代表"的活动虽然有兴趣,却有点无从下手。由于人民代表大会和人大代表与学生的生活距离较远,学生没有这方面的知识储备和经验积累,课前准备不够充分,因此,这一活动操作起来难度较大。具体的优化措施有两个:一是任务驱动,将这一活动作为课前的学习任务;二是挖掘课程资源,为学生的学习创造有利条件。例如,发掘学生的家长资源,有些家长是人大代表,可以采用合适的形式请这些家长提供有效信息;也可以让学生走访社区的人大代表,获得一手资源。

2. "议案"不具体

本节课的最后一个环节是让学生模拟人大代表撰写议案,在批阅学生上交的议案后,我发现学生所撰写的议案绝大多数是泛泛而谈,大而空。究其原因有两个:一是本节课的主情境使用的是十三届全国人大四次会议,属于时政热点,后续提供的"两会"热词,范围也较大,对学生撰写议案的方向影响较大;二是学生未能发现"两会"热词与自身之间存在哪些关联。具体的优化措施:教师仍应该提供"两会"热词,但是应当引导学生在撰写议案时要具体到学校、社会、兴趣点,例如,选择"两会"热词中的"教育",那么与学生相关的便是高考改革,要引导学生说出自己对这件事的看法,真正落实公共参与。

"人民代表大会：我国的国家权力机关"议学单

议题：怎样看待人大代表的作用？

姓名：_____ 班级：_____ 得分：_____

【学习目标】掌握人民代表大会职权、人大代表的职权与义务，理解人民代表大会对人民当家作主的保障作用，系统认知人民代表大会与"一府一委两院"之间的关系。在小组讨论中培养交流合作能力、获取和解读信息能力、推理论证能力，应用和迁移"人民代表大会：我国的国家权力机关"的知识；认同我国的根本政治制度，自觉拥护中国共产党的领导。

环节一：采访人大代表事迹

【学习任务】小组讨论："我身边的人大代表"采访提纲。
要求：① 每个小组有一次提问机会；② 不能重复（要准备充足）。

环节二：连线全国人大议程

【教学情境】播放视频。2021年3月11日下午，第十三届全国人民代表大会第四次会议在人民大会堂闭幕。大会批准政府工作报告、全国人大常委会工作报告等。大会修改《中华人民共和国全国人民代表大会组织法》，通过全国人民代表大会关于香港特别行政区选举制度完善的决定，等等。

【学习任务1】小组讨论：依据教材，将十三届全国人大四次会议的部分议程与人大职权连线，并说明在这过程中人大代表履行了哪些职权。

【学习任务2】师生对话：完成必备知识的结构化梳理图（图1）。

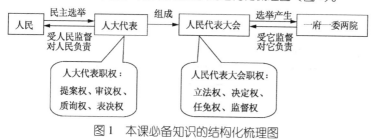

图1 本课必备知识的结构化梳理图

环节三：讨论人大代表义务

【教学情境】扎根高原，默默奉献，拉齐尼·巴依卡一家三代人接力护边的故事，在新疆大地家喻户晓。2018年，拉齐尼·巴依卡当选为第十三届全国人大代表。此后3年，他围绕民生话题积极建言献策，共提交了12份议案，大大改善了边境基础设施和边境管控水平。为了更好地履职，把民众心声带到"两会"，他走遍当地农牧区，关注护边员的社保和医疗问题，关心家乡建设与发展，帮助群众解决实际困难。2021年1月5日，拉齐尼·巴依卡为解救落入冰窟的小孩不幸逝世，他的生命永远定格在了41岁。2021年3月3日，中共中央宣传部追授拉齐尼·巴依卡"时代楷模"称号。

【学习任务】小组讨论：结合材料，说说"民有所呼，'会'有所应"是如何在拉齐尼·巴依卡身上体现的。

【答案提示】① 3年全国人大代表，积极建言献策，提交12份议案，说明拉齐尼·巴依卡是人民利益的代言人。他来自人民，肩负人民重托，努力为人民服务，并自觉接受人民监督。② 拉齐尼·巴依卡走遍当地牧区，关注护边员的社保和医疗问题，帮助群众解决实际困难，说明拉齐尼·巴依卡与群众保持密切联系，采取多种方式经常听取意见和要求，了解人民群众的利益需求。

环节四：体验人大代表履职

【教学情境】问政于民、问需于民、问计于民。2021年，人民网"两会"调查热点如约而至，从2002年起，这一调查已连续推出19年，关注度逐年升温，已成为"两会"间媒体报道、评论和官方决策的重要参考。

【学习任务1】选择你关心的年度热点词。

【学习任务2】独立撰写："2021，我给'两会'捎句话"，请你模拟人大代表，针对你所选择的热点词撰写议案，100字左右。

> 小贴士：
> 根据《中华人民共和国全国人民代表大会组织法》规定：代表提出的议案应当有案由、案据和方案。
> 案由：提出你要解决的问题，即解决问题的迫切性。
> 案据：即解决问题的依据，包括法律、政策、事实的根据。
> 方案：即解决问题的具体方案。

"为什么说人民代表大会制度是我国的好制度?"议题式教学叙事
——基于"人民代表大会制度：我国的根本政治制度"一课

吴江中学　王亚文执笔，备课组协同

一、形成教学思路：探寻"好制度"的两个议点

学期伊始，备课组明确将议题式教学作为《政治与法治》分册的主要教学方式。在单元整体规划的基础上，经集体讨论，由我主要负责"为什么说人民代表大会制度是我国的好制度?"议题的教学设计。遵循"依据新课标，确定教学目标—梳理教材，构建知识框架—围绕议题，设计教学任务"的逻辑进路，形成了该议题的初步教学思路。

（一）依据新课标，确定教学目标

通过查阅新课标，我发现并没有关于本课的议题，需要自创议题。新课标对本框的内容要求规定为"说明人民代表大会制度是我国的根本政治制度"[1]。由此确定本框题的总体教学目标：理解人民代表大会制度的鲜明特点和优势，认同人民代表大会制度是适合中国国情的好制度，坚定制度自信。据此设置本框议题："为什么说人民代表大会制度是我国的好制度?"师生围绕议题共同探究基本观点的发生过程，在探讨过程中实现价值引领，让学生实现对基本观点的认同。

（二）梳理教材，构建知识框架

确定议题后，就需要对教材内容进行针对性地选择与重组。在把握教材内容的基础上，我打破重组，以议题为统领，围绕人民代表大会制度是什么（地位、基本功能、实质）、为什么（决定性因素、优越性），构建本框知识框架。知识的结构化呈现有两重意图：一方面，学生在预习的时候有抓手，为后续学习任务做好知识性铺垫；另一方面，引导学生构建以议题为统领的知识框架，利于培养学生的知识整合和迁移能力。

---

[1]　中华人民共和国教育部. 普通高中思想政治课程标准（2017年版，2020年修订）[S]. 北京：人民教育出版社，2020：18.

（三）围绕议题，设计教学任务

以议题为主线，统筹议题所涉及的人民代表大会制度是什么、为什么、怎么样的知识，初步设计出本节课主干问题及活动任务。

首先，我结合本框教材设置，参考教材中探究与分享活动一，设计了环节二：明概念。情境及学习任务如下。

情境：一年一度的全国"两会"，是国际社会观察中国特色社会主义民主政治的重要窗口。无论是民意、民智、民力的汇聚，还是党的主张、人民意愿、国家意志的交融，都展现出社会主义民主政治的蓬勃生机。

任务：观看视频，为我国的人民代表大会制度贴标签。

结合当下时政热点"2021年全国'两会'的召开"，引入新华网关于全国人大常委会2020年工作汇报视频，感受人大作为。从学生已有生活经验出发，围绕人民代表大会制度是什么，开展学生喜欢的为人民代表大会制度贴标签的学习活动及任务。一方面，借用贴标签的活动形式引入当下时政视频，激发学生的学习兴趣，同时，依托时政视频让学生直观感受到全国人大常委会实实在在的作为，增强学生的政治认同感；另一方面，视频能让学生更容易调用自身的生活经验，通过概括、思考，由感性认识上升为初步的理性认识。

其次，经过知识梳理及环节二的设置，学生对我国的人民代表大会制度已有初步的理性认知，但是对其内在运行及其功能作用缺少系统认知，在此基础上，参考教材探究与分享活动二，设置情境及活动任务如下。

情境：2014年9月5日，在庆祝全国人民代表大会成立60周年大会上，习近平总书记指出：人民代表大会制度是中国特色社会主义制度的重要组成部分，也是支撑中国国家治理体系和治理能力的根本政治制度。新形势下，我们要毫不动摇地坚持人民代表大会制度，也要与时俱进完善人民代表大会制度。

任务：结合"国家权力运行图"，讨论人民代表大会制度是我国根本政治制度的原因。

一方面，回答这一问题，学生需要调动和运用关于上一框的相关知识，便于巩固强化已学内容，提升综合运用知识的能力；另一方面，国家权力的运行涉及生活的多个方面，这一问题的设计试图让学生在结合自身认知经验的基础上，结合教材知识，实现对理论化知识的深度学习。

人民代表大会制度作为我国的根本政治制度，在中国特色社会主义制度体系中占据重要地位。就《政治与法治》这本教材来说，侧重培育学生的政治认同及法治意识素养，由此本框题重点应围绕人民代表大会制度的优越性展开，强化学生对人民代表大会制度的认同，坚定制度自信。同时，经过知识梳理及前两个环节的设置，学生已经掌握了关于人民代表大会制度的含义、地位的知识。为了让学生系统认知人民代表大会制度的优越性，我设计了环节四：探优势，并安排了两个活动任务，具体如下。

情境：对比中美医改历程，在人民民主制度模式下，党政体制的各个相关部门通过走出去、请进来开展大规模的调研，最后形成共识，拿出新医改方案，然后从上到下、从下到上，付诸实践。通过顶层设计和地方探索，在今天的中国实现了全民医保，而且在医疗、医药等各个领域都在往纵深推动。反观美国医改，由于制度陷阱、利益集团及意识形态等重重障碍，从一开始，医改就陷入激烈的意识形态争论，导致医改方案最终流产。现如今，美国仍是发达国家和大国中唯一没有实现全民医疗保障的国家。

任务：运用人民代表大会制度的知识，小组讨论造成中国医改的相对成功与美国医改的反复失败不同结果的原因。

项目化学习：以"新时代，讲好制度，传播中国好声音"为主题撰写一篇小作文，并进行课堂展示和分享。

首先，以"中美医疗改革"为主情境，以小组为单位讨论分析中美医改不同结果的原因。一方面，面对这一复杂情境，学生能综合运用所学知识、课外生活和认知经验，锻炼综合思考能力，实现深度学习；另一方面，学生通过对中美两国医疗改革成效的比较分析，在比较、鉴别的过程中，探得中国特色社会主义制度的特色和优势，明确人民代表大会制度的优越性，提升比较思维，实现政治认同。其次，以"讲好中国制度"这一具有开放性的表现性任务的设计，既能锻炼学生综合运用本课知识在新情境中的知识迁移能力，又能以此为课堂结尾，利于升华学生的情感，提升课堂温度，实现完美落幕。

二、协同教学设计：明确"议中学"的活动趣点

有了初步的教学设计之后，在备课组内进行展示，由备课组成员提出修改建议。在初稿研讨的过程中，组内教师对本框议题的设置、知识梳理、贴标签活动及"讲好中国制度"活动任务设计给予了大致肯定，并指出了设计中存在的一些问题，提供了相应对策。

第一，在知识梳理部分，关于人民代表大会制度的优势表述不完整，需要进一步完善。人民代表大会制度是人民当家作主的重要途径和最高实现形式。在治国理政的实践中，人民代表大会制度是实现党的领导、人民当家作主、依法治国有机统一的根本制度安排。从大单元逻辑上讲，人民代表大会制度的优势也应包含这一要点。

第二，在析缘由环节，结合"国家权力分析图"，以小组为单位讨论分析人民代表大会制度是我国根本政治制度的原因。首先，从问题的设计来看，一方面，这一环节问题的设计过于理论化，趣味性不足，可能导致课堂参与度不高，应当将活动任务改为小组绘出我国国家权力运行图，并采用课堂追问的方式，让学生了解从所绘图中得出了哪些结论。另一方面，问题设计难度较大，脱离学生的"最近发展区"。学生回答这一问题务必先确认国家权力是如何运行的，再思考人民代表大会制度是如何成为我国的根本政治制度的，学生需要历经两次思考、推导。国家权力运行图对于学生来讲有些陌生，需要花费的时间很多，而本节课的重点在理解人民代表大会制度的优势上，所以应当更改问题设计。其次，在情境材料的选择上，本环节情境材料选择过于久远、时效性差，脱离学生生活，材料的选择与问题设计并不相关，问题并不是由材料本身所引起的。同时，情境材料给予的信息不足，学生无法从情境材料中提取和获取相关信息，无法从情境中得出教师所期望的结论。故本环节情境材料的选取的意义不大，应该更换情境材料。

第三，在探优势环节，一方面，中美医疗改革情境材料的选用时效性差，素材过于宏观，问题太复杂，学生答题没有抓手。同时，中美医疗改革与学生距离较远，不容易引起学生的兴趣，可能会导致问题讨论流于形式。另一方面，探寻中美医疗改革成效差异的原因属于一个较大的课题研究，对于高一学生来说，难度较大，而且学生对医疗改革所知甚少，缺少相应的认知经验，学生操作难度较大。因此，应选用时政性更强的"十四五"规划更能引起学生兴趣。

第四，在"讲好中国制度"部分，撰写小作文对于高一学生来讲，难度较大，方向太宽泛，应当给予学生具体的写作标准和要求。

三、整体教学设计：寻找"非常之年"的答案

（一）教材与学情

1. 内容分析

（1）本课地位

本课为《政治与法治》第二单元第五课的第二框，阐释我国的根本政治制度——人民代表大会制度的基本内容、基本功能及主要优势。首先，从教材单元逻辑出发，本教材以社会主义民主政治为主题，以党的领导、人民当家作主、依法治国有机统一为主线，第一单元"中国共产党的领导"是人民当家作主和依法治国的根本保证，第二单元"人民当家作主"是社会主义民主政治的本质特征，第三单元"全面依法治国"是党领导人民治理国家的基本方式。可以得出，人民代表大会制度是坚持党的领导、人民当家

作主、依法治国有机统一的根本政治制度安排。人民代表大会制度是在中国共产党的全面领导下的，是对第一单元"中国共产党的领导"的承接，也是对人民民主专政的社会主义国家如何保障人民当家作主的呼应，亦是全面依法治国的价值落脚点。其次，从中国特色社会主义制度体系架构来讲，人民代表大会制度作为我国的根本政治制度，在我国的政治制度体系中处于核心地位，是中国特色社会主义制度的重要组成部分，也是支撑中国国家治理体系和治理能力的根本政治制度，所以本课在《政治与法治》教材中占据重要地位，既为第六课"我国的基本政治制度"的学习打下理论基础，又为学生坚定政治立场、有序政治参与、增强对中国特色社会主义制度的认同奠定理论基础。

（2）本课内容

本课分为两目，第一目"我国的政权组织形式"，包含了人民代表大会制度的基本内涵、地位、基本功能。从人民代表大会制度的基本内涵、地位、基本功能归纳总结出第二目"人民代表大会制度的优势"，懂得人民代表大会制度是适合我国国情与实际，体现社会主义国家性质，保证人民当家作主，保障实现中华民族伟大复兴的好制度，坚定制度自信。

第一目"我国的政权组织形式"，从人民民主专政的社会主义国家的权力运行维度，分析人民代表大会制度的基本内涵、基本功能和地位，引导学生全面理解人民代表大会制度的由来、内涵，系统认知人民代表大会制度。

第二目"人民代表大会制度的优势"，以人民代表大会制度的优势为线索，引导学生理解其优势，认同人民代表大会制度是适合我国国情的好制度。

2. 学情分析

（1）学生心智特征分析

本课知识理论性较强，对于已经具备一定的抽象思维能力和逻辑思维能力的高中生来讲，拥有一定的优势。同时，处于高一学段的学生已有相关的政治实践经验和生活感悟，通过创设问题情境，学生能调用生活经验，发挥学生归纳、分析、综合的思维特点，便于学习理论知识。但是本课知识的趣味性不足，需要在活动的形式和素材的选择上增添趣味性和生活意味。

（2）学生已有知识分析

学生经过初中学段的学习，对于我国的国体和政体已经有所了解，具备一定的知识基础，但停留在知识的表层，对人民代表大会制度的基本功能和内在优势等深层次知识缺乏系统认知和深度理解。因此，需要尽可能利用学生已有认知经验，引导学生充分理解人民代表大会制度，得出"人民代表大会制度是适合我国国情的好制度"的结论，增强学生对中国特色社会主义制度的自信。

3. 教学目标与重难点

(1) 教学目标

围绕"为什么说人民代表大会制度是我国的好制度?"的议题,学生观看视频,以评判制度优劣的标准为线索,感知人民代表大会制度。小组讨论合作完成传导图,深入理解人民代表大会制度的基本内涵,并通过师生对话完成本课必备知识的结构化梳理。结合"十四五"规划编纂出台过程,系统理解人民代表大会制度的优越性,培育政治认同。以"讲好中国制度,传播中国好声音"为主题撰写演讲稿,让世界读懂中国之"制",坚定制度自信。

(2) 教学重难点

教学重点:人民代表大会制度的基本功能、优势。

教学难点:系统认识人民代表大会制度的优势,实现政治认同。

(二) 路线与结构

1. 教学路线

本课以议题式教学为主要方式,以学科基本观点统领本课教学,形成如下四条线。

议题线:以"为什么说人民代表大会制度是我国的好制度?"议题引领如下问题串,国家政治制度优劣的标准—政体基本内涵传导图—"十四五"规划出台是如何体现人民代表大会制度优势的—演讲稿。

情境线:《非常之年,非凡"答卷"》视频—宪法有关于人民代表大会制度的表述—"十四五"规划出台过程—个人撰写演讲稿。

活动线:小组商议—对话合作—小组讨论—独立思考和展示。

知识线:国家政治制度优劣标准—人民代表大会制度的含义—人民代表大会制度的优势—人民代表大会制度的优势。

2. 教学结构(图1)

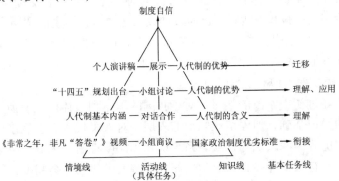

(注:图中"人代制"指人民代表大会制度。)

图1 "为什么说人民代表大会制度是我国的好制度?"议题式教学结构

（三）过程与意图

［议题］为什么说人民代表大会制度是我国的好制度？

环节一：共商评判标准

［学科概念］国家政治制度的评判标准。

［教学情境］播放视频：《非常之年，非凡"答卷"》。

习近平总书记在庆祝全国人民代表大会成立60周年大会上指出："在中国实行人民代表大会制度，是中国人民在人类政治制度史上的伟大创造，是深刻总结近代以后中国政治生活惨痛教训得出的基本结论，是中国社会100多年激越变革、激荡发展的历史结果，是中国人民翻身作主、掌握自己命运的必然选择。"

［学习任务］小组商议：国家政治制度优劣的评价标准。

［答案提示］评判国家政治制度优劣的两大标准：民主、有效。

［设计意图］利用新华网的《非常之年，非凡"答卷"》全国人大常委会2020年工作报告视频再现全国人大常委会非凡之年的非凡作为，让学生带着轻松愉悦的心情进入本课的学习。同时，能更好地帮助学生调用生活经验，感知人民代表大会制度的优越性。从议题出发，回答了"为什么说人民代表大会制度是我国的好制度？"。从逻辑角度讲，首先让学生在内心建构一个评判标准，之后再验证，符合思维逻辑过程。

环节二：明晰制度意蕴

［学科概念］人民代表大会制度的基本内涵。

［教学情境］人民代表大会制度的基本内涵：人民代表大会制度是按照民主集中制原则，由人民定期选出自己的代表组成各级人民代表大会作为人民行使国家权力的机关，并由人民代表大会产生其他国家机关，以实现人民民主专政的历史任务的政权组织形式。

［学习任务］小组讨论、合作完成传导图（图2），并展示。

图2 "人民代表大会制度"传导图

［答案提示］本设问和材料主体都是人民代表大会制度，需要调用人民代表大会制度的基本内涵，以及关于人大代表的相关知识，分析在我国人民是如何行使国家权力的。

［设计意图］以"人民代表大会制度的基本内涵"切入，从理论视角剖析人民代表大会制度的组织和运作，引导学生从理论逻辑层面论证人民代表大会制度为什么好，从而认可人民代表大会制度。

［说明］依托学生所绘传导图及所得结论，通过师生对话建构起以"人民代表大会制度"为核心概念的知识框架，实现对本课必备知识的结构化梳理。具体框架图如图3所示。

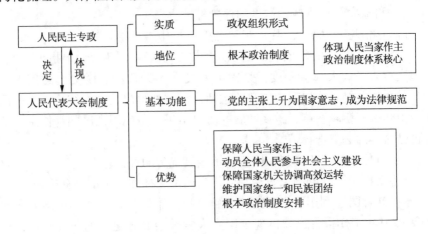

图3 以"人民代表大会制度"为核心概念的知识框架图

环节三：探寻制度优势

［学科概念］人民代表大会制度的优势。

［教学情境］播放《数说"一五"到"十四五"》"十四五"规划编制、出台过程视频。过程具体如下：

① 中共中央召开政治局会议，研究关于制定第十四个五年规划。

② 中共中央及相关部门对规划进行网上意见征求活动。

③ 党的十九届五中全会审议通过《中共中央关于制定国民经济和社会发展第十四个五年规划和二〇三五年远景目标的建议》。

④ 国家发改委制定初步草案并提交国务院、中共中央政治局常委会和政治局会议审定，形成"十四五"规划纲要草案的正式版本。

⑤ 全国人大常委会将组织人大代表提前审议"十四五"规划纲要草案。

⑥ "十四五"规划纲要草案提交十三届全国人大四次会议审议，各地人大代表积极为"十四五"规划建言献策。

⑦ 全国人民代表大会财政经济委员会在对纲要草案进行初步审查的基础上，根据各代表团和有关专门委员会的审查意见，又做了进一步审查。国务院根据审查意见对纲要草案拟做修改55处。

⑧ 十三届全国人大四次会议通过"十四五"规划纲要。

［学习任务］小组讨论："十四五"规划出台是如何体现人民代表大会制度优势的。

［答案提示］本设问属于体现类主观题，要求学生结合材料，分析材料是如何体现人民代表大会制度优越性的。解答时，学生需要认真研读材料，从中提取有效信息，调用人民代表大会制度的优越性的知识，坚持理论与材料相结合。材料中全国各界群众通过网络渠道表达意愿、反映诉求、贡献智慧，体现了人民代表大会制度保障人民当家作主；材料中全国人大按照法定程序表决通过《关于国民经济和社会发展第十四个五年规划和二〇三五年远景目标纲要的决议》，体现人大制度的组织活动原则民主集中制等，据此整理作答即可。

［设计意图］引入数说"五年规划"中国经济发展奇迹的视频，以更直观、更直接的方式，激发学生学习的兴趣，从而投入问题讨论中。依托"'十四五'规划出台"的情境，引导学生充分理解人民代表大会制度的优越性。

环节四：坚定制度自信

［教学情境］一个民族的崛起一定要伴随自己话语的崛起，否则就难以真正确立道路自信和制度自信。因此，新时期，面向新征程，我们要讲好中国制度，传播中国好声音。

［学习任务］结合对人民代表大会制度的理解，请以"讲好中国制度，传播中国好声音"为主题撰写一份演讲稿。（100字以内）

提纲要点：① 论点鲜明；② 论据充分；③ 结论精练。

［设计意图］以"讲好中国制度，传播中国好声音"为主题，独立撰写演讲稿并进行展示。一方面，通过归纳、总结的方式进一步明确人民代表大会制度的地位和优越性，明确人民代表大会制度是在党的领导下支持和保证人民实现当家作主的主要途径和制度载体。另一方面，通过演讲、展示及分享表达，学生能增强政治认同、公共参与的意识。

［小结］历史是最好的教科书，实践是最好的试金石。历史和实践教会我们要深刻认识红色政权来之不易、中华人民共和国来之不易、中国特色社会主义来之不易、人民代表大会制度来之不易。作为新时代的新青年，要倍加珍惜热爱人民代表大会制度，坚定人民代表大会制度自信，毫不动摇地坚持和完善人民代表大会制度，自觉做国家根本政治制度的坚定信仰者、忠诚实践者、坚决维护者。

四、反思教学过程：拓展教学的深度和广度

（一）亮点与价值

1. 知识理解讲究思维可视化

首先，作为本课教学的开始，在共商评判标准环节，以鱼骨图完整地呈现了本课的思维过程，调用学生特殊的生活经验，将其上升到一般化的学理，再到特殊化的应用，让学生切身经历归纳、演绎的思维过程，实现了教师思维向学生思维的转移。一方面，学生不仅对人民代表大会制度的优势实现了深层次的理解，更有利于知识的应用和迁移；另一方面，对于过程中参与的学生来讲，让学生切身经历归纳、演绎的思维过程，知识不再是结论性的东西，而是变成了过程性的，这恰恰能帮助学生体会到思维乐趣，提升思考过程中的效能感，"乐在学习"。其次，在必备知识情境化理解部分，以传导图的形式有层次地呈现概念与概念之间的关系，引导学生将知识串联起来，有利于学生自主建构知识，提高学习的兴趣。在此基础上，以师生对话的方式完成结构化的知识框架图，清晰完整地展现了本课知识的内在逻辑。运用图示进行学习，有利于学生形成结构化的知识，整体把握教材，提升知识整合的能力，为之后的课堂教学打下扎实的知识储备。

总之，通过思维可视化，以概念来整合思维，一方面，将知识简化、结构化，不仅能提升学生知识理解的深度和识记的效率，也有利于学生形成概念性的思维，实现对重点知识的情境化运用和学科知识的素养化迁移；另一方面，倒逼学生亲身经历思考的过程，有利于学生形成概念性的思维，让学生运用概念来整合思维，学会学习、乐于学习。

2. 情境创设注重价值引领

思想政治课教学中的情境，不仅承载着问题，有解决问题的功能，更蕴含着课程的基本观点和核心价值，为实现思想政治课程育人价值服务。思想政治课情境作为培育思想政治学科核心素养的搭建平台，以本课来说，通过本课的学习，学生能认可和赞同人民代表大会制度，实现政治认同，坚定制度自信。因此，情境的创设必须着眼于培育政治认同。在此基础上，本课的情境创设就极具政治性和时代性，利于实现思想政治课作为立德树人关键课程的特殊育人价值。

首先，本课以2020年全国人大常委会交出非凡"答卷"极具政治性的视频为教学开端，让学生直观感受到全国人大常委会作为最高国家权力机关的常设机关做出的突出贡献，深刻体悟到中国特有的集中力量办大事的制度优势，坚定制度自信。其次，把体现开创美好生活、助力实现中华民族伟大复兴的极具时代性的"十四五"规划作为主情境，将校内小课堂链接社会大课堂，从理论走向实际。一方面，将极具时代性的情境材料引入课堂，有利于丰富教学内容，加深学生对编制、出台"十四五"规划的理解和认同，实现课堂教学与社会热点的深度融合；另一方面，选取学生关心、熟悉的"十四五"规划作为情境材料，有利于广泛动员学生参与课堂，从小课堂走进社会大课堂，激发其参与政治生活的积极性，培育其公共参与素养，实现思想政治课的独特育人价值。

（二）问题与对策

1. 在大单元思维中创设情境

情境作为问题的依托，情境的创设应该有利于学生提升更好地运用所学知识认识、分析和解决现实问题的能力。因此，情境的创设需要反映现实生活，但必须对其进行恰当的删减，突出大单元思维。这也恰恰是本课所欠缺和忽视的。例如，在探寻优势环节情境材料的选择上，我只关注到了真实性原则，单纯地罗列了整个"十四五"规划的出台过程，没有对其进行任何的加工，造成情境过于烦琐，不够简洁，重点不突出。因此，在实际教学过程中，学生只是用零散的信息作答，忽略了整体意识，没有体悟到党的领导、人民当家作主、依法治国的有机统一。在此基础上，具体优化如下。

一是采用表格形式围绕"坚持党的领导、人民当家作主、依法治国三者有机统一"的单元主线呈现"十四五"规划出台的过程，删掉一些无关紧要的细枝末节，保留重点和关键性的事实。具体如表1所示。

表1 "十四五"规划出台的过程

时间	主体	具体内容
2020年7月30日	中共中央	中共中央召开政治局会议，确立"十四五"规划纲要编制的指导原则
2020年7月21日—9月22日	中共中央	习近平总书记先后主持七场座谈会，广泛征求党内外意见
2020年10月29日	十九届五中全会	党的十九届五中全会审议通过了《关于国民经济和社会发展第十四个五年规划和二〇三五年远景目标纲要的建议》
2020年11月	国务院	领导小组开始着手编制"十四五"规划（草案），进行中开展了大量的调研工作，广泛征求各方意见
2020年12月	全国人大常委会	审议，过程中充分征求各方意见，不断修改、完善
2021年3月	全国政协	充分讨论，予以修改、完善
2021年3月	全国人大	十三届全国人大四次会议表决通过了《关于国民经济和社会发展第十四个五年规划和二〇三五年远景目标纲要的决议》

二是采用连续追问的方式,引导学生建立起大单元思维。在原有问题的基础上追问学生:我国做出重大决策涉及哪些关键政治主体,这些主体发挥了怎样的作用,以及我国做出重大决策需要贯彻的原则是什么。从特殊到一般,一步步引导学生建构本教材的大单元思维。

2. 在趣味性项目中拓展学习

作为本课的升华,本课的最后一个环节在典型情境的引导下,以项目化学习的方式设计开放性的活动任务,充分给予学生表达的空间和展示的平台,让学生围绕"讲好中国制度,传播中国好声音"主题撰写演讲稿。在设计该环节时,我还提供了指导撰写演讲稿的具体要求。学生们用大约5分钟的时间撰写稿子,部分学生上台演讲。从学生参与的形式看,演讲环节让学生的学习具有了一定的深度和拓展度。但从学生参与的内容看,所撰写的演讲稿大多泛泛而谈,论据多以理论化知识呈现,缺少生动具体的事例,缺乏与自身实际的密切关联,缺乏触及灵魂、能够让人眼前一亮的语言或事例。针对这一问题,备课组提出了如下的优化措施:以小组为单位,用自己喜欢的方式为宣传"人民代表大会制度的优势"设计一个策划方案。策划方案需要具有以下要点:① 宣传内容和案例选择:以"讲好人民代表大会制度"为主题;② 宣传对象:学校师生和社区居民;③ 宣传方式:富有创意和美感。同时,增加评委小组,开展班内优秀方案征集活动,评选最优方案,并在班级进行展示。

"人民代表大会制度：我国的根本政治制度"议学单

议题：为什么说人民代表大会制度是我国的好制度？

姓名：_____ 班级：_____ 得分：_____

【学习目标】掌握人民代表大会制度的基本内涵，理解人民代表大会制度是我国根本政治制度的地位，系统认知我国人民代表大会制度的优越性。在小组讨论中培养学生的交流合作能力、获取和解读信息能力、推理论证能力，应用和迁移"人民代表大会制度：我国的根本政治制度"的知识；认同我国的根本政治制度，坚定制度自信。

环节一：共商评判标准

【教学情境】播放视频：《非常之年，非凡"答卷"》。

习近平总书记在庆祝全国人民代表大会成立60周年大会上指出："在中国实行人民代表大会制度，是中国人民在人类政治制度史上的伟大创造，是深刻总结近代以后中国政治生活惨痛教训得出的基本结论，是中国社会100多年激越变革、激荡发展的历史结果，是中国人民翻身作主、掌握自己命运的必然选择。"

【学习任务】小组合作，共同商议：评价国家政治制度优劣的标准，并记录到鱼骨图上（图1）。

图1 "评价国家政治制度优劣标准"鱼骨图

环节二：明晰制度意蕴

【教学情境】人民代表大会制度是按照民主集中制原则，由人民定期选出自己的代表组成各级人民代表大会作为人民行使国家权力的机关，并由人民代表大会产生其他国家机关，以实现人民民主专政的历史任务的政权组织形式。

【学习任务1】结合我国政体的基本内涵，小组合作完成传导图（图2）。

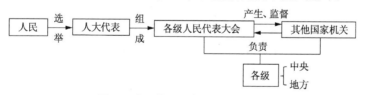

图2 "人民代表大会制度"传导图

【结论】人民代表大会制度体现以人民当家作主为根本政治制度的政治制度体系核心。

【学习任务2】师生对话：完成必备知识结构化梳理（图3）。

续表

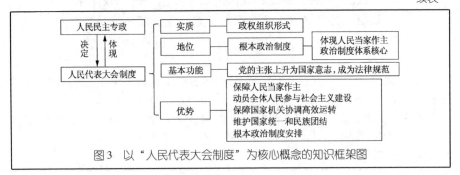

图3 以"人民代表大会制度"为核心概念的知识框架图

环节三：探寻制度优势

【教学情境】透过"十四五"规划出台过程看优势。
① 中共中央召开政治局会议，研究关于制定第十四个五年规划。
② 中共中央及相关部门对规划进行网上意见征求活动。
③ 党的十九届五中全会审议通过《中共中央关于制定国民经济和社会发展第十四个五年规划和二〇三五年远景目标纲要的建议》。
④ 国家发改委制定初步草案并提交国务院、中共中央政治局常委会和政治局会议审定，形成"十四五"规划纲要草案的正式版本。
⑤ 全国人大常委会将组织人大代表提前审议"十四五"规划纲要草案。
⑥ "十四五"规划纲要草案提交十三届全国人大四次会议审议，各地人大代表积极为"十四五"规划建言献策。
⑦ 全国人民代表大会财政经济委员会在对纲要草案进行初步审查的基础上，根据各代表团和有关专门委员会的审查意见，又做了进一步审查。国务院根据审查意见对纲要草案拟做修改55处。
⑧ 十三届全国人大四次会议通过"十四五"规划纲要。

【学习任务】结合材料，小组讨论："十四五"规划出台是如何体现人民代表大会制度优势的。

【答案提示】略。

环节四：坚定制度自信

【教学情境】一个民族的崛起一定要伴随自己话语的崛起，否则就难以真正确立道路自信和制度自信。因此，新时期，面向新征程，我们要讲好中国制度，传播中国好声音。

【学习任务】结合对人民代表大会制度的理解，请以"讲好中国制度，传播中国好声音"为主题撰写一份演讲稿。（100字以内）

提纲要点：
① 论点鲜明；② 论据充分；③ 结论精练。

"协商民主有什么优势?"议题式教学叙事
——基于"中国共产党领导的多党合作和政治协商制度"一课

吴江中学 王佳执笔,备课组协同

一、形成教学思路:诠释人民民主的真谛

本学期,吴江中学高一政治备课组进一步深化议题式教学的课堂应用,让议题式教学从课堂试点走向常态实施。在单元整体规划的基础上,经过备课组组长和组员的内部协商,由我负责第二单元第六课第一框"中国共产党领导的多党合作和政治协商制度"的教学设计。拿到任务之后,我早早开始了准备,按照备课组规定的素养提升路线,按部就班地开始设计,主要分为以下三步。

(一)依据课标定方向

课标是教学具有纲领性的依据,备课前教师可以先看看课标对这一课有什么要求,同时,可以看看有没有参考的教学提示。新课标对于"中国共产党领导的多党合作和政治协商制度"这一框的要求是教师要在教学中"阐明我国政党制度的特色及协商民主的意义和价值"[1]。由此可以确定本节课的教学目标:掌握中国特色社会主义政党制度的地位、基本方针、首要前提和政治保证、活动原则、优越性,以及中国人民政治协商会议的性质、组成和职能。本框的议题参考教学提示中提供的"协商民主有什么优势?"。

(二)熟悉教材定结构

在知晓新课标的要求和教学建议之后,我开始梳理这一框的知识结构。我先参考教辅资料,通读几遍教材,在书上做一些记号,确定好本节课的重难点和知识主干,并做好第一部分的知识梳理。知识梳理围绕中国共产党领导的多党合作是什么、为什么及怎样发展三部分设计本框的知识框架。

---

[1] 中华人民共和国教育部. 普通高中思想政治课程标准(2017年版,2020年修订)[S]. 北京:人民教育出版社,2020:18.

（三）设计议题定环节

梳理完知识点之后，就要进入理解、应用、迁移环节。根据新课标，我们可以把议题设定为："协商民主有什么优势？"教学过程的所有环节围绕这一议题展开。在设计这几个环节时，我在学科网上下载了一些别人的教学设计，以及关于这一框题的一些客观题、主观题。这些可以为我做教学设计提供一些启示，同时，也让我了解了一些时政热点。我做这个教学设计的时候恰逢开"两会"，所以我在选情境的时候以"两会"为载体。具体环节如下。

环节一是知识梳理。环节二要解决的是学生对政协职能的理解，情境选择的是当时正在召开的全国政协十三届四次会议，从政协会议的议程出发，让学生去辨识人民政协的具体职能。环节三是本节课的重点，要求学生理解协商民主的优越性，情境选择的是政协委员的热门提案，因为每年"两会"代表的提案是群众热议的话题，这些提案是政协委员在广泛调查研究的基础上提出来的，反映了人民的呼声，而这恰恰体现的是协商民主的优越性。环节四设置了两个任务：任务一，探讨如何把协商民主落实到国家政治生活和社会生活之中，真正诠释人民民主真谛；任务二，小组成员合作撰写模拟提案提纲，通过"假如我是政协委员"的畅想，学生自己体验"政协委员"，根据自己关心的社会热点问题，写一份提案的提纲。

二、协同教学设计：明确协商民主的概念

思路初成后，备课组协同设计，经过集体讨论，发现上述教学设计存在三个主要问题。

其一，没有区分协商民主和民主协商的概念。协商民主强调在多元社会现实的背景下，通过普通的公民参与，就决策和立法达成共识，它不仅仅局限于党派之间的协商，还包括政府与全体公民或公民代表，其核心要素是协商与共识。民主协商即政治协商，是协商民主的一种重要表现形式，是对国家和地方大政方针，以及政治、经济、文化和社会生活中重要问题在决策前和执行中的协商，是民主科学决策的重要环节，是中国共产党领导的多党合作的重要体现，是具有中国特色的民主政治制度。本节课的议题是"协商民主有什么优势？"，新课标强调的是"协商民主"的优势，但是教学设计只是从"民主协商"的角度去设计，所以第一版的教学设计混淆了协商民主和民主协商的概念，没有站在大单元教学的角度进行统筹和规划。教师在做教学设计时应突破单框思维进行上下课的知识串联，从中国式民主中去思考协商民主。

其二，环节四的任务一过于枯燥，如何把社会主义协商民主落实到国

家政治生活和社会生活之中,真正诠释人民民主的真谛?这个问题的学理性比较强,对于刚学习政治的高一学生来说有一定的难度,且离学生比较远,不容易引起学生的兴趣,可能会导致学生的参与感不强。孔子的"知之者不如好之者,好之者不如乐之者",说的就是要培养学生的兴趣,强调兴趣的作用。太过学理性的问题不适合刚刚接触协商民主知识的学生,议题式教学中的"议"应该是让学生有话可说、符合认知实际的"议",让学生议有所得,完成知识点的落实,对于学生无法通过"议"来解决的难题,教师应该采用讲授法来解决。

其三,环节四的任务二是分组商议讨论,以小组为单位畅想"假如我是政协委员",模拟"政协委员",提交政协提案提纲。这个任务比较开放,学生可以积极地参与进来,写自己真正关心的问题,与新课标下学科核心素养的匹配度比较高,可以提升学生的政治认同,培养青少年学生的公共参与素养,有益于他们了解民主管理的程序、体验民主决策的价值,增强公共参与能力。但是,这个任务也有不足的地方,一方面,提案范围太过宽泛,会让学生无从下手,学生对于时政热点并不那么敏感,有些学生也没有特别关心的话题,这样学生就不容易操作,所以可以将提案的内容具体化,可以设置一些贴近学生生活的提案,让学生来发表看法;另一方面,学生并不知道提案到底应该怎么写、提案具体包括哪些内容、格式是怎样的等,所以在要求的设置上应该更加具体,目的就是使提案具有可操作性。

三、整体教学设计:探寻协商民主的优势

(一)教材与学情

1. 内容分析

(1)本课地位

本课为《政治与法治》第二单元第六课第一框的内容,中国共产党领导的多党合作和政治协商制度是我国的基本政治制度之一,与我国的根本政治制度相适应,是中国特色社会主义民主政治的重要组成部分,是中国特色社会主义政治制度优越性的重要体现。

(2)本课内容

在我国的根本政治制度基础上,本框主要介绍我国的政党制度,即中国共产党领导的多党合作和政治协商制度。下设两目:

第一目"中国特色社会主义政党制度",阐述中国共产党领导的多党合作和政治协商制度的产生和发展、各民主党派的性质、中国共产党领导的多党合作和政治协商制度是我国的一项基本政治制度、中国共产党与各

民主党派在合作中奉行的方针、中国共产党的领导是多党合作和政治协商的首要前提与根本保证、中国共产党与各民主党派的地位和作用、中国共产党领导的多党合作和政治协商制度的意义、新型政党制度的体现。

第二目"中国人民政治协商会议"，阐述人民政协的性质、组成、主题、职能，以及人民政协和社会主义协商民主的关系，明确人民政协是社会主义协商民主的重要渠道和专门协商机构，人民政协工作要聚焦党和国家的中心任务，更好地发挥作用。

2. 学情分析

（1）学生心智特征分析

本课的教学对象是高一学生，其思维水平已经发展到一定程度，逻辑思维已经具有假设性和预设性，在教师的引领下对时政信息能够做出初步的判断和分析。教材内容思路清晰，内在结构化特点比较明显，便于学生学习。本框议题式教学活动的开展可以激发学生的兴趣，转化学生的思维习惯。

（2）学生已有知识结构分析

学习本课内容之前，学生已经学习了"两会"之一的人民代表大会，对"两会"已经有了一定的了解。学习本课时恰是"两会"进行时，学生可以从新闻、广播、微博、微信等媒介获取有关"两会"的信息，对于进一步深入学习我国的政党制度、探讨协商民主的优势有很大帮助。

3. 教学目标与重难点

（1）教学目标

学生通过学习政协会议的进程、观看视频、讨论、撰写提案等方式，掌握中国特色社会主义政党制度的地位、基本方针、首要前提和政治保证、活动原则、优越性，以及中国人民政治协商会议的性质、组成和职能。在小组讨论中培养学生的交流合作能力、获取和解读信息能力、推理论证能力，应用和迁移"协商民主"的有关知识，认同我国的政党制度，培养学生的公共参与素养，有益于学生了解协商民主的优势，提升政治认同、增强公共参与能力。

（2）教学重难点

协商民主的优势、人民政协的职能。

（二）路线与结构

1. 教学路线

本课采用议题式教学方式，以学科基本观点统领本课教学，形成议题线、情境线、活动线、知识线。

议题线：由"协商民主有什么优势？"议题引领如下问题串，热门提案—人民政协的组成和职能是怎样的？—"十四五"规划的出台过程反映出协商民主的什么优势？—提案。

情境线：以全国政协十三届四次会议的会议议程为主题情境，政协提案—政协议程—"十四五"规划编制过程—热门提案。

活动线：课前调查—师生对话—小组讨论—独立撰写。

知识线：热门提案—政协的组成及职能—协商民主的优势—协商民主的优势。

2. 教学结构（图1）

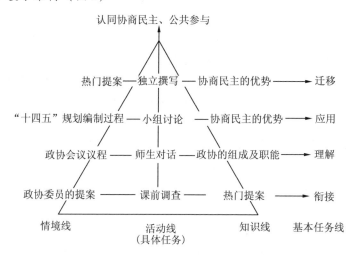

图1 "协商民主有什么优势？"议题式教学结构

（三）过程与意图

[议题] 协商民主有什么优势？

环节一：聚焦全国政协会议

[教学情境] 2021年全国政协会议于3月4日召开，委员们围绕民生国计积极建言献策，"两会"已成为外界观察中国内外政策走向的窗口，一份份精心准备的提案经传统媒体或网站、微博、微信等新媒体报道、传播，瞬间激发了广大网民的讨论热情。

[学习任务] 课前调查：搜集、讲述热门提案。

[设计意图] 让学生搜集热门提案，关注"两会"，激发学生的课堂参与热情，搭建起课堂和课外学习的桥梁，增强学生自主学习的信心。

环节二：探寻人民政协职能

[教学情境] 播放视频：《中国人民政治协商会议第十三届全国委员

会第四次会议》。

材料一：中国人民政治协商会议第十三届全国委员会第四次会议于3月4日在人民大会堂开幕。2 100多名全国政协委员扎实履职尽责、积极建言资政、广泛凝聚共识，汇聚智慧和力量。每年全国"两会"，代表、委员都会以建议、提案的形式把人民群众的呼声和反映传递到中央。

材料二：中国人民政治协商会议第十三届全国委员会第四次会议于2021年3月4日在北京召开。建议会议的主要议程是：听取和审议中国人民政治协商会议全国委员会常务委员会工作报告和全国政协十三届三次会议以来提案工作情况的报告；列席中华人民共和国第十三届全国人民代表大会第四次会议，听取并讨论政府工作报告及其他有关报告，讨论《国民经济和社会发展第十四个五年规划和2035年远景目标纲要（草案）》。

［学习任务］自由发言：人民政协的组成和职能是怎样的。

［答案提示］人民政协的组成：根据视频提示，人民政协由中国共产党和其他党派、无党派人士及社会团体代表组成。人民政协的职能：政治协商、民主监督、参政议政（对应材料分析）。

［设计意图］通过围绕对人民政协组成及其职能的教学情境进行学习，学生理解人民政协的性质、主题、职能。提高运用习近平新时代中国特色社会主义思想分析政治现象的能力，同时培养学生的自主学习、探究的能力。

环节三：点赞协商民主之优

［教学情境］"十四五"规划纲要编制过程。

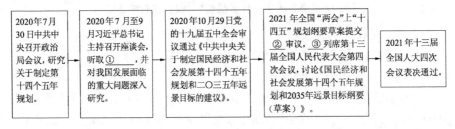

［学习任务1］小组商讨：完成"十四五"规划出台过程中的空缺部分，商议协商民主的优势。

［答案提示］学生先要填写出"十四五"规划通过的步骤，再说明协商民主的优越性。"十四五"规划的制定非常严谨，需要反复公开征求意见，再由全国人大及政协会议讨论，使得规划更加科学、民主。学生可从保障人民民主权利、调动人民群众的积极性来最大限度地凝聚民智、人民群众的创造力、实现社会意愿和需求的最大公约数、社会的和谐稳定文

明、国家的发展繁荣富强、决策的科学化民主化等方面分析其优越性。

[设计意图] 学生在群策群力中分析出"十四五"规划的编撰过程，于教学情境中提炼出协商民主的优势，在讨论、合作中应用相关知识，培养其发散性思维和综合分析归纳能力，善于从多个角度分析问题。同时，让学生感受到协商民主的魅力，增强政治认同、提升公共参与意识。

[学习任务2] 师生对话：完成必备知识梳理图（图2）。

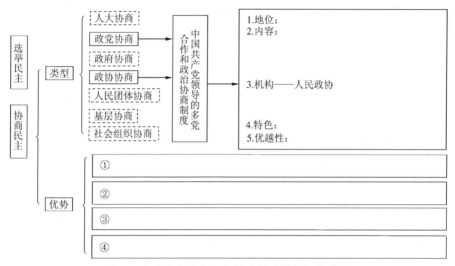

图2 以"协商民主"为核心概念的知识结构图

[设计意图] 授课对象是高一学生，缺乏基础知识的积累，对协商民主比较陌生，只听说过但是从未系统学习过，所以必须做一个系统的知识梳理，这样能让学生灵活地应用和迁移知识。

环节四：贡献青年学生之智

[教学情境] 播放视频：《带你读懂政协提案》。

有全国政协委员建议：高考取消英语，认为英语耗费大量精力，挤占了学生素质教育的时间。这一建议引起了广泛的热议，也有不少专家提出反对意见。

[学习任务] 独立撰写：高考取消英语 VS 高考不取消英语，请你就英语教育问题建言献策，试写出一份"提案"。

要求：由标题、案由、对策组成，150字左右。

四、反思教学过程：在大单元视域下推进深度学习

（一）亮点与价值

第一，大单元视域下的知识建构有利于发展学生的整体性思维品质。大单元和议题式是新教材必修模块的鲜明特色。以《政治与法治》第二单元为例，单元主题"人民当家作主"围绕"怎样看待人大代表的作用？""协商民主有什么优势？""我国各族人民怎样和睦相处？""我们怎样当家作主？"四个议题展开。四个议题突破了单框、单课的限制，呈现跨框、跨课的思维。这就要求教师在教学设计中改变单课教学和单框教学的思维定式，在大单元视域中进行教学设计，展现新时代思政课教学的新样态和新追求。本框以"协商民主有什么优势？"为议题，协商民主除了第六课的"中国共产党领导的多党合作和政治协商制度"当中涉及了政党协商、政治协商、政协协商之外，还有人大协商、政府协商、人民团体协商、基层协商、社会组织协商等。所以，在给学生梳理知识时要把这些给学生讲清楚，避免学生产生知识误区。本节课的教学设计在第二部分给学生做了宏观又细致的知识梳理，打破了框与框之间的束缚，有利于更加系统地探讨协商民主的优势。

第二，具有价值引领功能的时政情境有利于提升学生的学科核心素养。议题式教学以情境为基础，知识总在情境探究中生成，能力也是在情境思考中得以提升。任何知识要具有生命力，都必须作为一个过程存在于一定的生活场景、问题情境或思想语境当中。议题式教学设计，教师要有意识地创设与授课内容相关的情境，让学生能够参与、体验、探究、思考情境，将学科理论知识还原、渗透到真实的情境当中去。因此，在设置情境时，应着眼于当下的时政热点且贴近学生"最近发展区"，综合考虑各种因素，合理确定情境的深度、广度和复杂度，让学生想参与、能参与、参与后能有获得感。本节课环节三的情境就是"两会"上热议的"第十四个五年规划和二〇三五远景目标"，这些时政热点都是学生能够通过所学知识分析出来但是又需要动一番脑筋的，可以加深学生对"十四五"规划编撰流程的理解。本节课的环节四是开放式的情境，学生自己当一回政协委员，写一份关心的关于英语该不该取消的提案。这个情境贴近学生生活，学生不仅有话可说，还可以提升自己的公共参与意识。

（二）问题与对策

第一，情境的充分性不够。环节三"点赞协商民主之优"设置了"十四五"规划编撰过程。这个情境在高一下学期的大型考试中出现了两回，且都是主观题。学生在做类似题目的时候主要存在两个问题：一是看

到类似题目,不分析题目直接写上讲过的答案;二是"十四五"规划纲要编纂过程省略了一些步骤,在上课时只是口头带过,也没有给学生细化"十四五"规划出台过程中涉及的各主体,没有区分"建议""草案""纲要"三者有何不同,导致学生在考试过程中混用。完整的"十四五"规划纲要编纂过程参考本书"'为什么说人民代表大会制度是我国的好制度?'议题式教学叙事"一篇的表1"'十四五'规划出台的过程"。

第二,本节课没有解决学生的易错知识点。思政课程是包含多学科内容的综合性课程,具有内容杂、视角广和理论强的特点,从学科知识中提炼观点或运用学科知识论证观点,始终是思政学科学习的一般方法。议题式教学培育学生分析问题和解决问题的能力正是建立在学生已有知识基础上的。因此,教师文本研读应该是教学设计中的首要环节,目的是帮助学生掌握科学方法、破解知识难点和理解理论内涵,为议题式教学储存好必备的学科知识。议题式教学在理解、应用和迁移环节设置的任务主要是解决议题及与本节课相关的一些子议题,所以,议题式教学对于知识点的讲解不可能面面俱到,这样学生在课下做题目时就容易出现基本常识的选择题出错的现象。

第三,学生的项目化学习不深入。环节四需要学生充当一回"政协委员",撰写一份提案,在批改过程中存在这样一些问题:一是学生存在的问题,一方面,有些学生根本就没有写,不愿参与;另一方面,学生的提案写得比较浅,没有深入分析问题的现状、原因及对策。二是教师存在的问题,教师没有引领学生真正参与提案撰写的过程,课后没有给学生分析提案存在的问题,以及该如何改进提案,只是为了有这个环节而设置了这个任务,不能真正有效地向思政课核心素养看齐,培养学生的公共参与能力。

针对上述问题,可以采取以下几点措施进行优化。

前置学习要进一步领略多彩生活。前置学习着力在前置,用意在后续,即提升学生后续学习的深度。学生的学习很多属于机械学习,前置学习要求学生具备自主学习的能力,是一种自主的深度学习。其目标就是让学生按照自己的学习习惯有序开展学习活动,获得新的更深层次的知识。在前置学习过程中,学生根据遇到的问题自己想办法解决,这种方式不但可以解决问题,还能培养学生的学习能力。根据学习"金字塔"理论,通过"做中学"或"实际演练",学习者两周以后记得所学内容的75%。讲授"协商民主有什么优势?"这一课之前让学生搜集整理"十四五"规划纲要的制定流程,学生有了一定的知识储备才能在课堂上参与讨论,有话可说，才能构建课堂之上的深度学习，提升认知，培养科学精神。

自主学习要进一步增强问题意识。在新高考、新课标、新教材的思政课教学背景下，应该坚持从学生的实际出发，要从知识灌输型课堂转化为能力素养型课堂。解决问题的过程可以激发学生的学习兴趣，让学生自主投入学习中，培养学习的主动性、积极性和创造性。提升学生的问题意识是解决议题式教学中不能涵盖细小知识问题的有效途径。为了增强学生的问题意识，我们应该鼓励和支持学生提出问题、分析问题，可以让学生以小组为单位，每个组须在规定的时间内提出一个问题，设置一个自学寻疑环节。这个过程中，学生必须认真读，深入思考。

项目学习要进一步走向真实参与。环节四"撰写提案"其实就是要求学生完成一个项目，学生是完成项目的主体。但是在实际操作过程中，学生并没有真正地参与到活动中来，这是因为学生的认知水平和任务难度不匹配，因此，需要通过小组合作，集思广益，在你一言我一语的讨论中站在公共的立场上理性看待高考是否该取消英语的问题，在讨论中真正理解协商民主的优势，迁移本节课的知识，在实践中培养政治认同、公共参与意识。此外，由于受到主客观条件的限制，高中生对于知识的理解可能存在偏差，完成项目的质量良莠不齐，因此，需要教师发挥主导和引领作用，不仅要对学生的认知偏差进行及时整合，还要引领他们积极进行团队协作。

"中国共产党领导的多党合作和政治协商制度"议学单

议题：协商民主有什么优势？

姓名：_____ 班级：_____ 得分：_____

【学习目标】通过学习，掌握中国特色社会主义政党制度的地位、基本方针、首要前提和政治保证、活动原则、优越性，以及中国人民政治协商会议的性质、组成和职能。在小组讨论中培养学生的交流合作能力、获取和解读信息能力、推理论证能力，应用和迁移"协商民主"的有关知识，认同我国的政党制度，培养学生的公共参与意识。

环节一：聚焦全国政协会议

【教学情境】2021年全国政协会议于3月4日召开，委员们围绕民生国计积极建言献策，"两会"已成为外界观察中国内外政策走向的窗口，一份份精心准备的提案经传统媒体或网站、微博、微信等新媒体报道、传播，瞬间激发了广大网民的讨论热情。

【学习任务】课前调查：搜集、讲述热门提案。

环节二：探寻人民政协职能

【教学情境】播放视频：《中国人民政治协商会议第十三届全国委员会第四次会议》。

材料一：中国人民政治协商会议第十三届全国委员会第四次会议于3月4日在人民大会堂开幕。2 100多名全国政协委员扎实履职尽责、积极建言资政、广泛凝聚共识，汇聚智慧和力量。每年全国"两会"，代表、委员都会以建议、提案的形式把人民群众的呼声和反映传递到中央。

材料二：中国人民政治协商会议第十三届全国委员会第四次会议于2021年3月4日在北京召开。建议会议的主要议程是：听取和审议中国人民政治协商会议全国委员会常务委员会工作报告和全国政协十三届三次会议以来提案工作情况的报告；列席中华人民共和国第十三届全国人民代表大会第四次会议，听取并讨论政府工作报告及其他有关报告，讨论《国民经济和社会发展第十四个五年规划和2035年远景目标纲要（草案）》。

【学习任务1】自由发言：2 100多名全国政协委员由哪些人士或团体组成？

【答案提示1】中国共产党、八个民主党派、无党派民主人士、人民团体、各少数民族和各界的代表，台湾同胞、港澳同胞和归国侨胞的代表，以及特别邀请的人士组成。

【学习任务2】自由发言：上述材料体现了人民政协的职能有哪些？

【答案提示2】政治协商：讨论《国民经济和社会发展第十四个五年规划和2035年远景目标纲要（草案）》。

民主监督：听取并讨论政府工作报告及其他有关报告。

参政议政：每年全国"两会"，代表、委员都会以建议、提案的形式把人民群众的呼声和反映传递到中央。

环节三：点赞协商民主之优

【教学情境】"十四五"规划纲要编制过程。

2020年7月30日中共中央召开政治局会议，研究关于制定第十四个五年规划。→ 2020年7月至9月习近平总书记主持召开座谈会，听取 ① ，并对我国发展面临的重大问题深入研究。→ 2020年10月29日党的十九届五中全会审议通过《中共中央关于制定国民经济和社会发展第十四个五年规划和二〇三五年远景目标的建议》。→ 2021年全国"两会""十四五"规划纲要草案提交 ② 审议， ③ 列席第十三届全国人民代表大会第四次会议，讨论《国民经济和社会发展第十四个五年规划和2035年远景目标纲要（草案）》。→ 2021年十三届全国人大四次会议表决通过。

【学习任务1】请你填写"十四五"规划纲要的编纂过程。
【答案提示1】① 党内外各方面意见和建议 ② 全国人大 ③ 全国政协委员
【学习任务2】小组讨论：①③听取和讨论"十四五"规划有何意义？
【答案提示2】我国协商民主的优越性：① 保证人民有广泛持续深入参与的民主权利，保证人民当家作主；② 整合社会关系，促进社会团结和谐；③ 凝聚共识，推进决策民主化、科学化，推进国家治理体系和治理能力现代化；④ 促进民主监督，提高民主质量。
【学习任务3】师生对话：完成必备知识的梳理图（图1）。

图1 以"协商民主"为核心概念的知识结构图

环节四：贡献青年学生之智

【教学情境】播放视频：《带你读懂政协提案》。
有全国政协委员建议：高考取消英语，认为英语耗费大量精力，挤占了学生素质教育的时间。这一建议引起了广泛的热议，也有不少专家提出反对意见。
【学习任务】独立撰写：高考取消英语VS高考不取消英语，请你就英语教育问题建言献策，试写出一份"提案"（由标题、案由、对策组成，150字左右）。

"我国各族人民怎样和睦相处？"议题式教学叙事
——基于"民族区域自治制度"一课

吴江中学　梁英姿执笔，备课组协同

一、形成教学思路：援疆计划引入情境，兼具时代性和生活味

2020—2021学年，吴江中学高一政治备课组的每位教师都成了思政课议题式教学的拓荒者、践行者和研究者，备课组的气氛很燃、很热血。"我国各族人民怎样和睦相处？"的教学设计是我负责的第三个《政治与法治》的议题式教学设计。尽管已经积累了大半年议题式教学设计和实施的经验，但本议题式教学设计却是四易其稿，艰辛而成，其教学改进的过程值得回味。

（一）第一稿共分为六个环节

环节一，知识梳理部分。根据教材知识，梳理了我国当前的民族格局、民族关系及其原因。多元一体是我国民族格局的最重要特点，我国建设和发展平等团结互助和谐的社会主义民族关系，离不开民族平等、民族团结与各民族共同繁荣的方针，离不开民族区域自治制度，离不开宗教信仰自由政策。

环节二，理解我国是统一的多民族国家。依托江苏教育援疆支教团"百校千师万生手拉手"活动方案创设情境。选择这一活动方案，一是因为这是积极贯彻教育部等四部委发起的"援藏援疆万名教师支教计划"，落实东西部扶贫协作结对，切实担负起文化润疆责任的具体举措；二是吴江中学也是该方案的承担者之一，学校师生按照活动方案要求，集中自身优质教育资源向南疆教育薄弱地区辐射与拓展，为新疆的发展贡献力量。该环节设计了两个活动任务，一是自由发言：试着在地图上找到新疆的位置，说一说你了解的新疆；二是小组讨论：为什么我们要开展援疆活动？

环节三，理解我国处理民族关系的方针。学生课前调查侧重展示江苏近年来援疆的措施和取得的成效，小组结合材料讨论援疆的举措和成效体现了哪些方针。通过具体实例和真实情境理解我国处理民族关系的方针。

环节四，理解"坚决维护国家统一、民族团结"。结合最新时政，西

方国家认定中国在新疆对维吾尔族人实行了"强迫劳动"政策这一错误言论，设置小组讨论任务：作为外交部发言人，你会如何反驳西方的这些言论？面对西方的种种诋毁言论，我们应该怎么做？在批驳错误言论中，激浊扬清，认同党的民族政策，在思考行动举措中，明晰方向，展现青年担当。

环节五，理解"我国的宗教政策"。根据新疆维吾尔自治区人民政府新闻办公室举行的宗教人士专场涉疆问题新闻发布会，就新疆宗教话题回答记者提问，设置任务让学生对我国的宗教政策进行解读，从而对我国的宗教政策进行较为全面和深入的理解。

环节六，认同民族政策。根据江苏教育援疆支教团"百校千师万生手拉手"活动方案，本轮援疆周期为一年半，地点为新疆克孜勒苏柯尔克孜自治州，距离苏州5 000多千米，开车要将近5天时间，火车要48小时，飞机也要5~6个小时。设置任务让学生选择去新疆支教或不去新疆支教。在真实情境的价值冲突中，理解新疆发展离不开其他省市的支持，以及中东部地区的相关人员为新疆发展做出了巨大的贡献，进而理解我们要筑牢中华民族共同体意识，各民族像石榴籽一样紧紧抱在一起。

一稿完成后，我与沈雪春老师商量。沈老师认为，方案存在不少问题。首先，第一环节的知识梳理太过简单，未能覆盖全部的重点知识；其次，任务太多，整堂课共有6个任务，难以在45分钟内有效完成；再次，任务之间的思维层次和能力层次递进性不强，体现类的理解性问题太多；最后，是否去新疆支教的问题对于高一学生而言时间节点和认知节点都较远，需要进一步调整，让活动更具亲和性。根据商量的结果，我进行了方案的第二稿设计。

（二）第二稿共分为四个环节，在原有基础上做了很大调整

环节一，知识梳理部分。围绕"民族"和"宗教"两大关键词，做了进一步的梳理。"民族"部分包括民族格局的最重要特点、社会主义民族关系、民族分布特点、方针、民族区域自治制度；"宗教"部分包括实行宗教信仰自由政策、依法管理宗教事务、坚持独立自主自办的原则、积极引导宗教与社会主义社会相适应。以逻辑图的方式呈现，使思维可视化。

环节二，理解多元一体民族格局。创设良构情境，设置任务，自由发言：谈谈对多元一体民族格局的理解。该情境不仅从多元角度和一体角度进行创设，还强调加强民族团结，不仅是政府的责任，也是我们每一个公民的责任。设计的目的，一是对多元一体的理解，二是对学生进行爱国教

育，维护国家统一民族团结是每个公民应尽的义务。

环节三，应用民族相关知识。创设良构情境，设置任务，让学生简要概括说明中央治理新疆的工作机制，并在此基础上分析新疆实施民族区域自治的正确性。该环节设置体现能力层级递进，第一个小问题培养学生信息搜索能力、信息整理能力和归纳概括能力等学科关键能力；第二个小问题则培养学生演绎推理能力，并在此过程中提升学生对民族区域自治制度的认同。

环节四，迁移知识。根据真实活动创设模拟情境，让学生思考如果自己成为"百校千师万生手拉手"活动的一员，计划通过什么活动与新疆的学生互相交流学习，同成长同进步。这一环节是项目化学习环节，借此提升学生素养，增强对民族政策的认同，并将其转化为行动方案，让学生通过"议中做"自觉维护国家统一、民族团结，助力民族地区发展。

沈老师认为，第二稿的操作性、层次性、价值引领性都优于第一稿，然而还存在需要改进的地方。其一，知识梳理没有围绕议题"我国各族人民怎样和睦相处？"进行结构化思考，主题性不强；其二，理解环节和应用环节的思维递进性不强，应用环节需要进一步提升知识应用的层阶。于是，我进行了再次修改，形成了第三稿。

（三）第三稿围绕议题进一步优化，共分为四个环节

环节一，必备知识的结构化梳理。围绕学科核心概念"各民族和睦相处"进行知识的重构。在简要梳理我国民族格局和民族关系的基础上，进一步重构我国各民族和睦相处的原因：一是坚持民族平等、民族团结和各民族共同繁荣的方针，二是坚持民族区域自治制度，三是坚持宗教信仰自由政策，四是我们每一个人都要积极履行维护国家统一、民族团结的义务。这一版本的梳理，根据议题展开，围绕学科核心概念重构，并且在教材必备知识上加入公民如何做部分，是基于学科逻辑和思政课教学立德树人根本任务的整体建构。

环节二"为和睦相处论证"、环节三"为和睦相处正声"、环节四"为和睦相处出力"，依托援疆支教活动创设情境，设置三个环节活动——小组讨论开展援疆活动的原因、小组讨论模拟外交部发言人反驳西方在涉疆问题上的言论、为"百校千师万生手拉手"活动写一个倡议书。三个环节的展开紧紧围绕"我国各族人民怎样和睦相处？"这一议题，任务设置从理解、应用到迁移，活动形式包括个人发言、小组讨论、辨析式学习、项目化学习等多种类型，基础性、综合性、应用性、创新性兼具，比起前面有了很大进步。

二、协同教学设计：凸显核心概念，筑牢中华民族共同体意识

协同教学设计第三稿完成后，备课组围绕设计进行了深入研讨，并提出了相应的修改建议。

第一，理解环节将"在地图上寻找新疆和探究援疆原因"问题改为对"多元一体格局"的理解。改动的主要原因有两个：其一，在地图上寻找新疆的活动难度不大且比较幼稚，不适合高中学生的政治学科的学习；其二，"多元一体格局"具有很强的时代性，又和民族团结等重点知识相关联。鉴于"多元一体格局"问题的理解难度并非很大，学生可以独立完成，备课组建议采用学生自由发言的活动方式而非讨论的方式处理这一问题。

第二，应用环节将模拟"反驳西方言论"改为小组讨论"如何铸牢民族共同体意识"。改动的主要原因有三个：其一，从思维的层次上讲，"模拟外交部发言人反驳西方在涉疆问题上的言论"属于深化理解或者说是理解性应用，按照议题式教学的逻辑进路，再加上课堂时间长度的限制，知识理解环节不宜过多，在知识理解环节后最好进入知识的程序性应用环节；其二，从思维的难度上看，"反驳西方言论"属于新课标中学业水平划分4的难度，此问题可以作为优班上课的选择，备课组需要降低难度，因为一般学生课外的相关知识储量不足，学生小组难于进行有效的反驳活动；其三，"如何铸牢民族共同体意识"直接指向本课民族团结的知识重点，也更能反映时代的声音，而且和议题保持紧密的关联。

第三，迁移环节增加相关提示。本轮在知识迁移环节设计了项目化学习——为"百校千师万生手拉手"活动写一个倡议书，这个环节具有鲜明的特色和民族认同的价值引领特征，又与江苏省的援疆活动相对接，时效性强，是一个接地气的项目化学习活动。然而，如何写倡议书？同学们不一定了解规范，所以需要明确倡议书的要求。

三轮修改后，终于形成了第四轮的完整意义的教学设计。

三、优化设计：在学思议行中树立中华民族共同体意识

（一）教材与学情

1. 内容分析

（1）本课地位

本课是《政治与法治》第二单元"人民当家作主"第六课"我国的基本政治制度"的第二框内容。民族区域自治制度同人民代表大会制度、中国共产党领导的多党合作和政治协商制度、基层群众自治制度构成一系列行之有效的制度安排。本节课以"我国各族人民怎样和睦相处？"为议题，阐释了社会主义民主实现了形式民主和实质民主相统一、选举民主和

协商民主相促进，是维护人民根本利益的最广泛、最真实、最管用的民主。

(2) 本课内容

本课内容分为民族政策和宗教政策两部分，第一部分讲述了我国民族的分布特点、新型民族关系、处理民族关系的方针、民族区域自治制度，第二部分讲述了党的宗教工作的基本方针、政策，引导学生理解和认同党的民族政策和宗教政策，具有很强的现实作用和政治意义。

2. 学情分析

(1) 学生心智特征分析

高一学生思维活跃，关心时事，对新知识有较强的获取渴望，经过一个多学期高中教学培养，比较、分析、综合学科能力有了一定的提升。

(2) 学生已有知识经验分析

学生在初中相关学科的学习中对民族和宗教的具体知识打下了良好的基础，但是没有形成专业系统的知识体系，也不能更加深入分析和挖掘。尤其本节课内容主要是党的民族政策和宗教政策，理论性比较强，需要教师在课前组织学生进行社会实践活动，课堂上营造学科情境，调动学生的积极性和主动性，去主动学习、小组讨论、自我展示。在活动中增进学生对伟大祖国、中华民族、中华文化、中国共产党、中国特色社会主义的认同，铸牢中华民族共同体意识。

3. 教学目标与重难点

(1) 教学目标

了解我国民族格局的特点和我国的民族关系，理解促进我国各民族和睦相处的方针、制度；通过小组讨论，培养交流合作能力、获取和解读信息能力、推理论证能力，在倡议书的撰写中实现应用和迁移；认同我党当前实行的民族政策和宗教政策，树立中华民族共同体意识，自觉维护国家统一和民族团结。

(2) 教学重难点

教学重点：我国各族人民怎样和睦相处。

教学难点：如何理解民族区域自治的自治权。

(二) 路线与结构

1. 教学路线

议题线：以"我国各族人民怎样和睦相处？"议题引领如下问题串，谈谈对多元一体民族格局的理解—概括说明中央治理新疆的工作机制—如何铸牢中华民族共同意识？—手拉手活动倡议书。

情境线：以江苏援疆支教活动为主情境，援疆故事—多元一体历史—民族团结表彰大会—手拉手活动。

活动线：调查展示—自由发言—课堂商讨—撰写倡议书。

知识线：民族和睦相处生活知识—多元一体格局，民族关系、方针、制度，宗教政策—中华民族共同体意识综合知识—援疆倡议书。

2. 教学结构（图1）

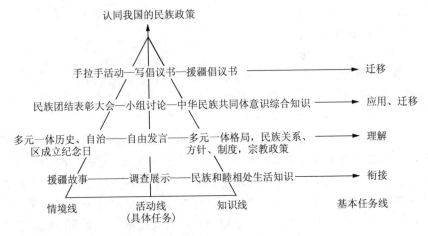

图1 "我国各族人民怎样和睦相处？"议题式教学结构

（三）过程与意图

[议题] 我国各族人民怎样和睦相处？

环节一：分享援疆故事

[教学情境] 展示吴江中学丁品夷老师援疆的照片。

[课堂活动] 课前调查，个人发言：分享搜集到的援疆故事及感悟。

[事例提示] 苏州对口援疆项目——霍尔果斯卡拉塔斯村的村北口引水渠及配套工程，解决了村里半个世纪的难题，让村民不再担心洪水的突然来袭，不用再为浇灌和生活用水发愁，是真正的"生命之水"。智力援疆，作为学生重点关注了幼儿园、中小学的方面的对口支援，设施设备、整体环境和苏州没有很大差别了。

[设计意图] 通过课前调查，学生了解对新疆的对口支援，促进了新疆的发展，让人民生活更加幸福。在初中学习和日常了解的基础上，形成对学科知识的进一步认识。

环节二：感悟多元一体的格局

[教学情境1] 自秦汉以来，中国就是一个统一的多民族国家。一方面，各个民族有自己的历史和文化；另一方面，在漫长的历史进程中，中

国各族人民密切交往、相互依存、交流融合、休戚与共，形成了中华民族多元一体的格局。当前要着力增强人民的民族团结意识，使每一个人都认识到：加强民族团结，不仅是政府的责任，也是我们每一个公民的责任。

[学习任务1]同桌交流：谈谈对多元一体民族格局的理解。

[答案提示1] ① why——（国情）我国是统一的多民族国家——（历史）辽阔疆域共同开拓的、悠久历史共同书写的、灿烂文化共同创造的、伟大精神共同培育的。② what——多元一体（多元）——各民族有自己的历史和文化；（一体）——（整体）凝聚在一个统一的共同体，（部分间）互相离不开。③ how——中央统一领导、主权统一、领土完整不可分割；民族共同体意识、石榴籽一样，民族团结进步。

[设计意图]我国是统一的多民族国家，多元一体是我国民族格局的最重要特征。现实生活中，学生对少数民族的了解更多的是文化和生活方式的差异性，在课前和学生的沟通过程中也印证了这一点，明显感受到学生不能全面理解多元一体。引导学生从是什么、为什么、怎么样角度深入思考分析多元一体的民族格局，为进一步理解民族区域自治的自治权、自治地方，以及铸牢中华民族共同体意识打下良好的基础。

[教学情境2] 10月1日，是共和国的生日，也是新疆维吾尔自治区成立纪念日。在中国共产党的正确领导下，在全国各地省市政府和人民的大力帮助下，经过全区广大人民群众的共同努力，新疆维吾尔自治区经济社会发展和民生改善取得了前所未有的成就，各族群众的获得感、幸福感、安全感不断增强。

[学习任务2]个人发言：简要概括说明中央治理新疆的工作机制。

[答案提示2]党中央统一领导，各省市支援配合，全区干群共同努力。

[设计意图]对中央治理新疆工作机制的概括分析，有利于学生从整体上理解我国的民族区域自治制度，以国家统一为前提和基础，是国家统一领导和民族区域自治的有机结合，新疆的发展离不开新疆全区干群的共同努力，更离不开党中央的统一领导和各省市的支援配合。各民族各地区共同团结奋斗、共同繁荣发展。也是围绕议题"各民族如何和睦相处？"的一个问题设计。

[学习任务3]师生对话：新疆地区的发展还得益于什么？

[答案提示3] ① 平等团结互助和谐的社会主义民族关系；② 民族平等、民族团结和各民族共同繁荣的方针；③ 民族区域自治制度；④ 宗教政策。

[学习任务4] 小组讨论，师生对话：完成必备知识结构图。

[设计意图] 本环节是必备知识梳理部分，围绕议题"我国各族人民怎样和睦相处?"，重构了相关知识，将党的民族政策和宗教政策知识进行了整合，结合学科实际，新增了我们如何做，梳理成了思维导图。在教学过程中，通过"学生课前预习填空—课中小组讨论补充—学生提问—教师发问"四个小环节进行知识的梳理、理解，从而形成本课必备知识的梳理。

环节三：铸牢中华民族共同体意识

[教学情境] 在2019年9月召开的全国民族团结进步表彰大会上，习近平强调，实现中华民族伟大复兴，需要各民族手挽着手、肩并着肩，共同努力奋斗。要以铸牢中华民族共同体意识为主线，全面贯彻党的民族理论和民族政策，坚持共同团结奋斗、共同繁荣发展，把民族团结进步事业作为基础性事业抓紧抓好，促进各民族像石榴籽一样紧紧拥抱在一起，推动中华民族走向包容性更强、凝聚力更大的命运共同体。

[学习任务] 小组讨论：应如何全面铸牢中华民族共同体意识。

[答案提示] ① 我国是统一的多民族国家的基本国情，遵循多元一体的民族格局特点，坚持党对民族工作的领导，团结带领各族人民坚定走中国特色社会主义道路。② 坚定不移走中国特色解决民族问题的正确道路，全面正确贯彻党的民族政策和宗教政策，实行民族区域自治制度，坚持民族平等、民族团结、各民族共同繁荣的方针，促进各民族和睦相处、和衷共济、和谐发展。③ 加快少数民族和民族地区发展，不断满足各族人民对美好生活的向往，让改革发展成果更多更公平惠及各族人民。④ 深化民族团结进步教育，加强各民族交往交流合作，增进政治认同，促进民族团结，共同团结奋斗、共同繁荣发展。

（答案要点：党的统一领导或国家的集中统一领导、民族区域自治制度和宗教政策、民族方针、共同富裕或共享成果或繁荣、民族团结进步教育……）

环节四：撰写手拉手倡议书

[教学情境] 为积极贯彻教育部等四部委发起的"援藏援疆万名教师支教计划"，落实东西部扶贫协作结对，切实担负起文化润疆责任，充分发挥江苏优质中小学的示范带动作用，引导优质教育资源向南疆教育薄弱地区辐射与拓展，江苏省制订了教育援疆支教团"百校千师万生手拉手"活动方案。本轮援疆周期为一年半，地点为新疆克孜勒苏柯尔克孜自治州（距离苏州5 000多千米）。为了能够有效推进江苏教育援疆支教团"百校

千师万生手拉手"活动,我校需要招募10名教师和100名学生参加,目前在学生中开展倡议活动。

[学习任务] 项目:为"百校千师万生手拉手"活动写一份倡议书。

要求:① 观点明确,紧扣主题,合乎逻辑;② 综合运用政治学科知识;③ 学科术语科学规范,150字左右;④ 请完成正文部分,写明倡议的背景、原因、目的及具体内容和要求。

四、反思教学过程:围绕议题和学科概念进行必备知识重构

(一)亮点与价值

通过四轮修改和课堂实践,"我国各族人民怎样和睦相处?"一课至少具有两个亮点:其一,学校"支教"活动和铸牢"民族共同体"大背景相统一,兼具亲和性和时代性的情境设计;其二,民族和睦相处的知识学习和认同民族政策的价值引领相统一,融合显性教育和隐性教育的教学任务。

情境是课堂的风景线,也是知识通过情境转化为素养的载体。对于高中生来说,他们喜欢亲和性情境;对于思政学科来说,教学需要典型性情境。因而,情境的亲和性能提高课堂的人气,情境的典型性能增加课堂亮色。本课创设的情境既有亲和性又有典型性,具有远近相应、大小相携的鲜明特征。首先,教学过程以收集援疆故事为准备,从本校援疆教师的照片入手,最后以本校学生发出援疆倡议结束,前后相呼,远近相应。在情境的创设上兼顾了校情和学情,具有亲和性。其次,教学活动呈现大小相携的特征。"小"表现在一校之援疆的行为、一师之援疆的行为,大则表现在民族和睦、民族团结、民族治理中的多元一体格局、民族命运共同体的建设等国家大事,具有时代性。因而,本课的情境集亲和性与引领性于一体,既可从小处入手,又能宏大叙事;既能成为学生学习的心理先行者,又能成为促使素养真实落地的情境化载体。

按照《中国高考评价体系》和新课标的要求,"我国各族人民怎样和睦相处?"议题的教学,须建构的学科概念是我国的民族政策。围绕这一概念,教学中不仅对处理民族关系的方针、民族区域自治制度、宗教政策等关键概念进行了梳理,而且形成了通过教材二次开发意义上的知识结构,为民族政策的情境化应用夯实基础。在此基础上,教学中以多元一体民族格局的政策事例、各地援疆的故事、民族共同体相关议题的讨论等情境化的教学环节让民族政策认同内化于心,并通过写倡议书的项目化学习让民族政策认同外化于行,从而达成显性教育和隐性教育的有机统一。

(二) 问题和对策

如何进行必备知识的梳理？如何做到源于教材又高于教材？这些是一直困惑我的难题。

在本节课的教学设计中，我逐渐领悟到真正的必备知识的梳理和重构：第一，明确议题，找准学科概念，形成逻辑框架之"核"。本课的议题是"我国各族人民怎样和睦相处？"，学科核心概念是铸牢中华民族共同体意识，那么知识的重构、教学的设计就要全部围绕议题和核心概念展开。第二，精研课标，查看课标要求，形成逻辑框架之"干"。新课标为一线教学提供了很多宏观和中观指导，为从一定高度去把握教材、整合必备知识指明了方向。第三，细读教材，梳理必备知识，形成逻辑框架之"叶"。挖掘书本知识的内在逻辑，并及时查阅大量资料加以补充，让必备知识的梳理既井然有序又枝繁叶茂。

"民族区域自治制度"议学单

议题：我国各族人民怎样和睦相处？

姓名：_____ 班级：_____ 得分：_____

【学习目标】了解我国民族格局的特点和我国的民族关系，理解促进我国各民族和睦相处的方针、制度、政策；通过小组讨论，培养交流合作能力、获取和解读信息能力、推理论证能力，在倡议书的撰写中实现应用和迁移；认同我党当前实行的民族政策和宗教政策，树立中华民族共同体意识，自觉维护国家统一和民族团结。

环节一：分享援疆故事

【教学情境】展示吴江中学丁品夷老师援疆的照片。
【学习任务】课前调查，个人发言：分享搜集到的援疆故事及感悟。

环节二：感悟多元一体的格局

【教学情境1】自秦汉以来，中国就是一个统一的多民族国家。一方面，各个民族有自己的历史和文化；另一方面，在漫长的历史进程中，中国各族人民密切交往、相互依存、交流融合、休戚与共，形成了中华民族多元一体的格局。当前要着力增强人民的民族团结意识，使每一个人都认识到：加强民族团结，不仅是政府的责任，也是每一个公民的责任。
【学习任务1】同桌交流：谈谈对多元一体民族格局的理解。
【答案提示1】① why——（国情）我国是统一的多民族国家——（历史）辽阔疆域共同开拓的、悠久历史共同书写的、灿烂文化共同创造的、伟大精神共同培育的。② what——多元一体（多元）——各民族有自己的历史和文化；一体——（整体）凝聚在一个统一的共同体，（部分间）互相离不开。③ how——中央统一领导、主权统一、领土完整不可分割；民族共同体意识、石榴籽一样，民族团结进步；民族区域自治。
【教学情境2】10月1日，是共和国的生日，也是新疆维吾尔自治区成立纪念日。在中国共产党的正确领导下，在全国各省市政府和人民的大力帮助下，经过全区广大人民群众的共同努力，新疆维吾尔自治区经济社会发展和民生改善取得了前所未有的成就。
【学习任务2】个人发言：简要概括说明中央治理新疆的工作机制。
【答案提示2】党中央统一领导，各省市支援配合，全区干群共同努力。
【学习任务3】师生对话：新疆地区的发展还得益于什么？
【答案提示3】① 平等团结互助和谐的社会主义民族关系；② 民族平等、民族团结和各民族共同繁荣的方针；③ 民族区域自治制度；④ 宗教政策。
【学习任务4】小组讨论，师生对话：完成必备知识结构图（图1）。

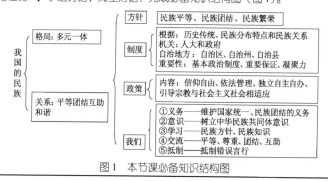

图1 本节课必备知识结构图

环节三：铸牢民族共同体意识

【教学情境】 在 2019 年 9 月召开的全国民族团结进步表彰大会上，习近平强调，实现中华民族伟大复兴，需要各民族手挽着手、肩并着肩，共同努力奋斗。要以铸牢中华民族共同体意识为主线，全面贯彻党的民族理论和民族政策，坚持共同团结奋斗、共同繁荣发展，把民族团结进步事业作为基础性事业抓紧抓好，促进各民族像石榴籽一样紧紧拥抱在一起，推动中华民族走向包容性更强、凝聚力更大的命运共同体。

【学习任务】 小组讨论：应如何全面铸牢中华民族共同体意识。

【答案提示】 ① 我国是统一的多民族国家的基本国情，遵循多元一体的民族格局特点，坚持党对民族工作的领导，团结带领各族人民坚定走中国特色社会主义道路。② 坚定不移走中国特色解决民族问题的正确道路，全面正确贯彻党的民族政策和宗教政策，实行民族区域自治制度，坚持民族平等、民族团结、各民族共同繁荣的方针，促进各民族和睦相处、和衷共济、和谐发展。③ 加快少数民族和民族地区发展，不断满足各族人民对美好生活的向往，让改革发展成果更多更公平惠及各族人民。④ 深化民族团结进步教育，加强各民族交往交流合作，增进政治认同，促进民族团结，共同团结奋斗、共同繁荣发展。

（答案要点：党的统一领导或国家的集中统一领导、民族区域自治制度和宗教政策、民族方针、共同富裕或共享成果或繁荣、民族团结进步教育……）

环节四：撰写手拉手倡议书

【教学情境】 为积极贯彻教育部等四部委发起的"援藏援疆万名教师支教计划"，落实东西部扶贫协作结对，切实担负起文化润疆责任，充分发挥江苏优质中小学的示范带动作用，引导优质教育资源向南疆教育薄弱地区辐射与拓展，江苏省制订了教育援疆支教团"百校千师万生手拉手"活动方案。本轮援疆周期为一年半，地点为新疆克孜勒苏柯尔克孜自治州（距离苏州 5 000 多千米）。为了能够有效推进江苏教育援疆支教团"百校千师万生手拉手"活动，我校需要招募 10 名教师和 100 名学生参加，目前在学生中开展倡议活动。

【学习任务】 项目：为"百校千师万生手拉手"活动写一份倡议书。

要求：① 观点明确，紧扣主题，合乎逻辑；② 综合运用政治学科知识；③ 学科术语科学规范，150 字左右；④ 请完成正文部分，写明倡议的背景、原因、目的及具体内容和要求。

江苏教育援疆"百校千师万生手拉手"活动倡议书

亲爱的同学们：

吴江中学　团委　学生会
2021 年 3 月 15 日

"我们怎样当家作主？"议题式教学叙事
——基于"基层群众自治制度"一课

吴江中学　杨帆执笔，备课组协同

一、形成教学思路：基层自治的过去和现在

本学期采用议题式教学法完成《政治与法治》的教学，按照分工计划，我的第二个备课任务是完成必修三第六课第三框"基层群众自治制度"的教学设计。

（一）依据课标，确定学习目标和议题

按部就班，备课的第一步翻阅新课标，确定本节课的议题和学习目标。新课标对本节课的要求为领悟基层群众自治制度是我国人民依法直接行使民主权利的基本政治制度。依据新课标要求和内容，确定本节课的议题为"我们怎样当家作主？"。学习目标为掌握人民直接行使民主权利的内容和方式，理解人民依法直接参加民主选举、民主协商、民主决策、民主管理、民主监督的积极表现，系统认知有序参与的意义和无序参与的后果。在小组讨论中培养交流合作能力、获取和解读信息能力、推理论证能力，应用和迁移"基层群众自治制度"的知识；认同我国的基本政治制度，坚定制度自信。

（二）把握教材，确定知识结构和教学环节

根据本节课的议题和学习目标，围绕议题主线，我初步设计出本节课的知识结构和教学环节：环节一，梳理基层群众自治制度的必备知识；环节二，基层群众自治组织之典范，即通过情境来理解基层群众自治组织的性质；环节三，基层群众自治之方式，即通过情境来理解人民群众是如何进行基层自治的；环节四，担基层群众自治之责，即学生模拟参与基层群众自治。

（三）收集情境，设计主干问题和活动任务

根据本节课的知识结构框架及具体学习内容，我在学习强国、人民网、新华网等平台收集相关的备课资料。过程具体如下：

环节一：必备知识的结构化梳理，依据教材和教师教学用书，学生通过预习，根据部分提示独立完成知识结构图，宏观掌握书本知识。初稿拟定的知识框架如图1所示。

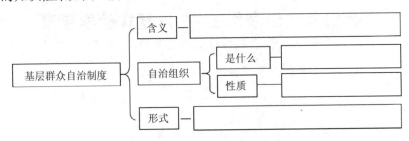

图1　初稿拟定的知识框架

环节二：重点知识的情境化理解。这一部分学生的学习目的是理解基层群众自治组织的性质和形式。学生在日常生活中能够接触到村（居）委会，对基层群众自治组织有一定的了解，有相关的经历经验和知识储备，因此，我由学生的生活经验导入，选择"村民自治"的发源地、中华人民共和国成立后的第一个村民自治政治组织——广西合寨村村民委员会为情境，在人民网中收集相关资料，联系时政，采用自由发言和小组讨论的方式，说明基层群众自治组织的性质和形式及村民自治的方式。

环节三：重点知识的情境化运用。依据新课标，学生需要探究和掌握人民直接行使民主权利的内容和方式。本次备课情境选择的逻辑遵循"寻找基层群众自治的源头—基层群众自治的典型—基层群众自治的现状"的路线。因此，这一部分采用的情境是浙江诸暨的"枫桥经验"，这是新时代人民群众自治的典范，对学生理解人民当家作主有正面的引导。学生通过小组讨论的方式，根据"枫桥经验"说明如何形成共建共治共享的基层社会治理新格局。

环节四：学科知识的创生化迁移。学生是课堂的主体，其参与度影响着公共参与的核心素养的培育。要解决"我们怎样当家作主？"的议题，通过前几个环节，学生已对基层群众自治的形式有了初步的了解，需要通过实际的参与来加深对当家作主的理解。就在备课的期间，我从人民网上搜到了关于上海兰城居委会协调导盲犬排便的事件。这个事件涉及多方主体，与本节课基层群众自治的吻合度较高，而这个事件还未有定论，因此，将这个事件的解决作为本节课的知识迁移环节，让学生运用所学知识，在解决实际问题的过程中，体会我国人民是怎样当家作主的。

至此，"基层群众自治制度"的议学单已初具雏形，比较粗略和稚嫩，还有许多地方需要商榷、修改和完善。

二、协同教学设计：构建思辨课堂

议学单初稿完成以后，交予备课组集体研讨，根据新课标、议题和本节课学生须掌握的知识点，备课组提出了初稿存在的问题及部分修改意见。具体情况如下。

环节一：必备知识的建构缺乏大单元教学思维。本节课的议题为"我们怎样当家作主？"，而知识梳理和议题关联度不高，未满足解决议题的需要。本节课的知识结构梳理应当围绕人民当家作主展开，包含人民当家作主的内容、形式和制度保证，使学生理解知识之间的逻辑关系，形成大单元的整体思维。

环节二：情境选择较为贴切，既追溯历史源头，又联系时政热点。但是主干任务问题描述指向不明，过于冗长啰唆。学生的问题任务应当简洁明了，设问直接指向核心知识，便于学生对知识的理解和掌握。

环节三：第一个问题是设问与情境的匹配度、与议题的关联度不高。选择浙江诸暨的"枫桥经验"作为基层群众自治的典型案例，情境主要体现了基层群众自治的方式和内容，比较具有代表性，与核心知识点较为契合。但是设问落脚点在"基层社会治理"，与情境和议题的关联度较弱，相较于学生的认知来说，设问难度较大，难以实现对知识的深度理解。应当对设问进行修改，细细斟酌，使其难易程度控制在学生的"最近发展区"内。第二个问题是参考答案的整合缺少逻辑关联。有的教师认为，参考答案太过笼统，没有实现思维的可视化，学生没有解题思路，不知道解题步骤和答题逻辑，要在议题式教学的过程中实现对学生解题能力的培养。

环节四：初稿最大的问题是缺乏思辨性的活动，难以调动学生的积极性。环节四选择了真实的生活情境，涉及居委会、居民、盲人等多方主体，存在价值观和利益的冲突，有着隐藏的可以辩论的话题。但活动形式不够新颖，仅仅让学生拟出解决方案，过于生硬和枯燥，对情境材料的挖掘不够深入，未能完全发挥情境的潜在价值。应当重新对情境进行梳理，寻找辩论的落脚点，设置辩题，让学生在辩论中调用原有知识，生成新知识。

三、整体教学设计：自治经验—自治典范—自治方式—自治议事

根据备课组各位教师提出的问题及修改意见，我对议学单进行了修改、补充和完善，形成了教学设计。

（一）教材与学情

1. 内容分析

（1）本课地位

"基层群众自治制度"是《政治与法治》第六课"我国的基本政治制

度"第三框的内容，主要涉及基层群众自治的含义、内容，以及基层群众自治制度的重要性。本框是保障人民当家作主的重要政治制度安排，是人民直接行使民主权利的途径，体现了我国的国家性质，展现了我国人民民主的特点。本框具有承上启下的作用。基层群众自治必须将党的领导、人民当家作主、依法治国有机统一，全面推进社会主义法治国家建设。

（2）本课内容

本框阐述了人民直接行使民主权利的途径和方式，证实了基层群众自治制度是保障人民当家作主行之有效的制度安排。本框共设两目。

第一目"我国基层群众自治的组织形式"，主要阐述了基层群众自治的含义，介绍了农村村民自治和城市居民自治的相关内容。

第二目"人民群众直接行使民主权利的生动实践"，主要阐述了发展基层民主的意义，说明人民当家作主的途径，介绍了民主选举、民主协商、民主决策、民主管理、民主监督的相关内容。

2. 学情分析

（1）学生心智特征分析

本课的教学对象是高一学生，教材思路较为清晰，内容结构化特点较为明显，便于学生学习。高一学生初步完成了具体思维到抽象思维的过渡，看待问题尖锐、新颖。自我意识、参与意识强，但认识问题容易情绪化。

（2）学生已有知识经验分析

初中时学生学过相关知识，为深度理解基层群众自治制度奠定基础。但是，基层民主实践经验不足，基层群众自治的认识比较片面。

3. 教学目标与重难点

（1）教学目标

掌握人民直接行使民主权利的内容和方式，理解人民依法直接参加民主选举、民主协商、民主决策、民主管理、民主监督的积极表现。在小组讨论中培养交流合作能力、获取和解读信息能力、推理论证能力，应用和迁移"基层群众自治制度"的知识；系统认知有序参与的意义和无序参与的后果，认同我国的基本政治制度，培养科学精神和公共参与的核心素养。

（2）教学重难点

教学重点：我国人民当家作主的方式和途径。

教学难点：学生当家作主的意识。

（二）路线与结构

1. 教学路线

本课采用议学任务引领的议题式教学方式，议题、情境、活动、知识四个要素构成了如下四条线。

议题线：由议题"我们怎样当家作主？"引领以下问题串，你所在的村或社区正在开展哪些活动？—村委会的成员是不是国家工作人员？—在共建共治共享的治理新格局中人民怎样当家作主？—上海市兰城居委会是否负责任？

情境线：学生的生活经验—广西合寨村村委会视频—枫桥经验—导盲犬小区排便问题。

活动线：对话—对话、讨论—讨论—辩论。

知识线：已有的社区生活经验—基层群众自治的性质和内容—基层群众自治的方式—居委会的议事程序。

2. 教学结构（图2）

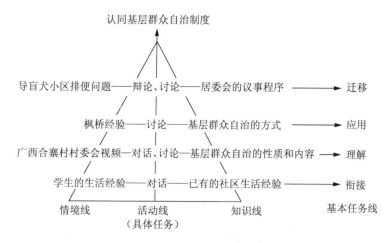

图2 "我们怎样当家作主？"议题式教学结构

（三）过程与意图

[议题] 我们怎样当家作主？

[导入] 通过之前的学习，我们已经知道了人民民主专政的本质就是人民当家作主，而我国人民是通过人民代表大会来间接行使国家权力的，那么我国人民是如何直接行使自己的民主权利的呢？这节课我们就来学习保障我国人民直接行使民主权利的制度体系——基层群众自治制度，这是我国的基本政治制度之一，是中国特色社会主义民主政治的重要组成部

分，是中国特色社会主义政治制度优越性的重要体现。

[设计意图] 导入是课堂教学的重要环节，导入的质量在某种程度上影响着整节课的教学效果。本节课的学习内容与前面知识存在内在联系，由已知到未知也是学生认知发展的一条规律，因此，本节课采用复习导入，在新知和旧知之间架起桥梁，这样不仅能巩固已学的知识，增强新旧知识之间的联系，而且易于激发学生探求新知的欲望。

环节一：基层群众自治之经验

[教学情境] 19世纪法国著名政治学家托克维尔说："政治生活始于乡村。"

[学习任务] 自由发言：说说你家属于哪个村（居）委会？你所在的村或者社区正在开展哪些活动？

[答案提示] 略。

[设计意图] 学生对村（居）委会并不陌生，从熟悉的事物出发，调用其生活经验，激发其学习兴趣，从而了解到基层群众自治就在自己身边，与自己的生活息息相关。将理论与现实紧密结合，实现生活逻辑和学科逻辑的统一。

环节二：基层群众自治之典范

[学科概念] 基层自治组织的内容和性质。

[教学情境] 播放广西合寨村村委会视频。

1980年，韦焕能在广西合寨村召集村民举行村民大会，选举产生了中华人民共和国第一个村民自治的政治组织——村民委员会，并以无记名投票的方式选出了这个管理组织的班子成员。村民委员会成立后，立即制定了《村规民约》《封山公约》。合寨村村民委员会从本村实际出发，订立村规民约，制定管理章程，依法民主管理村内公共事务，开创了中华人民共和国基层民主政治建设的先河。在庆祝改革开放40周年大会上，韦焕能荣获"基层群众自治制度的探索者"称号。作为"村民自治"的发源地，合寨村也成为改革开放40年的创新典范。

[学习任务1] 自由发言：村民委员会的班子成员是不是国家工作人员？

[答案提示1] 不是。村民委员会是农村基层群众自治组织，村委会不是国家机构，村干部不是公务员（国家干部）。

[小结] 街道办和乡镇府是我国基层政权组织，而村（居）委会是我国基层群众自治组织，街道办和乡镇府指导村（居）委会的工作。村（居）委会的组成成员由村（居）民选举产生，并不是国家干部。

［设计意图］基层群众自治组织的性质是本节课的重点，结合视频情节，以情境为依托，引导学生对问题进行独立思考，形成对村（居）委会性质的正确认识和理解，在知识和情境的关联中，提升科学精神的学科核心素养。

［学习任务2］小组讨论：广西合寨村实现村民自治的原因和方式。

［答案提示2］① 原因：要解决广西合寨村实现村民自治的原因这一问题，需要从"村民"和"自治"两个关键词着手。从"村民"看，实现村民自治的根本是因为我国的国家性质，我国是人民民主专政的社会主义国家，村民自治是人民当家作主最直接的体现，能够切实保障人民的民主权利。从"自治"看，联系广西合寨村的现实情况，实现村民自治有利于规范村民和村干部行为，运用民主的办法来管理本村日常事务。② 实现方式：民主选举、民主决策、民主管理、民主协商、民主监督。

［设计意图］通过视频，学生深刻感受基层群众自治组织的历史厚度和现实成就，通过小组讨论的形式，陈述小组观点，在观点和思想的碰撞中理解基层群众自治的原因和方式，为下一环节进一步理解人民参与基层群众自治的途径铺路，提升对基层群众自治制度的政治认同，坚定制度自信。

［学习任务3］师生对话：完成"人民当家作主"的单元知识结构图（图3）。

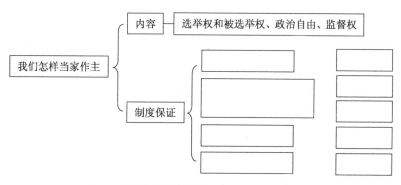

图3 "人民当家作主"的单元知识结构图

［答案提示3］本节课的知识结构需要宏观看待书本知识，用大单元的思维构建保障人民当家作主的制度保证——人民代表大会制度、中国共产党领导的多党合作和政治协商制度、民族区域自治制度、基层群众自治制度。

［设计意图］建构主义认为，学生学习的过程是一个积极建构的过程。

任何知识都不是孤立存在的,学生自主完成知识结构图的过程,就是积极建构、自主学习的过程,这样不仅能够为新知识的学习打下基础,也能整合新旧知识,帮助学生厘清知识脉络,优化认知结构,形成更为科学实用的知识体系。

环节三:基层群众自治之方式

[学科概念] 基层群众自治的方式。

[教学情境] 近年来,国家相关部门坚持和发展"枫桥经验",不断深化基层群众自治,扎实推进"民事民提、民事民议、民事民决、民事民办、民事民评",取得了积极成效。一是规范选举程序。全国27个省份实现了居(村)民委员会换届选举统一届期、统一部署、统一指导、统一实施。二是创新协商形式。健全重要事项协商机制,有序引导居(村)民依法自我管理、自我服务、自我教育、自我监督。三是用好自律规范。指导居(村)民按社区(村)普遍制定居民公约、村规民约或自治章程规范自己的言行。四是健全监督机制。将居(村)务决策等纳入监督范围,定期组织居(村)民群众开展议事协商情况评议。通过努力,逐步形成共建共治共享的基层社会治理新格局,努力建设更高水平的平安中国。

[学习任务] 小组讨论:在共建共治共享的治理新格局中人民是怎样当家作主的?

[答案提示] 以基层社会治理为话题设置试题情境,以基层群众自治的方式为知识指向,以国家对基层群众自治的深化为材料,让学生在共建共治共享的基层社会治理新格局中分析我国人民是怎样当家作主的。通过呈现基层群众自治的方式,以填空的形式,学生寻找与知识相适配的材料信息,并精心组织答案语言。从人民自己选举当家人,可看出民主选举;从健全重要事项协商机制,可看出民主协商;从居(村)务决策,可看出民主决策;从居(村)民按社区(村)普遍制定居民公约、村规民约或自治章程规范自己的言行,可看出民主管理;从定期组织居(村)民群众开展议事协商情况评议,可看出民主监督。

[设计意图] 本节课的议题为"我们怎样当家作主?",从基层群众自治的内容和途径两个角度来解决本节课的主议题。以"枫桥经验"为情境,为深刻理解基层群众自治的方式提供了实践支撑,让学生感悟"枫桥经验"的内涵和作用,引导学生深入探究我国人民是通过什么方式和途径直接行使民主权利、参与基层群众自治的,以议题研讨的形式探讨"在共建共治共享的治理新格局中人民是怎样当家作主的",实现课程内容活动化、活动内容课程化,在活动型学科课程学习中,提升政治认同的学科核

心素养。

环节四：基层群众自治之议事

[教学情境] 播放视频：《导盲犬查德因排便遭驱赶》。

近日来，"导盲犬查德因排便遭驱赶"的话题一度登上热搜，同时配有女子牵导盲犬街头摔倒视频。上海视障女子刘女士称，自己在2019年申请了导盲犬，两年以来，曾多次因导盲犬定点排便问题遭到邻居投诉甚至驱赶。刘女士称，从2009年至今，她都没有得到居委会的关心与帮助，现在导盲犬的排便问题亟待解决，居委会却一次次出尔反尔，对此"感到很寒心"。

记者了解到，居委会也曾按照刘女士所提出的要求进行协调，并采纳其他居民的建议，目前已更换5次导盲犬排便点，但未有圆满结果。新闻事件发酵后，上海市浦东新区兰城居委会对此这样回应：将考虑刘女士和小区居民的诉求，妥善处理这件事情。

[学习任务1] 组际辩论：上海市兰城居委会是否负责任？

[答案提示1] 说"负责任"的一方主要从兰城居委会调解的过程和做法角度着手，理由如下：听取居民诉求，解决居民问题；采纳居民意见，做出调整。说"不负责任"的一方主要从兰城居委会调解的结果角度着手，理由如下：耗时两年，未解决问题，效率低下；忽视弱势群体；决策不科学、不民主。

[设计意图] 思辨性是思想政治课的魅力所在，基于认知和价值观冲突的辩题，利于调动学生参与的积极性。通过设置"上海市兰城居委会是否负责任？"的辩题，学生在观点的针锋相对中加深对基层群众自治组织的性质和工作内容的理解，培养其语言表达能力和逻辑思维能力，有利于科学精神的学科核心素养的落地。

[学习任务2] 小组讨论：上海市兰城居委会要妥善处理这件事情，须遵循怎样的议事程序？要求：体现三种及以上基层群众自治的方式。

[答案提示2] 议事程序即基层群众自治的方式，结合兰城居委会的实际情况，综合考虑多方意见，设置科学的议事程序，提出可行的具体的解决措施。

[设计意图] 以真实情境为载体，以问题解决为基础，学生叙写上海市兰城居委会的议事程序，一方面，能够加深对人民群众参与基层自治的途径的理解，将所学知识运用到现实生活中去，实现理论观点与生活实际的有机结合；另一方面，能够达到在真实的情境中培育公共参与学科核心素养的目的，感悟我国人民是怎样当家作主的，增强对我国基本政治制度

的认同感，更加坚定中国特色社会主义制度自信。

四、反思教学过程：以精细化设计做精品

（一）亮点与价值

1. 知识理解讲究思维可视化

首先，建构整个单元的知识体系。本节课的环节一是学生通过自主预习完成知识梳理，本课着眼于整个单元的结构化知识框架图而非仅仅局限于一框题的零散知识填空，清晰完整地展现了本单元知识的内在逻辑，有利于学生形成结构化的知识，整体把握教材知识，提升学生知识整合归纳能力，为之后的课堂教学厘清知识脉络打下基础。其次，在理解基层群众自治之方式的环节，以传导图的形式有层次地呈现情境与知识之间的联系，完整展现了答题和解题的思维过程。在这一过程中，一方面，学生不仅对人民群众参与基层自治的途径有了更深层次的感悟和理解，为下一环节知识的应用迁移奠定了基础；另一方面，学生能真实体验归纳、演绎的思维过程，在讨论的过程中，启发真实的思考，切身体会到思考的乐趣，实现思维的可视化，提高学习的乐趣和对知识理解的深度。

2. 选择辨析式教学法，培育科学精神

议题式教学核心在于议题的可议性，商议和辩论是可议、能议的基本形式。辨析式教学法旨在引导学生结合情境展示观点，在价值冲突中澄清错误观点，培养学生由表及里分析问题的观念。本节课的环节四设置了"上海市兰城居委会是否负责任？"的辩题，兰城居委会在解决导盲犬小区排便的问题上容易引起学生的认知和价值观的冲突，在实际的课堂教学过程中，学生对"负责任的标准是什么""负责任是看过程还是看结果"等问题展开了激烈的辩论。在辩论过程中，学生需要兼顾进攻和防守两个方面，培养全面看问题的能力。同时，以价值观冲突设置辩题，还能培养学生的包容精神和同理心，通过辨析活动，学生的认识及理性分析问题的科学精神和辩证思维得到提高，从而实现对学生的价值引领。

3. 采用体验式学习法，感悟公共参与

体验式学习法旨在为学生提供真实或模拟的环境和活动，让学生通过充分参与来获得感受、经验，并进行交流和分享，通过反思，总结上升为理论或成果，并将理论或成果投入应用和实践中去，更加注重学生的体验和感悟。本节课的重点和高潮就在环节四，学生的任务内容和活动形式非常丰富，通过设置辩论和叙写议事程序，学生运用所学知识去解决生活中的两难问题，真实地参与上海市兰城居委会的社区治理中，有利于激发学生的学习兴趣，使学生更好地体会一些抽象，甚至是枯燥的原理知识。

（三）问题与对策

教学追求精心预设，但预设难以面面俱到，精心设计难免留有遗憾。在实际教学中发现本次教学设计还存在以下问题。

1. 学生的课前准备不够充分

本节课的环节二预设从学生的生活经验出发，让学生谈谈自己所属的村（居）委会，从而让理论和现实建立联系。但在实际的教学中，我发现学生并不了解村（居）委会，甚至还有很多学生并不知道自己属于哪个村（居）委会，学生缺少这方面的知识储备和生活经验，影响了教学效果。具体的优化措施：采取任务驱动，将这一活动作为学生课前的预习和收集任务，实现学科逻辑和生活逻辑的统一。

2. 课堂的时间安排不够合理

在实际的教学过程中我发现，若要全部完成教学环节，时间紧凑，并且如果未控制好学生辩论和展示成果的时间，则无法全部完成预定的学习任务。究其原因：本节课设计的教学环节较多，学生活动形式较为丰富，难以控制时间，加之学生课前准备不充分，因此，在实际的教学过程中，能够勉强完成辩论环节，教师没有多余时间总结和完成应用和迁移环节。具体的优化措施：一是提前布置课前的预习和资料搜集任务，为课堂分享和辩论节省时间；二是将叙写上海市兰城居委会议事程序的任务作为课后作业，不在课堂教学中进行。

3. 学生的模拟解决方案不具体

本节课的环节四以项目化学习的方式设计具有开放性的活动任务，让学生叙写上海市兰城居委会的议事程序。该环节设计时，教师还提供了议事程序的具体要求。但是在批阅学生上交的作业后，发现学生所写的议事程序绝大多数是泛泛而谈，多以理论化知识呈现，很多学生只呈现了基层群众自治的五个途径，而与情境的联系较弱，也未能提出切实可行的解决方案。究其原因：设问要求限制了学生的思想，学生注意到议事程序要体现三种基层群众自治的方式，因此，学生只是简单地罗列了民主选举、民主协商、民主决策、民主管理和民主监督，并未从解决实际问题出发。具体的优化措施：教师应该提供示例，引导学生以解决实际问题为出发叙写议事程序，要引导学生说出自己对这件事的看法，真正落实公共参与。

"基层群众自治制度"议学单

议题:我们怎样当家作主?

姓名:_____ 班级:_____ 得分:_____

【学习目标】掌握人民直接行使民主权利的内容和方式,理解人民依法直接参加民主选举、民主协商、民主决策、民主管理、民主监督的积极表现。在小组讨论中培养交流合作能力、获取和解读信息能力、推理论证能力,应用和迁移"基层群众自治制度"的知识;系统认知有序参与的意义和无序参与的后果,认同基本政治制度,培养科学精神和公共参与的核心素养。

环节一:基层群众自治之经验

【教学情境】19世纪法国著名政治学家托克维尔说:"政治生活始于乡村。"

【学习任务】自由发言:说说你家属于哪个村(居)委会?你所在的村或者社区正在开展哪些活动?

环节二:基层群众自治之典范

【教学情境】播放视频。1980年,韦焕能在广西合寨村召集村民举行村民大会,选举产生了中华人民共和国第一个村民自治的政治组织——村民委员会,并以无记名投票的方式选出了这个管理组织的班子成员。村民委员会成立后,立即制定了《村规民约》《封山公约》。合寨村村民委员会从本村实际出发,订立村规民约,制定管理章程,依法民主管理村内公共事务,开创了中华人民共和国基层民主政治建设的先河。在庆祝改革开放40周年大会上,韦焕能荣获"基层群众自治制度的探索者"称号。作为"村民自治"的发源地,合寨村也成为改革开放40年的创新典范。

【学习任务1】自由发言:村民委员会的班子成员是不是国家工作人员?

【答案提示1】不是。村民委员会是农村基层群众自治组织,村委会不是国家机构,村干部不是公务员(国家干部)。

【学习任务2】小组讨论:广西合寨村实现村民自治的原因和方式。

【答案提示】原因:我国是人民民主专政的社会主义国家,村民自治是人民当家作主最直接的体现,切实保障人民的民主权利;有利于规范村民和村干部行为,运用民主的办法来管理本村日常事务,实现自己的事情自己办、自己的难题自己解。实现方式:民主选举、民主决策、民主管理、民主协商、民主监督。

【学习任务3】师生对话:完成"人民当家作主"的单元知识结构图(图1)。

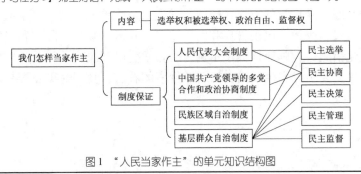

图1 "人民当家作主"的单元知识结构图

环节三：基层群众自治之方式

【教学情境】近年来，国家相关部门坚持和发展"枫桥经验"，不断深化基层群众自治，扎实推进"民事民提、民事民议、民事民决、民事民办、民事民评"，取得了积极成效。一是规范选举程序。全国27个省份实现了居（村）民委员会换届选举统一届期、统一部署、统一指导、统一实施。二是创新协商形式。健全重要事项协商机制，有序引导居（村）民依法自我管理、自我服务、自我教育、自我监督。三是用好自律规范。指导居（村）民按社区（村）普遍制定居民公约、村规民约或自治章程规范自己的言行。四是健全监督机制。将居（村）务决策等纳入监督范围，定期组织居（村）民群众开展议事协商情况评议。通过努力，逐步形成共建共治共享的基层社会治理新格局，努力建设更高水平的平安中国。

【学习任务】小组讨论：在共建共治共享的治理新格局中人民是怎样当家作主的？

【答案提示】坚持以 人民 为中心，打造社会治理 共建共治共享 格局，建设平安中国、法治中国。

① 民主选举，人民 —选→ 基层群众自治组织成员 —带领→ 人民。

② 民主协商， 开展基层协商 —形成→ 社会共识，寻求最大公约数、画出最大同心圆。

③ 民主决策，集民智、聚民意 → 民主决策、科学决策 。

④ 民主管理，通过制定 自治章程 ，运用 民主 办法管理村里的日常事务。

⑤ 民主监督，通过 村（居）务公开 、 民主评议 ，基层自治走上制度化、规范化轨道。

环节四：基层群众自治之议事

【教学情境】播放视频。近日来，"导盲犬查德因排便遭驱赶"的话题一度登上热搜，同时配有女子牵导盲犬街头摔倒视频。上海视障女子刘女士称，自己在2019年申请了导盲犬，两年以来，曾多次因导盲犬定点排便问题遭邻居投诉甚至驱赶。刘女士称，从2009年至今，她都没有得到居委会的关心和帮助，现在导盲犬的排便问题亟待解决，居委会却一次次出尔反尔，对此"感到很寒心"。

记者了解到，居委会也曾按照刘女士所提出的要求进行协调，并采纳其他居民的建议，目前已更换5次导盲犬排便点，但未有圆满结果。新闻事件发酵后，上海市浦东新区兰城居委会对此这样回应：将考虑刘女士和小区居民的诉求，妥善处理这件事情。

【学习任务1】辩论：上海市兰城居委会是否负责任？

【学习任务2】小组讨论：上海市兰城居委会要妥善处理这件事情，须遵循怎样的议事程序？

要求：体现三种及以上基层群众自治的方式。

辩论理由	议事程序
负责任的理由： ① 听取居民诉求，解决居民问题； ② 采纳居民意见，做出调整。 不负责任的理由： ① 耗时两年，未解决问题，效率低下； ② 忽视弱势群体； ③ 决策不科学、不民主。	① 居民通过民主选举产生议事代表； ② 居委会成员通过民主协商提出解决方案； ③ 公示解决方案，征求居民意见、参与民主决策和民主管理，促进决策民主、管理科学； ④ 居民共同监督解决方案的实施和效果。

"为什么说全面依法治国是国家治理的一场深刻革命?"议题式教学叙事

——基于"我国法治建设的历程"一课

吴江中学 王亚文执笔,备课组协同

一、形成教学思路:在历程中体会国家治理的深刻变化

经过初次尝试之后,我对开展议题式教学有了初步的认识和想法,也迎来了第二次挑战。起初拿到这一课,我的内心是有点排斥的,自认为这框题的内容过于简单,如何用议题式教学上好具有浓郁历史气息的"我国法治建设的历程"这一课,成了一大难题。基于上次实践经验,本课初步教学思路围绕"确定教学目标—设置本课议题—学习活动设计"三方面层层展开。

(一)确定教学目标

新课标对本框的内容要求规定为"简述我国法治建设的成就"[①]。同时通览本课内容,本课作为第三单元的开篇,教材围绕"法治"这一核心概念,从我国法律发展的历史入手,引导学生感受法律的作用;通过引用马克思主义法治理论,揭示法的本质和职能,引导学生明确我国实行法治的必要性;最后本课侧重历史维度阐述中华人民共和国法治建设的进程和成就,引导学生感受我国法治建设,坚定走中国特色社会主义法治道路。作为"全面依法治国"的开篇,本课涉及的法治的概念较多,内容历史性较强。对于高中生来说,他们对于我国法治建设的进程比较陌生,缺乏对走法治道路的认同感。因此,我从新课标的内容要求及教材内容的分析,确定本课重点:引导学生理解全面依法治国的意义,帮助学生形成对我国走中国特色社会主义法治道路的认同。基于以上考虑,我把本课的学习目标设定为:了解我国法律发展的历史,学会运用马克思主义法治理论认识我国法治建设的历程,理解全面依法治国是国家治理的一场深刻革命。在

---

① 中华人民共和国教育部. 普通高中思想政治课程标准(2017年版,2020年修订)[S]. 北京:人民教育出版社,2020:19.

小组讨论中培养交流合作能力、获取和解读信息能力、推理论证能力，应用和迁移"我国法治建设的历程"的知识，规划法治中国施工图。

（二）设置本课议题

通过查阅新课标，我发现并没有关于本课的议题，需要自创议题。结合新课标对本课的内容要求及本课内容内在的价值性，本课的落脚点应为引导学生理解全面依法治国的必要性，认同走中国特色社会主义法治道路。在此基础上，设置本课议题：为什么说全面依法治国是国家治理的一场深刻革命？

（三）学习活动设计

结合教学目标和议题，我初步设计以下学习活动和任务。环节一：知识梳理，即梳理并初步感知基础概念；环节二：了解我国法律发展历程，即法的本质和职能的情境化理解；环节三：法治建设在路上，探究中华人民共和国法治建设的成就及原因；环节四：法治中国我规划，即学生擘画心中的法治中国蓝图。具体如下。

环节一：知识梳理。核心素养的培育离不开学科知识的依托，学生对教材基本知识的先行感知，能够为后续的学习活动打下扎实的知识基础。因此，在开展课堂教学之前，学生需要提前自主独立完成本环节的知识梳理，对本课的基本概念和知识有初步的感知和理解。基于此，在初步教学设计中，以目为单位，构建本课的知识框架。

环节二：了解我国法律发展历程。本环节初定目的是学生通过了解我国法律发展的历史，体会法律在生活和国家治理中发挥的作用。因此，在这一目标导向下，我初步设计了两个学习任务。第一个任务是让学生独立梳理并完成我国法律发展历程示意图，透过历史感知法律在不同历史时期在国家治理中所发挥的作用；第二个任务是以小组讨论的形式，学生评判我国传统封建社会国家治理的"人治"模式，注重培养其科学精神，同时，在小组讨论中，试图通过学生间观点的碰撞，让学生在比较鉴别中辨别观点，明确法治对我国的意义，认同法治是国家治理体系和治理能力的重要依托。情境及学习任务如下。

情境：中国古代法律制度是中国古代政治制度的重要组成部分。自夏商周到明清，中国古代法律制度的发展脉络清晰，内容丰富，特点鲜明。中国古代自国家出现后，统治阶级就开始通过国家机关制定法律，建立法律制度。经过几千年的发展，逐步形成了一整套沿革清晰、特点鲜明的法律体系。

任务1：独立填写我国法律发展历史。

任务2：小组讨论，如何看待中国封建社会国家治理的"人治"模式？

环节三：法治建设在路上。参考新课标，学生需要阐述我国法治建设的成就。在此基础上，在进行初步教学设计时，本环节利用教材的探究与分享部分，让学生以小组讨论的方式总结归纳中华人民共和国法治建设的成就，同时进行归因分析；让学生体会到我国关于"人治—法制—法治—全面依法治国"的发展历程，明确我国的法治建设在不断完善。情境和任务如下。

情境：1949年9月29日，《中国人民政治协商会议共同纲领》颁布；1982年12月4日，现行《宪法》颁布；2020年5月28日，十三届全国人大三次会议通过了《民法典》；2021年1月，中共中央正式向全社会发布《法治中国建设规划（2020—2025年）》（以下简称《规划》）。

任务：结合材料并阅读教材知识，小组归纳中华人民共和国法治建设的成就并分析其原因。

环节四：法治中国我规划。本环节以开放性任务的设计，调用学生的认知和生活经验，让学生以法治建设的参与者和建设者的角色参与法治中国的建设中，让学生在参与的过程中体会依法治国对于国家治理和实现中华民族伟大复兴的重要性。具体情境和任务如下。

情境：治国理政，法治先行。作为中华人民共和国成立以来第一部关于法治中国建设的专门规划，《规划》于2021年1月发布。这部《规划》是"十四五"时期统筹推进法治中国建设的施工图，也是新时代推进全面依法治国的纲领性文件。站在历史的新起点上，作为青年的你如何规划法治中国蓝图？

任务：结合所学及生活感悟，擘画你心中的法治中国蓝图。

二、协同教学设计：将重点放在全面依法治国对当下中国的重要性之上

议学单初稿完成以后，由备课组开展集体研讨，提出初稿存在的问题及相关修改意见。总的来说，在初次的教学设计中，存在的最大问题就是学习活动的设计与议题之间存在很大偏差。具体情况如下。

第一，在知识梳理部分，仍是以简单的知识问答、零散的知识点呈现，对于教材知识的处理过于简单化、碎片化，知识间的逻辑关系不明显。同时，对知识的梳理只局限于本课的知识，缺乏大单元视角下的知识的结构化、系统化。应从"法治"这一核心概念入手，建议以历史为线索，总结、提炼我国法治发展历程的关键词及重要特征，找出本课的知识逻辑关系。

第二，在了解我国法律发展历史环节，存在几个问题。首先，任务1的设计与知识梳理部分重合，并且过于简单。其次，本环节任务的设计与历史问题无异，无法体现出政治课的特色。就本课的内容来说，部分内容是基于历史史实加工而形成的理论观点，因此，在教学过程中需要借助一些宏观的或微观的历史事件作为教学内容，为学生提供一定的事实基础和经验支撑。但作为高中思想政治课，理解历史并不是目的，目的在于在解读、分析历史的过程中挖掘其内在的本质和规律，形成思想政治学科理论观点，培育科学精神。就本课来说，核心概念是法治，本课的学习需要引导学生认同我国走中国特色社会主义法治道路的必然性，全面推进依法治国。因此，本环节的重点不在于追溯历史，而在于从历史中探寻实行法治的原因。再次，本环节情境设置时政性不强，与学生生活距离太远，不易激发学生的学习兴趣和课堂的参与度。应当从与学生切身利益相关的素材出发，比如，可以新修订的《未成年保护法》作为背景素材，创设教学情境。

第三，作为本课的重点，法治建设在路上，问题的设计与议题无关，无法解决所预设议题。一方面，归纳中华人民共和国法治建设的成就与知识梳理部分重合，无须重复讨论解决。另一方面，本课的议题是"为什么说全面依法治国是国家治理的一场深刻革命？"，问题的设计应该围绕议题展开，着重分析全面依法治国对当下中国的重要性。

三、优化教学设计：在"人治—法治—法治中国"的历程中理解依法治国的意义

（一）教材与学情

1. 内容分析

（1）本课地位

通览整本教材，可以发现，教材的教学主线可以大致概括为：在中国共产党的领导下，充分发挥并保障人民当家作主，推进全面依法治国。学生通过本书的学习，最终得出结论：我国社会主义民主政治实践必须坚持党的领导、人民当家作主、依法治国三者的有机统一。本单元以"全面依法治国"为主题，与前两个单元构成统一整体。作为第三单元"全面依法治国"的开篇，本课围绕"为什么进行法治"的问题，重在说明我国依法治国是党领导人民治国理政的基本方式。简要回顾了我国法律发展的历史，引导学生了解我国法治建设的成就，阐述了马克思主义法治理论的基本观点、习近平法治思想是全面依法治国的根本遵循和行动指南，起到提

纲挈领的作用，也为下一框阐述全面依法治国的总目标和原则奠定基础。从单元视角出发，本课是对我国法治建设的总述，主要目的是让学生理解依法治国的历史必然性，坚定全面推进依法治国的信心，为学生认同走中国特色社会主义法治道路打下基础。

（2）本课内容

本课分为三目，第一目"我国法律发展的历史"，简要回顾了我国从古代到近代法律发展的历史；第二目"马克思主义法治理论"，从法的本质、产生、发展规律、职能角度，阐述了马克思主义法治理论的基本观点；第三目"新中国法治建设的成就"，介绍了在党的领导下，新中国法治建设取得的巨大成就。本课以历史为线索，引导学生从法律文明发展的角度把握我国法治建设的历程，全面理解"全面依法治国"这一主题。

2. 学情分析

高一学生在初中阶段已接触过法律相关的普及性和基础性的知识，对于生活中的法也有一定的真实体验，因此，梳理我国法律的发展历程，让学生整理史实资料可接受度较高。但对于多数高一学生来说，他们没有参与法治建设的直接经验，对于我国法治建设的认识也仅仅停留在知道依法治国是我国社会主义民主政治实践中的一项重要内容，对于我国法治建设的历程比较陌生，缺乏对走中国特色社会主义法治道路的认同感。同时，本课侧重从历史维度阐述教材内容，趣味性不足，因此，在教学设计过程中，应从学生生活经验入手，创设具有生活化的真实情境，引导理解全面依法治国的意义，培育学生对我国走中国特色社会主义法治道路的认同，坚定全面推进依法治国的信心。

3. 教学目标与重难点

（1）教学目标

围绕"为什么说全面依法治国是国家治理的一场深刻革命？"的议题，学生独立完成知识梳理、探究走法治道路的原因，以及依托历史进程全面理解全面推进依法治国的深刻性，从而认识、理解我国法治建设的历程的相关知识，坚定全面推进依法治国的信心。

（2）教学重难点

教学重点：全面依法治国的意义。

教学难点：认同我国走中国特色社会主义法治道路的必然性。

（二）路线与结构

1. 教学路线

议题线：由"为什么说全面依法治国是国家治理的一场深刻革命？"

议题引领以下问题串,《未成年人保护法》给未成年人的依托感—在推进法治进程中,我国为什么要尊重和保障人权？—为什么说全面依法治国是国家治理的一场深刻革命？—心中的法治中国蓝图。

情境线：法治名言—《〈未成年人保护法〉新亮点》—我国法治建设发展历程—法治中国蓝图。

活动线：自由发言—小组合作—小组讨论—独立思考和展示。

知识线：我国法治建设的历程—法律的作用—全面依法治国的意义—法治建设的举措。

2. 教学结构（图1）

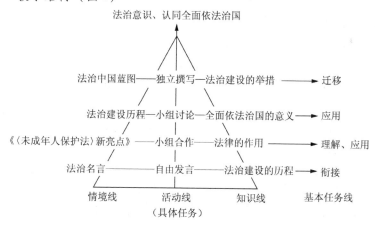

图1 "为什么说全面依法治国是国家治理的一场深刻革命？"议题式教学结构

（三）过程与意图

［议题］为什么说全面依法治国是国家治理的一场深刻革命？

［导入］有人说，法律是人类最伟大的发明，有些发明使人类学会如何驾驭自然，法律则使人学会如何用规矩来驾驭自己。纵览人类社会发展史，国家治理的模式大致经历了由人治到法制再到法治的过程。今天我们以我国法治建设历程为切入点，共同探究"为什么说全面依法治国是国家治理的一场深刻革命？"的议题。

环节一：追溯法治的历程（图2）

［学习任务］师生对话：中国从人治走向法治的标志是什么？

［设计意图］通过本课必备知识的结构化梳理，一方面，学生整理并初步感知相关基础概念，独立完成知识的细化；另一方面，知识的结构化呈现，引导学生在知识细化的基础上进一步寻找知识之间内在的逻辑关系，明确本课的整体逻辑，加深对知识的理解，为后续各项学习活动的开

展和学习任务的完成打下扎实的知识基础。

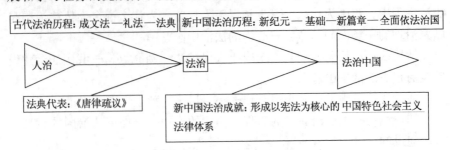

图2 法治中国历程示意图

环节二：探寻法治的原因

［学科概念］法律的作用。

［教学情境1］播放视频：《〈未成年人保护法〉新亮点》。

［学习任务1］自由发言：漫谈《未成年人保护法》给未成年人的依托感。

［设计意图］从关乎学生切身利益的微观生活热点切入，借用《〈未成年人保护法〉新亮点》视频，激起学生的学习兴趣，引导学生调用生活经验，切实体会法律在日常生活中发挥的作用和力量，认同法治价值观。

［教学情境2］英国法学家约翰·洛克说，法律的发明，令人类学会如何驾驭自己。在中国古代社会，特权阶层常常凌驾于法律之上，人权得不到保障；近代以来，法治逐渐代替了人治；中华人民共和国成立后，逐步形成了以宪法为核心的中国特色社会主义法律体系，人权逐步得到保障。在推进全面依法治国伟大进程中，尊重和保障人权成为立法的一项重要原则。

［学习任务2］小组讨论：在推进依法治国的进程中，我国为什么要强调尊重和保障人权？

［设计意图］选用保障人权作为重要突破点，分析依法治国与尊重保障人权的内在联系，感悟尊重和保障人权是我国治国理政的重要原则，进而让学生体会我国法治道路坚持人民立场，坚定走中国特色社会主义法治道路的信心。

［答案提示］本设问以国家把尊重和保障人权作为治国理政的重要原则，不断推进中国人权事业的发展为背景素材，探究其内在依据。设问主体是国家，一般需要回答为什么及意义。

有效信息①：国家把尊重和保障人权作为治国理政的重要原则→联系我国是人民民主专政的社会主义国家，人民是国家的主人；社会主义民主的特点。有效信息②：推进全面依法治国坚持以尊重和保障人权→联系依法治国与人权之间的关系。

环节三：感受法治的力量

［学科概念］全面依法治国的深刻性。

［教学情境］法治和人治问题是人类政治文明史上的一个基本问题，也是推进国家治理体系和治理能力现代化进程中必须面对和解决的一个重大问题。

党的十八大以来，习近平总书记多次强调，在"四个全面"中，全面依法治国具有基础性、保障性作用。法治信仰，是发自内心地认同法律、信赖法律、遵守和捍卫法律。法律要发挥作用，需要全社会信仰法律，如果一个社会没有法治信仰、缺乏法治精神，法治只能成为无源之水、无本之木。党的十八届四中全会提出："法律的权威源自人民的内心拥护和真诚信仰。"我国是一个有十四亿多人口的大国……地域辽阔，民族众多，国情复杂。我们党在这样一个大国执政，要保证国家统一、法制统一、政令统一、市场统一，要实现经济发展、政治清明、文化昌盛、社会公正、生态良好，都需要秉持法律这个准绳、用好法治这个方式。

［学习任务］小组讨论：为什么说全面依法治国是国家治理的一场深刻革命？

［答案提示］本设问要求正确理解"全面依法治国是国家治理的一场深刻革命"。根据材料党的十八大以来，习近平总书记多次强调，在"四个全面"中，全面依法治国具有基础性、保障性作用，可从依法治国是党领导人民治理国家的基本方略角度分析；根据材料"法治和人治"问题是人类政治文明史上的一个基本问题，也是推进国家治理体系和治理能力现代化进程中必须面对和解决的一个重大问题。法律要发挥作用，需要全社会信仰法律，可从法治是国家治理体系和治理能力的重要依托，全面推进依法治国是国家治理方式的重大变革，可以为改善国家治理开辟广阔空间的角度分析；根据材料"我国是一个有十四亿多人口的大国……都需要秉持法律这个准绳、用好法治这个方式"，可从全面推进依法法治国是一个系统工程角度分析；

［设计意图］以依法治国为背景材料，借用我国法治建设，引导从法治的重要性角度思考，明确我国的法治道路不断完善，深刻理解推进全面依法治国的深刻性。

[必备知识的结构化梳理]

国家治理的深刻革命
- 历程：人治—法治—法治中国
- 意义：
  - 治理体系和治理能力的重要依托
  - 长治久安和繁荣发展的重要保障
  - 社会文明进步的重要标志
  - 用理性方式解决社会矛盾的最佳途径

环节四：擘画法治的蓝图

[学科概念] 法治中国建设。

[教学情境] 播放视频。治国理政，法治先行。作为中华人民共和国成立以来第一部关于法治中国建设的专门规划，《法治中国建设规划（2020—2025年）》于2021年1月发布。这部《规划》是"十四五"时期统筹推进法治中国建设的施工图，也是新时代推进全面依法治国的纲领性文件。站在历史的新起点上，作为青年的你如何规划法治中国蓝图？

[学习任务] 独立撰写：结合视频及生活感悟，擘画你心中的法治中国蓝图。

法治中国		
法治的力度	法治的深度	法治的温度

[设计意图] 围绕法治的力度、深度、温度，学生独立擘画心目中的法治中国蓝图，完成本课知识的迁移，在参与法治中国建设的过程中体会法治建设的重要性，增强政治认同。

[小结] 中华民族历史悠久，中国的法治历程实现了从人治到法制再到法治及全面依法治国的美丽嬗变。在这一过程中，我们既是受益者，也是参与者和建设者。面向新起点、新征程，作为青少年，更应该提升自身的法治意识，为法治中国建设贡献自己的力量。

四、反思教学过程：能够呈现载体的形象性，需要增加情境的充分性

(一) 亮点与价值

1. 巧用思维导图，注重知识的结构化呈现

教材中的知识是零散、直白、点状式呈现的，而作为"培育学生核心素养为本"的思想政治课堂教学需要构建结构化思维课堂，让学生自己参与知识的建构，成为知识的主动建构者，达成思想政治学科知识的结构化，提升思维能力。思维导图是难度较大的一种结构呈现方式，也是当下政治课堂常用的一种知识结构呈现方式，因为它的使用有利于学生厘清教

学思路，加深对知识的理解，掌握主干知识。将组织有序的结构化知识呈现给学生或教会学生知识结构化的方法，将有利于学生理解知识、记忆知识和有效地提取检索知识。比如，在本课的知识梳理部分，运用思维导图进行教学，以我国法治发展历程"人治—法治—法治中国"为主线建立起知识之间的联系，并通过师生对话引导学生利用思维表征本课知识。一方面，通过必备知识的结构化呈现，学生学会打通知识，形成体系结构，更加深刻地体会了依法治国的本质和价值，坚定推进全面依法治国的信心。另一方面，学生将知识间的联系结构化，可以提高学习兴趣，降低学习难度，加深对知识的记忆与理解，提高调用知识的效率、思维能力和学习能力，促成核心素养的培育。

总之，只有教师从更高的视角全面地分析知识间的联系和价值，才能让学生理解知识的来龙去脉，深刻地探究知识的本质，增强学习的目的性、整体性和实效性。

2. 善用热点，创设生活化情境，激发学生学习兴趣

生动真实的生活情境具有天然的亲和力，让学生能够身临其境，激发兴趣和热情，在潜移默化中实现课堂教学目标，达到事半功倍的效果。比如，在本课的重点知识理解部分，让学生在生活化情境中获取知识。从学生生活和社会热点出发，借用贴近学生切身利益的《未成年人保护法》，创设真实的生活化情境，让学生自由畅谈《未成年人保护法》给自身带来的依托感，激起学生的学习兴趣。同时，将生活化素材呈现给学生，将抽象的概念和知识具体化、形象化，帮助学生更好地理解教材知识。在此基础上追问学生在全面推进依法治国的进程中，重视尊重和保障人权的原因，感受法律在日常生活中发挥的作用，遵循了从调用感性的生活、知识经验再到理性思维发展的规律。

（二）问题与对策

1. 问题设计缺乏充分的情境支撑

核心素养测评主要考查学生综合运用所学的学科知识分析解决现实问题的能力，而问题及解决问题的所需条件应是内生于情境的。一个好的情境，应该给予充分的解决问题的信息。这也是重点应用环节所欠缺的。在小组讨论"为什么说全面依法治国是国家治理的一场深刻革命?"的环节，通过实际教学我发现，学生在小组讨论的时候面对问题无从下手，无法从情境材料中提取有效信息，学生回答不上来，课堂反应平平，没有实现预期的教学效果。究其原因有两个：一是情境本身给予的解题信息不充分，学生无法获取有效信息；二是全面依法治国在本课的内容着墨少，学生预

习的时候有所忽略。具体优化措施：① 提前发放议学单，布置有针对性的预习任务，要求学生完成预习任务；② 优化情境材料。具体如下：

［教学情境1］从"法制"到"法治"，法治建设在路上。

党的十一届三中全会提出："为了保障人民民主，必须加强社会主义法制，使民主制度化、法律化，使这种制度和法律具有稳定性、连续性和极大的权威，做到有法可依，有法必依，执法必严，违法必究。"	党的十五大报告提出："依法治国，是党领导人民治理国家的基本方略。"	九届全国人大二次会议在《宪法》中增加规定："中华人民共和国实行依法治国，建设社会主义法治国家。"	党的十八届四中全会提出全面推进依法治国。	党的十九大报告强调："全面依法治国是中国特色社会主义的本质要求和重要保障。"把坚持全面依法治国确立为新时代坚持和发展中国特色社会主义的基本方略之一，对新时代深化依法治国实践做出了全面部署。
1978年	1997年	1999年	2014年	2017年

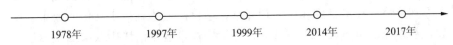

［教学情境2］法治建设在路上。

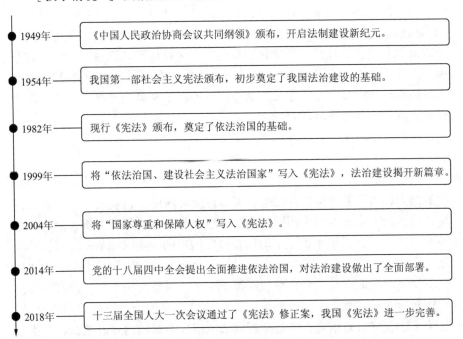

- 1949年——《中国人民政治协商会议共同纲领》颁布，开启法制建设新纪元。
- 1954年——我国第一部社会主义宪法颁布，初步奠定了我国法治建设的基础。
- 1982年——现行《宪法》颁布，奠定了依法治国的基础。
- 1999年——将"依法治国、建设社会主义法治国家"写入《宪法》，法治建设揭开新篇章。
- 2004年——将"国家尊重和保障人权"写入《宪法》。
- 2014年——党的十八届四中全会提出全面推进依法治国，对法治建设做出了全面部署。
- 2018年——十三届全国人大一次会议通过了《宪法》修正案，我国《宪法》进一步完善。

2. 法治中国蓝图不够具体、针对性不强

本课的最后一个环节，借用时政热点《规划》的出台，学生围绕法治的力度、深度、温度撰写法治中国蓝图。批阅学生的议学单发现，学生所写的内容大多宽泛，很少从实际的问题出发提出针对性的举措。针对这一问题，备课组提出了具体的优化措施，在知识迁移环节更改为：以小组为单位合作撰写以"苏州（吴江）法治建设的这些年"为主题的实地调查家乡的法治建设情况，找出存在的某一具体问题，并提出针对性的解决方案的调查报告。通过实地调查，学生切实参与到家乡的法治建设中，在实践的过程中领悟法治精神，培育政治认同。

"我国法治建设的历程"议学单

议题：为什么说全面依法治国是国家治理的一场深刻革命？

姓名：_____ 班级：_____ 得分：_____

【学习目标】了解我国法律发展的历程，学会运用马克思主义法治理论认识我国法治建设的历程，理解全面依法治国是国家治理的一场深刻革命。在小组讨论中培养交流合作能力、获取和解读信息能力、推理论证能力，应用和迁移"我国法治建设的历程"的知识，规划法治中国施工图。

环节一：追溯法治的历程

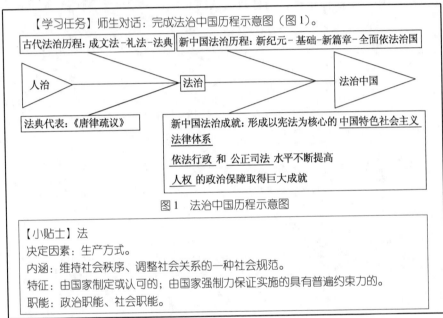

图 1　法治中国历程示意图

【小贴士】法
决定因素：生产方式。
内涵：维持社会秩序、调整社会关系的一种社会规范。
特征：由国家制定或认可的；由国家强制力保证实施的具有普遍约束力的。
职能：政治职能、社会职能。

环节二：探寻法治的原因

【教学情境1】播放视频：《〈未成年人保护法〉新亮点》。

【学习任务1】自由发言：漫谈《未成年人保护法》给未成年人的依托感。

【教学情境2】英国法学家约翰·洛克说，法律的发明，令人类学会如何驾驭自己。在中国古代社会，特权阶层常常凌驾于法律之上，人权得不到保障；近代以来，法治逐渐代替了人治；中华人民共和国成立后，逐步形成了以宪法为核心的中国特色社会主义法律体系，人权逐步得到保障。在推进全面依法治国伟大进程中，尊重和保障人权成为立法的一项重要原则。

【学习任务2】小组讨论：在推进依法治国的进程中，我国为什么要强调尊重和保障人权？

【答案提示】略。

环节三：感受法治的力量

【教学情境】法治建设在路上。

法治和人治问题是人类政治文明史上的一个基本问题，也是推进国家治理体系和治理能力现代化进程中必须面对和解决的一个重大问题。

党的十八大以来，习近平总书记多次强调，在"四个全面"中，全面依法治国具有基础性、保障性作用。法治信仰，是发自内心地认同法律、信赖法律、遵守和捍卫法律。法律要发挥作用，需要全社会信仰法律，如果一个社会没有法治信仰、缺乏法治精神，法治只能成为无源之水、无本之木。党的十八届四中全会提出："法律的权威源自人民的内心拥护和真诚信仰。"我国是一个有十四亿多人口的大国，地域辽阔，民族众多，国情复杂。我们党在这样一个大国执政，要保证国家统一、法制统一、政令统一、市场统一，要实现经济发展、政治清明、文化昌盛、社会公正、生态良好，都需要秉持法律这个准绳、用好法治这个方式。

【学习任务】小组讨论：为什么说全面依法治国是国家治理的一场深刻革命？

【答案提示】① 依法治国是党领导人民治理国家的基本方略，全面依法治国是中国特色社会主义的本质要求和重要保障，是国家治理的一场深刻革命。② 法治是国家治理体系和治理能力的重要依托，是国家长治久安和繁荣发展的重要保障，是社会文明进步的重要标志，是以理性方式解决社会矛盾的最佳途径，全面推进依法治国是国家治理方式的重大变革，可以为改善国家治理开辟广阔空间。③ 全面推进依法治国是一个系统工程，意味着法治国家建设的长期性、复杂性，要准备在国家治理领域打攻坚战、持久战。④ 中国人民正在全面落实依法治国基本方略，加快建设社会主义法治国家。这是一场由中国共产党领导的、全体中国人民共同参与的、史无前例的伟大社会实践。

环节四：擘画法治的蓝图

【教学情境】治国理政，法治先行。作为中华人民共和国成立以来第一部关于法治中国建设的专门规划，《法治中国建设规划（2020—2025年）》于2021年1月发布。这部《规划》是"十四五"时期统筹推进法治中国建设的施工图，也是新时代推进全面依法治国的纲领性文件。站在历史的新起点上，作为青年的你如何规划法治中国蓝图？

【学习任务】独立撰写：结合所学及生活感悟，擘画你心中的法治中国蓝图。

法治中国		
法治的力度	法治的深度	法治的温度

"如何做好法治中国的顶层设计?"议题式教学叙事
——基于"全面依法治国的总目标与原则"一课

吴江中学 柳翠执笔,备课组协同

一、形成教学思路:围绕目标与原则,理解顶层设计

本节课的新课标内容要求是简述我国法治建设的成就;明确全面推进依法治国的总目标是建设中国特色社会主义法治体系,建设社会主义法治国家。新课标对于本节课并没有给出议题,也没有本节课的教学建议。本节课是对后面科学立法、严格执法、公正司法、全民守法的导论,是法治中国的顶层设计,对后面的内容具有总领作用。

我初步制定了本节课的学习目标:列举生活中立法、执法、司法的实例,阐述依法治国的总目标与原则。在小组讨论中培养交流合作能力,归纳违法犯罪的成因,阐明宪法法律至上、法律面前人人平等的法治意识。在合作交流中提升获取和解读信息能力、推理论证能力,明确依法治国与以德治国的关系。认同法治中国的顶层设计。

根据新课标结合教材,我进一步确定了本节课议题是:法治和德治哪个更重要?

《政治与法治》第七课"治国理政的基本方式",包括"我国法治建设的历程"和"全面依法治国的总目标与原则"两个框题。"我国法治建设的历程"第一目"我国法律发展的历史",简要回顾了我国从古代到近代法律发展的历史;第二目"马克思主义法治理论",从法的本质、产生、发展规律、作用等多个角度,阐述了马克思主义法治理论的基本观点;第三目"新中国法治建设的成就",介绍了在党的领导下,新中国法治建设取得的巨大成就。三目总体遵循历史线索,引导学生从法律文明发展的角度把握我国法治建设的历程,从而更好地理解全面推进依法治国这一主题。"全面依法治国的总目标与原则"第一目"全面依法治国的总目标",阐述了我国全面推进依法治国的总目标的内涵;第二目"全面依法治国的原则",阐述了全面推进依法治国的五条原则。两目从总目标、原则两个方面引导学生理解全面推进依法治国的科学内涵,也为第八课、第九课的学习提供了必要的准备。由此,我将本课的两个框题设计为一课时,具体初步设计方案如下。

初步设计方案议题为:法治与德治哪个更重要?

环节一,梳理必备知识。梳理"全面依法治国的总目标与原则"知识体系,用思维导图的方式,让抽象的逻辑关系可视化,让零散的知识结构化,学生能从整体上把握教材内容。

环节二:感悟·法治中国的顶层设计——总目标。

情境:播放《法治中国》视频——全面依法治国总目标。

习近平总书记强调,准确把握全面依法治国工作布局,坚持依法治国、依法执政、依法行政共同推进,坚持法治国家、法治政府、法治社会一体建设。这一重要论述体现了以洞察大势引领全盘布局、以目标愿景引领宏伟征程的大思路、大格局,对于指引我们深化全面依法治国实践具有纲举目张的重要意义。

任务1:结合视频和材料,自由发言,谈谈对全面推进依法治国的理解。

环节三:理解·法治中国的顶层设计——应贯彻的原则。

情境:2021年1月1日,《民法典》正式实施。《民法典》的颁布对加快完善社会主义市场经济体制、推进社会主义法治建设、坚持和完善中国特色社会主义制度等都具有重大而深远的意义。以习近平同志为核心的党中央高度重视《民法典》的编纂工作,为《民法典》的编纂指明了方向、提供了遵循。注重保障民生是《民法典》编纂的一个鲜明特点,保障人民根本权益,是社会主义法治建设的出发点和落脚点,也是我们党坚守初心使命、坚持执政为民的内在要求。依法推进编纂,充分体现依法立法,遵循公民在法律面前人人平等的原则。《民法典(草案)》把社会主义核心价值观融入法律条文中,弘扬中华民族传统美德,强化法律规则的道德约束和道德规范的法律支撑。《民法典》是时代精神的体现,具有鲜明时代特征。我国《民法典》的编纂,体现了对我国实际问题和时代需求的有效回应。

任务:小组讨论,《民法典》的编纂过程体现了全面依法治国的哪些原则?

环节四:应用·法治中国的顶层设计——应处理好的关系。

情境:习近平指出,法律是成文的道德,道德是内心的法律。法安天下,德润人心。法律和道德都具有规范社会行为、调节社会关系、维护社会秩序的作用,在国家治理中都有其地位和功能。

任务：辨析，法治中国更需要法治还是更需要德治？

环节五：迁移·法治中国的顶层设计——全面依法治国的总目标与原则。

情境：青少年法治教育任重道远，不是办几次展览、开几次讲座就能实现的，必须在提高针对性和实效性上下功夫，把《民法典》的法治理念嵌入到青少年心坎里去。

建设《民法典》教育队伍，健全青少年参与法治实践的机制。2020年12月4日是第七个国家宪法日，也迎来第三个"宪法宣传周"，主题是"深入学习宣传习近平法治思想，大力弘扬宪法精神"。每个公民都是法治中国的亲历者、推动者和受益者。

任务：结合主题，请你为某社区撰写一份宪法宣讲提纲。要求观点明确，逻辑清晰，术语规范，字数在200字左右。

二、协同教学设计：聚焦顶层设计，重新确定议题

对于整个教学设计，备课组基本上认同以下几个亮点，同时也对初案提出了建设性意见和建议。

（一）亮点

① 抽象知识借助活动的方式呈现，有利于学生理解应用，符合学生的认知规律。本节课知识结构的条理清楚，用可视化思维导图让学生从逻辑关系的形象图示中整体把握。整个设计可以从法治中国的顶层设计的多个角度着眼：总目标—应贯彻的原则—应处理好的关系，即总目标的处理上以《法治中国》视频形式展现出来，应识记的部分通过视频让学生产生深刻的记忆；应贯彻的原则用情境分析，学生在分析中理解记忆；应处理好的关系则是通过辩论赛形式展现，抽象知识搭载不同形式的活动内容，有利于知识运用，符合学科核心素养的要求。

② 问题设置围绕议题展开，紧扣新课标要求，贯穿于课堂教学。本节课问题的设计紧扣新课标，围绕议题，保证了问题的准确性、启发性，从大处着眼看问题，使学生对本节课的知识框架有一个宏观的、比较清晰的认识。问题有深度，注重学生情感体验、活跃学生的思维、提高学生分析和解决的能力；问题有梯度，引领学生感悟知识生成的过程，具有可探性，尤其是怎么样一类的具有挑战性的问题，学生通过探究活动体验，探究过程的艰辛和成功后的喜悦，逐步领悟知识的真谛。

（二）不足

① 初步设定的议题有争议性。初步设置议题：法治和德治哪个更重要？在讨论中我们发现：法治与德治相辅相成，相互促进，缺一不可。我

国社会主义法律和道德，作为两种基本的社会调整手段，两者具有同一性。依法治国对以德治国有重要的保障和促进作用，以德治国为依法治国提供坚实的思想政治保证。所以，以德治国并非是要以德治来代替法治，而是要强化和实现法治。只有在法治的同时，实行德治，以道德教育、道德自律和道德建设作为法治的后盾，提高全民族的道德素质，依法治国才能进入良性循环，社会发展才能进入较高层次。因此，讨论后将议题改为"如何做好法治中国的顶层设计？"。议题的设置更突出重难点，统领本课内容。

② 最后迁移环节，时政性不强，与学生生活情境有点远。"2020 年 12 月 4 日是第七个国家宪法日，也迎来第三个'宪法宣传周'，主题是'深入学习宣传习近平法治思想，大力弘扬宪法精神'。每个公民都是法治中国的亲历者、推动者和受益者。结合主题，请你为某社区撰写一份宪法宣讲提纲。要求观点明确，逻辑清晰，术语规范，200 字左右。"写宪法宣讲提纲可以体现本节课内容，但是和学生的社会经验有点远。

三、整体教学设计：探讨顶层设计的原则和意义

（一）教材与学情

1. 本课内容及地位

"我国法治建设的历程"是《政治与法治》第七课第一框的内容。简要回顾了我国从古代到近代法律发展的历史；从法的本质、产生、发展规律、作用等多个角度，阐述了马克思主义法治理论的基本观点；新中国法治建设取得的巨大成就。总体遵循历史线索，引导学生从法律文明发展的角度把握我国法治建设的历程，从而更好地理解全面推进依法治国这一主题。"全面依法治国的总目标与原则"阐述了我国全面依法治国的总目标和全面依法治国的五条原则，引导学生理解全面推进依法治国的科学内涵，也为第八课、第九课的学习提供了必要的准备。

2. 学情分析

（1）学生心智特征分析

这个时期的青少年处于人生观、价值观的形成时期，处于向成熟期的过渡阶段。看待事物、分析问题、判断事物容易受主客观因素的影响，具有片面化和情绪化，需要教师正确价值观的引导。高中生已经具备一定的抽象思维能力，对归纳、对比等归因分析方法有一定的了解，具备一定的逻辑思维能力。

（2）学生已有认知结构分析

本课内容为《政治与法治》第三单元第七课内容，八年级时学生已经学习过有关法律知识的常识，具有一定的理论基础。处于高中阶段的学生，在日常的学习和生活中也会接触到法律问题，随着我国依法治国的深入，法治国家建设也越来越被高中生认同、接纳。

3. 教学目标与重难点

（1）教学目标

列举生活中立法、执法、司法的实例，阐述依法治国的总目标与原则。在小组讨论中培养交流合作能力，归纳违法犯罪的成因，树立宪法法律至上、法律面前人人平等的法治意识。在合作交流中提升获取和解读信息能力、推理论证能力，明确依法法治与以德治国的关系，认同法治中国的顶层设计。

（2）教学重难点

教学重点：法治中国顶层设计应处理好的关系。

教学难点：法治中国顶层设计的意义。

情境线：《法治中国》视频—《民法典》编纂—习近平总书记名言—《未成年人保护法》介绍。

（二）路线与结构

1. 教学路线

本课采用议学任务引领的议题式教学方式，议题、情境、活动、知识四个要素构成了如下四条线。

议题线：由"如何做好法治中国的顶层设计？"议题引领以下的问题串，对全面推进依法治国的理解—《民法典》编纂过程中体现了全面依法治国的哪些原则？—法治中国为何既需要法治还需要德治？—《未成年人保护法》宣讲提纲。

情境线：《法治中国》视频—《民法典》编纂—习近平总书记名言—《未成年人保护法》介绍。

活动线：知识梳理—小组讨论—讨论—小组合作。

知识线：法治建设的总目标—法治建设的原则—法治建设应处理好的关系—法治中国顶层设计的意义。

2. 教学结构（图1）

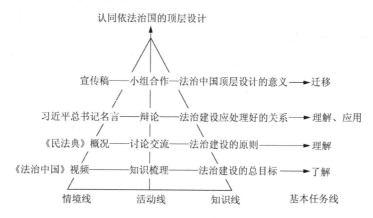

图1 "如何做好法治中国的顶层设计?"议题式教学结构

（三）过程与意图

环节一：了解·法治中国的顶层设计

［教学情境］播放视频：《法治中国》——全面依法治国总目标。

习近平总书记强调，准确把握全面依法治国工作布局，坚持依法治国、依法执政、依法行政共同推进，坚持法治国家、法治政府、法治社会一体建设。这一重要论述体现了以洞察大势引领全盘布局、以目标愿景引领宏伟征程的大思路、大格局，对于指引我们深化全面依法治国实践具有纲举目张的重要意义。

［学习任务］结合视频和材料，自由发言：谈谈你对全面推进依法治国的理解。

［答案提示］全面依法治国的必要性：① 法律是治国之重器，法治是国家治理体系和治理能力的重要依托。② 要推动我国经济社会持续健康发展，不断开拓中国特色社会主义事业更加广阔的发展前景，必须全面推进社会主义法治国家建设。

［设计意图］通过播放《法治中国》视频，学生从宏观上形成对法治中国的初步印象，完成认知衔接，为后面环节的教学打下良好的基础。

环节二：理解·法治中国应贯彻的原则

［教学情境］2021年1月1日，《民法典》正式实施。以习近平同志为核心的党中央高度重视《民法典》的编纂工作，为《民法典》的编纂指明了方向、提供了遵循。注重保障民生是《民法典》编纂的一个鲜明特点，保障人民根本权益，是社会主义法治建设的出发点和落脚点，也是我们党坚守初心使命、坚持执政为民的内在要求。依法推进编纂，充分体现

依法立法，遵循公民在法律面前人人平等。《民法典（草案）》把社会主义核心价值观融入法律条文中，弘扬中华民族传统美德，强化法律规则的道德约束和道德规范的法律支撑。

［学习任务］小组讨论：《民法典》的编纂过程体现了全面依法治国的哪些原则？

［答案提示］

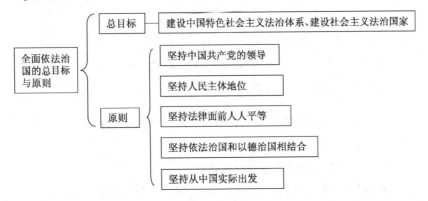

［设计意图］通过本节课必备知识在《民法典》中的实际运用，提升学生理论联系实际、综合解决问题的能力。

环节三：应用·法治中国的顶层设计

［教学情境］习近平指出，法律是成文的道德，道德是内心的法律。法安天下，德润人心。法律和道德都具有规范社会行为、调节社会关系、维护社会秩序的作用，在国家治理中都有其地位和功能。

［活动任务］小组讨论：法治中国建设为何既要法治又要德治？

环节四：迁移·法治中国的顶层设计

［教学情境］2021年6月，《未成年人保护法》正式实施。《未成年人保护法》是我国第一部保护未成年人权益的专门法律，为维护未成年人的合法权益、优化少年儿童成长环境提供了有利的法律保障。《未成年人保护法》中"家庭保护""学校保护""社会保护""网络保护""政府保护""司法保护""法律责任"等版块经过大修将实施，有效落地须各方合力。每个公民都是法治中国的亲历者、推动者和受益者。

［学习任务］请你为某社区撰写一份《未成年人保护法》宣讲提纲。要求观点明确，逻辑清晰，术语规范，200字左右。

［答案提示］宣传提纲是向群众宣传某一重要问题而拟写的纲要性的文字材料。一般由标题、正文、署名和日期组成。

宣传国家某一法规性文件时，一般包括这一法规制定的意义、主要内容和特点、如何贯彻执行等三大部分内容。

[课堂总结]建设中国特色社会主义法治体系，努力实现国家各项工作法治化，实现党、国家、社会各项事务治理制度化、规范化、程序化，是完善和发展中国特色社会主义制度、推进国家治理体系和治理能力现代化的重要方面。我们必须深入理解全面依法治国对国家治理的重大意义，更好发挥法治作为治国理政基本方式的重要作用。

四、反思教学过程

（一）亮点与价值

议题统领的课堂教学，优化议题选择是点睛之笔。高中思政课的议题，"既包含学科课程的具体内容，又展示价值判断的基本观点；既具有开放性、引领性，又体现教学重点、针对学习难点"[1]。因此，确立一个具有活动性、学科性、情境性、开放性，且符合学生既有认知经验与发展需要的可议之题，不仅能增加议题式教学的品质，而且是活动型学科课程实施的关键。本节课如果以"法治与德治哪个更重要？"为议题，则具有假辩之嫌。议题的确立要以学科知识为起点，以多样的社会生活为载体，指向核心素养的要求。只有确定了恰当的可议之题，情境素材的搜集与取舍、安排与表现才有依据。

（二）问题与对策

典型的时政情境更能凸显议题式教学的情境化品质。时政热点作为真实情境对议题式课堂教学具有重要作用。对思政课堂而言，承载时事热点的情境能很好地体现学科特点，它高屋建瓴，能有效提升学生的参与感与获得感，同时还可以起到理顺知识脉络、把握学习内容、实现知识迁移、提高应用能力、产生情感共鸣和强化情感体验的作用，提升议题式教学课堂引力。思政课具有与时俱进，情境创设的内容应该紧跟时代步伐，具有鲜明的时代气息，弘扬时代主旋律。在公共话题和重大时政的热议中创设新颖、丰富、鲜明、生动的典型情境，能吸引学生积极探索新知、关注时事热点，自觉将所学知识运用到现实生活中，提高学生自主学习、判断分析事物和公共参与的能力。本节课在处理全面依法治国的原则上，选择的情境不够新，在凸显知识点方面也不太具备典型性，虽然可以达成知识目标，但是对于基于政治认同的核心素养角度来说，不太能提升学生核心素养，有点就题解题的感觉，可见，对真实情境的选取还可以优化。

---

[1] 中华人民共和国教育部. 普通高中思想政治课程标准（2017年版，2020年修订）[S]. 北京：人民教育出版社，2020，43.

"全面依法治国的总目标与原则"议学单

议题：如何做好法治中国的顶层设计？

姓名：_____ 班级：_____ 得分：_____

【学习目标】列举生活中立法、执法、司法的实例，阐述依法治国的总目标与原则。在小组讨论中培养交流合作能力，归纳违法犯罪的成因，阐明宪法法律至上、法律面前人人平等的法治意识。在合作交流中提升获取和解读信息能力、推理论证能力，明确依法治国与以德治国的关系，认同治理中国的顶层设计。

环节一：了解·法治中国的顶层设计

【教学情境】播放视频：《法治中国》——全面依法治国总目标。

习近平总书记强调，准确把握全面依法治国工作布局，坚持依法治国、依法执政、依法行政共同推进，坚持法治国家、法治政府、法治社会一体建设。这一重要论述体现了以洞察大势引领全盘布局、以目标愿景引领宏伟征程的大思路、大格局，对于指引我们深化全面依法治国实践具有纲举目张的重要意义。

【学习任务】自由发言：视频和材料中反映了法治中国顶层设计的哪些内容？

【答案提示】全面依法治国的必要性：① 法律是治国之重器，法治是国家治理体系和治理能力的重要依托。② 要推动我国经济社会持续健康发展，不断开拓中国特色社会主义事业更加广阔的发展前景，必须全面推进社会主义法治国家建设。

环节二：理解·法治中国应贯彻的原则

【教学情境】2021年1月1日，《民法典》正式实施。以习近平同志为核心的党中央高度重视《民法典》的编纂工作，为《民法典》的编纂指明了方向、提供了遵循。注重保障民生是《民法典》编纂的一个鲜明特点，保障人民根本权益，是社会主义法治建设的出发点和落脚点，也是我们党坚守初心使命、坚持执政为民的内在要求。依法推进编纂，充分体现依法立法，遵循公民在法律面前人人平等。《民法典（草案）》把社会主义核心价值观融入法律条文中，弘扬中华民族传统美德，强化法律规则的道德约束和道德规范的法律支撑。

【学习任务】小组讨论：《民法典》的编纂过程体现了全面依法治国的哪些原则？选择其中一个原则，谈谈你的理解。

【答案提示】① 以"习近平同志为核心的党中央高度重视《民法典》的编纂工作"，体现了中国共产党的领导是社会主义法治最根本的保证。② "注重保障民生是《民法典》编纂的一个鲜明特点"，体现了坚持人民主体地位。③ "遵循公民在法律面前人人平等"，体现了坚持法律面前人人平等。④ "《民法典（草案）》把社会主义核心价值观融入法律条文中"，体现了坚持依法治国和以德治国相结合。

续表

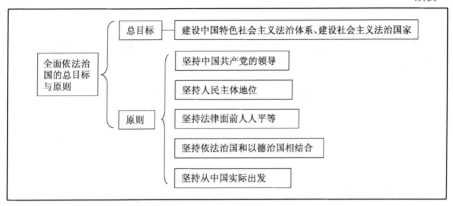

环节三：应用·法治中国的顶层设计

【教学情境】习近平指出，法律是成文的道德，道德是内心的法律。法安天下，德润人心。法律和道德都具有规范社会行为、调节社会关系、维护社会秩序的作用，在国家治理中都有其地位和功能。

【学习任务】小组讨论：法治中国建设为何既需要法治又需要德治？

【答案提示】① 法治是社会治理的深刻革命，保证各项工作有法可依、执法必严、违法必究，实现社会主义制度的民主化、法律化。② 德治有利于引导人们养成良好习惯和道德行为，引导社会遵循公序良俗。③ 两者相互渗透，相互补充，相辅相成。以法治体现道德理念，强化法律对道德建设的促进作用；以道德滋养法治精神，强化道德对法治文化的支撑作用，实现法律和道德相辅相成。

环节四：迁移·法治中国的顶层设计

【教学情境】2021年6月，《未成年人保护法》正式实施。《未成年人保护法》是我国第一部保护未成年人权益的专门法律，为维护未成年人的合法权益、优化少年儿童成长环境提供了有利的法律保障。《未成年人保护法》中"家庭保护""学校保护""社会保护""网络保护""政府保护""司法保护""法律责任"等版块经过大修将实施，有效落地须各方合力。每个公民都是法治中国的亲历者、推动者和受益者。

【学习任务】结合主题，请你为某社区撰写一份《未成年人保护法》宣讲提纲。要求观点明确，逻辑清晰，术语规范，200字左右。

"良法之下会有法治国家吗?"议题式教学叙事
——基于"法治国家"一课

吴江中学　　王佳执笔，备课组协同

一、教学思路：围绕议题设计环节

按照计划，由我来负责"法治国家"的教学设计。这次做教学设计的时候，我吸取了上一次备课的经验和教训，紧跟时政热点、围绕教材重难点做教学设计。本节课的备课我分成了以下几个步骤进行。

（一）依据课标，确定教学目标

翻看新课标，与"法治国家"这一框有关的内容要求有：明确全面推进依法治国的总目标是建设中国特色社会主义法治体系，建设社会主义法治国家，能够列举事例，阐明法治国家的意义。新课标没有对"法治国家"这一框的内容设置议题，这就需要通读整个单元，分析本框的教材内容，明晰本框在第三单元当中的地位之后方可确定议题。关于议题的设置，我请教了沈雪春老师，沈雪春老师在那段时间正好在做一个关于议题式教学的讲座，在他的讲座中我找到了这节课的议题：良法之下会有法治国家吗？

（二）梳理教材，建构知识框架

确定好议题之后，我便开始梳理教材内容，本节课的教材内容非常清晰，由是什么（法治国家的内涵）、为什么（建设法治国家的意义）、怎么办（建设法治国家的措施）三个部分组成。为了让学生更加清晰地掌握本节课的内容，需要梳理知识框架，方便学生预习，并为学生后续的"议"做好知识性铺垫。此外，清晰的思维导图也有利于培养学生的逻辑思维能力和系统思维能力。

（三）围绕议题，设置活动任务

环节一的情境是《法治中国建设规划（2020—2025年）》，因为这个《规划》与本课的内容比较贴切，可以让学生在了解时政的同时从宏观上了解第三单元的知识架构。

环节二是明晰概念，这一环节要解决"什么是善法"和"为什么要有善法"两个问题。情境的选择是习近平总书记关于"立善法"和"推进国家全面依法治国"两者关系的言论。"平语近人"是关于习近平总书记的一系列重要讲话、文章、谈话中所引用的古代典籍和经典名句，旨在推动习近平新时代中国特色社会主义思想的广泛传播。以此为切入点，是因为"平语近人"本身就是时政热点，同时，这是学生的已有知识，可以让学生在讨论时有话可说。

环节三是怎样全面依法治国。这一环节的情境采用的是针对直播带货中出现的问题，国家市场监督管理总局制定出台相应的《网络交易监督管理办法》，选用这一情境的理由有两个：第一，直播带货所产生的问题关注度高，是一个热点话题；第二，直播带货是一种新业态，伴随着这种新业态的出现而产生的一系列问题，需要法律去规范，体现了良法善治的理念。

环节四是知识在新情境中的运用，即迁移环节——我的立法建议。《反食品浪费法（草案）》是当时讨论得比较热门的一部法律，食品浪费的行为到底合不合法是有争议的，而通过制定《反食品浪费法（草案）》，肯定了这个做法是有法律依据的，这也是现在立法里边比较多的社会共治思路。但是如何保证草案的可执行性和长效机制，也是此次《反食品浪费法》在起草时就考虑到的问题。学生对于《反食品浪费法（草案）》的情境来说并不陌生，他们可以运用本节课的知识，调动生活经验，参与立法，提出自己的立法建议。

二、协同教学设计：聚焦议题，调整任务

思路初成后，备课组协同设计，经过集体讨论，我们发现上述教学设计主要存在两个问题。

第一，所设任务没有解决本节课的议题。议题式教学是以议题为主线，以学科知识为基石，以生活情境为载体，以探究问题为任务，以核心素养为旨向的一种全新教学模式。情境、任务、活动的设置都应以解决议题、提升素养为主，教师应根据本课的议题设置任务，引导学生"议中学"，从而有效落实学科核心素养。本节课的议题"良法之下会有法治国家吗？"具有思辨性，从设置的任务来看，初步的教学设计是紧紧围绕教材的内容来设计的，"什么是善法？"主要是想让学生通过学习法治国家的内涵来回答；"党和国家为什么如此重视法治国家建设？"是想让学生回答法治国家的意义；"《网络交易监督管理办法》是如何体现良法善治的？"回答的是建设法治国家的措施。第二个任务和第三个任务都是学生可以从书本直接获得答案的，不需要通过小组合作和"议"的方式来解决，议题

的设置并没有综合性和思辨性，不具有可"议"性，且这些任务的设置最终也没有解决"良法之下会有法治国家吗？"这个议题，故须对理解和应用环节的任务进行优化处理。

第二，导入环节存在两个问题。一是导入环节位置设计不合理。《规划》是对近五年法治中国建设规划的概括，也是对现阶段第三单元"全面依法治国"的概括，所以应该放在教学设计的最前面，让学生对知识有一个宏观上的理解，助力学生整体建构知识体系。二是法治中国建设规划框架不完整。全面推进依法治国，建设法治中国，除了视频中提到的内容之外，还应给学生补充教材中的内容，包括法治国家建设的目标（建设中国特色社会主义法治体系，建设社会主义法治国家）、原则（坚持党的领导、坚持人民主体地位、坚持人人平等、坚持德治和法治相结合、坚持从本国实际出发）、基本要求（科学立法、严格执法、公正司法、全民守法）等。

三、整体教学设计：具化任务，展开活动

（一）教材与学情

1. 内容分析

（1）本课地位

建设法治中国是系统性工程，既需要党和国家的统筹与规划，更需要公民和全社会的参与与推动。全面依法治国，要坚持依法治国、依法执政、依法行政共同推进，坚持法治国家、法治政府、法治社会一体建设。法治国家、法治政府、法治社会是法治建设的三大目标，也是三大支柱，缺少任何一个方面，法治就是残缺的，其总目标就无法实现，依法治国就会出现偏差。从教材逻辑上来看，法治国家是法治政府的前提，法治国家和法治政府共同构成法治社会的政治基础。法治政府是法治国家的重要支柱，是法治社会的决定性因素。法治社会是法治国家、法治政府的必要条件。本课是法治中国建设的逻辑起点，意在阐明法治国家的内涵、建设法治国家的意义及建设法治国家的措施。

（2）本课内容

本课分为两目，第一目"法治国家的内涵"，阐明法治国家的含义和具体表现。这一目阐述了两层意思，第一层意思是法治国家的内涵，第二层意思是法治国家的具体表现。在现代社会，法治国家意味着国家权力依法行使，国家各项工作依法开展。法治国家的内涵主要包括四个方面：第一，坚持宪法法律至上；第二，坚持良法之治；第三，尊重和保障公民权利；第四，规范国家权力运行。第二目"建设法治国家"，阐述建设法治

国家的要求和措施。两目分别从"是什么"和"怎么办"两个角度，阐述了什么是法治国家、如何建设法治国家。推进法治国家建设：一是要推进《宪法》实施；二是要建立完备的法律体系，完备的法律体系是法治国家的制度前提；三是要完善法律实施机制。

2. 学情分析

（1）学生心智特征分析

本课的教学对象是高一学生，其思维水平已经发展到一定程度，逻辑思维已经具有假设性和预设性，在教师引领下对时政事件能够做出初步的判断和分析。教材内容思路清晰，内在结构化特点比较明显，便于学生学习。本框议题式教学和活动的开展可以激发学生的学习兴趣，树立学生的法治意识。

（2）学生已有知识经验分析

学生在初中阶段已经学习了《道德与法治》，具有了一定的法治知识，通过对第七课"治国理政的基本方式"的学习，学生对我国法治建设的历程及全面依法治国的总目标与原则有了一定的了解，很多学生对法律比较感兴趣，经常会在网站上学习一些法律知识，这对于学生进一步深入学习法治国家，探讨"良法之下会有法治国家吗？"大有裨益。

3. 教学目标与重难点

（1）教学目标

通过学习掌握法治国家的内涵；理解建设法治国家的意义、建设社会主义法治国家的措施。在小组讨论交流中培养交流合作能力、获取和解读信息能力、推理论证能力；理解、应用和迁移"法治国家"的知识；认同我国的宪法和法律，自觉维护宪法和法律的权威。

（2）教学重难点

教学重点：法治国家的内涵和基本特征。

教学难点：法治国家建设的措施。

（二）路线与结构

1. 教学路线

本课采用议题式教学方式，议题、情境、活动、知识这几个要素构成如下四条线。

议题线：由"良法之下会有法治国家吗？"议题引领以下问题串，《法治中国建设规划（2020—2025年）》的主要内容—何为良法？为何需要良法？—良法之下会有法治国家吗？—我的立法建议。

情境线：《法治中国建设规划（2020—2025年）》—《法治中国建设规

划（2020—2025年）》—民有所呼，法有所应—《反食品浪费法（草案）》。

活动线：同桌交流—小组讨论—小组讨论/师生对话—撰写展示。

知识线：法治中国建设规划—法治国家的内涵及意义—建设法治国家的措施—建设法治国家的措施。

2. 教学结构（图1）

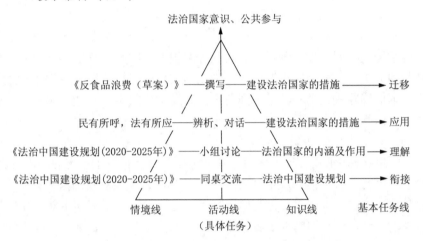

图1 "良法之下会有法治国家吗？"议题式教学结构

（三）过程与意图

[议题] 良法之下会有法治国家吗？

环节一：体会法治中国之建设

[教学情境] 播放视频：《法治中国建设规划（2020—2025年）》的出台。

[学习任务] 同桌交流：概括《规划》的主要内容，完成下列填空。

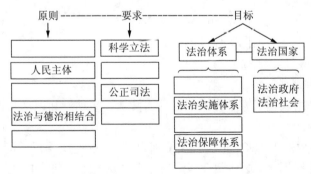

[设计意图] 通过观看视频，学生能训练速记能力和获取信息的能力。回答这一问题时，学生需要调动和运用第七课"治国理政的基本方式"的

相关知识，同时，学生还需要对所获取的信息进行归纳整理，把感性认识上升为理性认识。

环节二：感受法治国家之魅力

[教学情境] 建设法治中国，必须加强和改进立法工作，深入推进科学立法、民主立法、依法立法。在全面深化改革的时代，《规划》提出的论断尤为重要，"坚持立法和改革相衔接相促进，做到重大改革有法有据，充分发挥立法的引领和推动作用"。在立法工作层面，《规划》还特别强调了未来的立法重点，要完善立法工作格局，加强重要领域、新兴领域、涉外领域立法，健全立法工作机制，强化地方立法工作。有专家认为，应紧密结合互联网时代的新特点，加强信息技术领域立法，及时跟进研究数字经济、互联网金融、人工智能、大数据、云计算等相关法律制度，抓紧补齐短板。同时，制定和修改法律法规，要着力解决违法成本过低、处罚力度不足的问题。

[学习任务] 小组讨论：① 何为善（良）法？② 为何需要良法？

[答案提示] "良法是善治之前提。"党的十八届四中全会做出这样的表述。没有法律，特别是没有良法，善治就等于空谈。何为良法？第一，民有所呼，法有所应。良法必须是体现广大人民意志的法，它保护的是人民的利益，维护的是有利于人民的社会秩序。第二，良法应该是顺应世界潮流、符合时代要求的法律规范。如为规范交易行为，压实平台主体责任，保障消费权益的具体制度规范，积极回应市场和消费者关切的重点、热点和难点而出台的《网络交易监督管理办法》，符合时代发展要求，促进国家治理体系和治理能力现代化。第三，良法应体系完备、规范系统、类别齐全、协调统一，涵盖社会生活的各个方面。良法有利于维护社会公平正义，保障公民合法权益，推动实现国家治理体系和治理能力现代化。实现国家和社会生活制度化、法治化，必须把国家的各项事业和各项工作纳入法治轨道，实行有法可依、有法必依、执法必严、违法必究。

[设计意图] 学生从真实情境中理解良法。通过感受中国的立法实践，理解良法是符合社会和人民需要，符合国情和社会发展规律的；良法应体系完备、规范系统、类别齐全、协调统一，涵盖社会生活的各个方面。

环节三：探索良法善治之路径

[教学情境] 习近平总书记说："立善法于天下，则天下治；立善法于一国，则一国治。"民有所呼，法有所应。2019年12月23日，《民法典》由全国人大常委会审议通过。《民法典》的画卷上，秉持"人民至上"的理念：开门立法以求得社会共识"最大公约数"，"生活百科"筑

保障民权的防护网。为规范交易行为，压实平台主体责任，保障消费权益的具体制度规范，积极回应市场和消费者关切的重点、热点和难点，2021年3月15日，《网络交易监督管理办法》在中央广播电视总台第31届"3·15"晚会现场正式发布。为保护未成年人身心健康，保障未成年人合法权益，促进未成年人健康成长，《未成年人保护法》于2021年6月1日起施行。有人认为，良法之下才有法治国家，没有法律，特别是没有良法，善治就等于空谈。

［学习任务1］小组讨论：良法之下会有法治国家吗？

［答案提示］本环节要求学生对"良法之下会有法治国家吗？"的观点进行辨析。第一，学生要分析法律对于社会发展的重要作用，法律是治国之重器，良法是善治之前提，全面依法治国需要法律的保障；第二，情境材料中的《民法典》《未成年人保护法》《网络交易监督管理办法》涵盖社会生活多个方面，其制定开启了我国公民权利保护的新时代，体现了人民需求；第三，学生可以结合所学知识分析观点存在的不足之处，法治国家的建设需要提高党依法治国、依法执政的能力，还需要加强法律的执行力，加强公正司法，推动公民遵纪守法，加强法治国家建设。

［设计意图］通过辨析，学生深入理解良法对于法治国家建设的重要意义，引导学生懂得法治国家的建设除了良法之外还需要提高党依法治国、依法执政的能力，更需要全面推进科学立法、严格执法、公正司法、全民守法的进程。

［学习任务2］师生对话：完成必备知识梳理图（图2）。

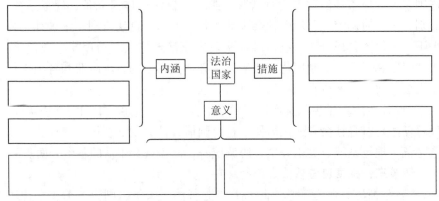

图2 "法治国家"知识梳理图

［设计意图］学生从整体上把握所学知识，也为后面议题式教学活动任务的达成奠定了知识根基。

环节四：贡献法治建设之力量

［教学情境］播放视频：《反食品浪费法（草案）》的出台。

食品浪费的行为到底合不合法是有争议的，而通过制定《反食品浪费法（草案）》，肯定了反食品浪费是有法律依据的。不少消费者虽然支持用法律手段来约束可能出现的餐饮浪费行为，但是对于餐饮服务者如何对消费者收取浪费食品的处理费用，还有不少困惑。如何保证草案的可执行性和长效机制，也是此次《反食品浪费法》在起草时就考虑到的问题。

［学习任务］独立撰写：两条"我的立法建议"。

［答案提示］《反食品浪费法（草案）》将食品浪费问题正式纳入法治轨道，这项立法具有重大意义，但是法律条文如何细化、是否具有可操作性、如何起到更好的作用，亦成为讨论焦点。学生可以从食品浪费标准怎么定、浪费行为谁买单，以及预防浪费谁来管这几个角度来提意见。

［设计意图］撰写立法建议的形式，一方面，学生了解《反食品浪费法（草案）》的相关内容，从身边的小事做起，珍惜粮食，杜绝浪费；另一方面，让法律离我们不再遥远，学生参与模拟立法实践活动中，积极承担社会责任。引导学生立足中国特色社会主义法治建设伟大实践，将所学知识与自己的真实生活、长远发展相联系，学以致用，培养学科核心素养，在公共参与中提升法治意识。

四、反思教学过程：立足素养，优化项目

（一）亮点与价值

1. 设计思路着眼大单元教学，注重发展学生整体性思维品质

本节课以"良法之下会有法治国家吗？"为议题，着眼于大单元教学，围绕单元主题进行教学设计。要求在大单元教学视域下，辨析"良法之下会有法之国家吗？"。本节课的教学设计对知识进行了系统的整合和重组，使得学生可以从宏观上把握和学习法治中国的建设，符合学生的学习逻辑和思维规律，同时，这也对下节课的学习起到了铺垫的作用，在知识完整性上做了系统规划。

2. 以高中思想政治学科核心素养为课堂立意，重在立德树人

培养学生学科核心素养，是教师在备课、上课、教研等环节必须考虑和不可回避的问题。本课的教学设计无论在教学情境的选取、教学目标的确定、议题活动的展开等方面都指向核心素养。导入环节的《规划》和迁移环节的情境《反食品浪费法（草案）》，都是时下社会关注度高的法律。任务设置方面，从环节三的辨析到环节四"我的立法建议"，每一步都力求提高学生的法治意识和公共参与能力，并在此过程中提高学生的政

治认同和科学精神。

3. 情境创设注重价值引领，能够激发学生的议学热情

思想政治课当中的情境为学科核心素养搭建平台。本课要让学生认识法治中国建设，认可法治中国的建设，提升法治意识和公共参与能力。因此，在情境的创设上既需要具有政治性，又要具有法理性和亲和力。本次教学设计在选用情境时，多选用当下比较热门讨论的法律草案，这些法律草案如《民法典》《网络交易监督管理办法》《未成年人保护法》《反食品浪费法（草案）》都和学生切身利益相关，离学生并不遥远，具有亲和力，能够保持学生的议学热情，贴近学生生活经验、话语体系，能激发学生的学习兴趣，使学生在认识法治中国建设的同时，增强政治认同、法治意识和公共参与能力。

（二）问题与对策

1. 学生缺乏大单元学习的思维

环节三要求学生讨论"良法之下会有法治国家吗"的议题，学生只回答了"良法之下才有法治国家"，即良法对于建设法治国家的意义。很少有学生能从党的领导、严格执法、公正司法、全民守法等层面进行思考。究其原因，一方面学生没有在意"辨析"一词，另一方面学生缺乏大单元学习的思维，还没有养成综合运用知识的思维习惯。具体措施有两个：一是学生在学习新课之前，可以由教师给出单元的知识框架图，让学生通过预习、填写了解本单元的知识结构；二是帮助学生养成大单元的思维习惯，在教学过程中，除了教师在备课、上课时要有大单元教学的视域之外，还应在课堂上引导学生综合运用知识，举一反三。

2. "我的立法建议"大而空

本节课的最后一个环节是根据视频及所给的材料，围绕当时还未出台的《反食品浪费法（草案）》，提出自己的立法建议。在批阅学生上交的作业时，很多学生只是泛泛而谈，没有考虑自己所提的立法建议是否具有可操作性。具体的优化措施有两个：一是在今后的这种开放性探究活动中，教师首先要给学生明确的建议，也可以给学生一些实例，让学生模仿着去写；二是可以在迁移环节再设计一个任务，在学生独立完成"我的立法建议"之后以座谈会的形式，讨论所提建议的可行性，培养学生的科学精神和公共参与意识。

"法治国家"议学单

议题：良法之下会有法治国家吗？

姓名：_____ 班级：_____ 得分：_____

【学习目标】掌握法治国家的内涵；理解建设法治国家的意义、建设社会主义法治国家的措施。在小组讨论交流中培养交流合作能力、获取和解读信息能力、推理论证能力；理解、应用和迁移"法治国家"的知识；认同我国的宪法和法律，自觉维护宪法和法律的权威。

环节一：体会法治中国之建设

【教学情境】播放视频：《法治中国建设规划（2020—2025年）》的出台。

【学习任务】同桌交流：概括《规划》的主要内容，完成下列填空。

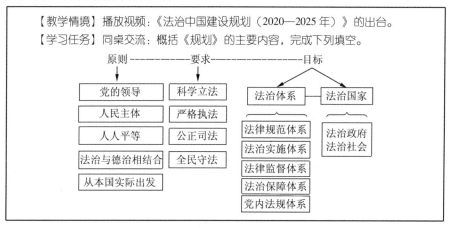

环节二：感受法治国家之魅力

【教学情境】建设法治中国，必须加强和改进立法工作，深入推进科学立法、民主立法、依法立法。在全面深化改革的时代，《规划》提出的论断尤为重要，"坚持立法和改革相衔接相促进，做到重大改革有法有据，充分发挥立法的引领和推动作用"。在立法工作层面，《规划》还特别强调了未来的立法重点，要完善立法工作格局，加强重要领域、新兴领域、涉外领域立法，健全立法工作机制，强化地方立法工作。有专家认为，应紧密结合互联网时代的新特点，加强信息技术领域立法，及时跟进研究数字经济、互联网金融、人工智能、大数据、云计算等相关法律制度，抓紧补齐短板。同时，制定和修改法律法规，要着力解决违法成本过低、处罚力度不足的问题。

【学习任务1】小组讨论：何为善（良）法？

【答案提示1】① 良法是符合社会和人民需要，符合社会公平正义理念，求得社会共识"最大公约数"，得到民众的认同的法；② 良法是符合国情和社会发展规律，促进国家治理体系和治理能力现代化的法；③ 良法应体系完备、规范系统、类别齐全、协调统一，涵盖社会生活的各个方面。

【学习任务2】为何需要良法？

【答案提示2】① 良法有利于规范国家权力运行，保障公民合法权益；② 推动实现国家治理体系和治理能力现代化。

环节三：探索良法善治之路径

【教学情境】习近平总书记说："立善法于天下，则天下治；立善法于一国，则一国治。"民有所呼，法有所应。2019年12月23日，《民法典》由全国人大常委会审议通过。2021年3月15日，《网络交易监督管理办法》在中央广播电视总台第31届"3·15"晚会现场正式发布。2021年6月1日，《未成年人保护法》开始施行。

【学习任务1】辨析：良法之下会有法治国家吗？

【答案提示】① 法律是治国之重器，良法是善治之前提，全面推进依法治国、建设社会主义法治国家，需要体系完备、类别齐全的良法。②《民法典》《未成年人保护法》《网络交易监督管理办法》涵盖社会生活多个方面，体现了人民需求，保障了人民权益，有利于更好地满足人民群众日益增长的美好生活需要。③ 法治国家的建设还需要在坚持宪法法律至上的基础上提高党依法治国、依法执政的能力，更需要法律的严格实施和落实，必须全面推进科学立法、严格执法、公正司法、全民守法的进程。

【学习任务2】师生对话：完成必备知识梳理图（图1）。

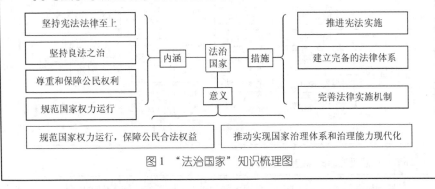

图1 "法治国家"知识梳理图

环节四：贡献法治建设之力量

【教学情境】播放视频：《反食品浪费法（草案）》的出台。

食品浪费的行为到底合不合法是有争议的，而通过制定《反食品浪费法（草案）》，肯定了反食品浪费是有法律依据的。不少消费者虽然支持用法律手段来约束可能出现的餐饮浪费行为，但是对于餐饮服务者如何对消费者收取浪费食品的处理费用，还有不少困惑。如何保证草案的可执行性和长效机制，也是此次《反食品浪费法》在起草时就考虑到的问题。

【学习任务】独立撰写：结合对法治国家的理解，请写出两条"我的立法建议"。

【答案提示】① 在个人浪费监管方面，将做出严重浪费行为的个人列入浪费人名单，进行相应处罚。同时，设置退出机制。② 对未主动进行防止食品浪费提示提醒，制作、发布、传播、宣扬量大多吃、暴饮暴食等浪费食品的节目或者音视频信息等违法行为规定相应的法律责任。

"如何增强政府的公信力和执行力?"议题式教学叙事
——基于"法治政府"一课

吴江中学　梁英姿执笔，备课组协同

一、形成教学思路：以多样化情境激趣

吴江中学高一政治组教学团队中的每一个成员都已经进行了两轮以上《政治与法治》议题式教学设计，这个过程虽有多次自我否定的痛苦，更有不断成长的快乐。"法治政府"一课的教学设计是我本学期负责的第四个设计，可依然心怀忐忑，如履薄冰。一是因为第三单元"全面依法治国"内容是《政治与法治》的新增内容；二是因为在议题式教学设计的探索和实践中，我觉得自己还是一个新手；三是因为议题式教学常态化下的教学设计，希望有不一样的尝试。为此，我做了大量细致的工作。

（一）研读新课标要求，明确素养目标和教学建议

新课标对议题式教学议题的确定、目标的设置、活动的开展都有指导意义。我认真研读新课标，发现关于本节课的内容要求是"列举事例，阐明建设法治国家、法治政府、法治社会的意义"[1]。教学提示是"以'如何增强政府的公信力和执行力'为议题，探究建设职能科学、权责法定、执法严明、公开公正、廉洁高效、守法诚信的法治政府的意义。可参观行政服务机构，了解政府部门的办事程序，考察政府履行职能的表现。可参加价格听证会等活动，感受政府决策的过程。可识别政府执法标识，模拟政府执法活动，评估严格执法的效果。可以'假如我是执法者'或'我为政府决策提建议'为话题，举行主题活动"[2]。学业质量水平要求是

---

[1] 中华人民共和国教育部. 普通高中思想政治课程标准（2017年版，2020年修订）[S]. 北京：人民教育出版社，2020：19.
[2] 中华人民共和国教育部. 普通高中思想政治课程标准（2017年版，2020年修订）[S]. 北京：人民教育出版社，2020：19.

"描述法治国家、法治政府、法治社会的基本表征"[①] 和 "举例说明各领域、各层级公共机构与公民生活的关系,并表达对这些机构的工作方式和规则的期望;针对人们当前关注的公共事务,评议政府履行职责的行为"[②]。据此,我确立本节课议题是"如何增强政府的公信力和执行力?",并形成了学习目标和活动设计的大致方向。

(二) 梳理教材内容,理顺学科必备知识的逻辑体系

"法治政府"一节内容上逻辑清晰,分为法治政府的内涵、意义、要求。依据《中国高考评价体系》,必备知识是指学习者在面对与学科相关的生活实践或学习探索问题情境时,高质量地认识问题、分析问题、解决问题所必须具备的学科知识。[③] 从这一角度理解,本节课课本知识无法充分地完成"在面对与学科相关的生活实践或学习探索情境中的问题时,有效地认识问题、分析问题、解决问题"这一要求。那么就必须从生活实践、学习情境中补充知识。也就是说,必备知识应包括课本知识、情境知识、生活知识和时政知识。在这一认知指导下,我重构了本课逻辑,即从"什么是法治政府""为什么要建设法治政府""如何建设法治政府"三个角度设计环节,理解新知、培养能力和提升素养。

(三) 选取情境素材,形成学科素养提升的活动流程

综观初高中思政课教材,"法治政府"一课与初中知识一脉相承,与本单元其他课时内容亦有相通之处,如何既做好有效衔接和对应,又做好学科逻辑与学生能力培养上的区分,是我一直思考的问题。在备课"法治政府"一课时,我尝试以图文结合综合提升能力、以多种情境实现价值引领。具体来说,精心选取漫画,让学生体会法治政府的内涵;通过创设"放管服"改革情境,引导学生体会政府公信力和执行力的增强;设置辨析"法治政府建设旨在制约和监督行政权力",让学生深入理解法治政府建设的目的;续写"苏州打造法治政府全新样板"内容提纲,引导学生书写法治政府画卷。

形成设计思路后,我经过了认真撰写和整理,形成了设计的初稿。初稿共分为四个环节,即法治政府必备知识的梳理、法治政府内涵的理解、法治政府重点知识的运用、法治政府相关知识的迁移。

---

① 中华人民共和国教育部. 普通高中思想政治课程标准(2017年版,2020年修订)[S]. 北京:人民教育出版社,2020:38.

② 中华人民共和国教育部. 普通高中思想政治课程标准(2017年版,2020年修订)[S]. 北京:人民教育出版社,2020:38.

③ 教育部考试中心. 中国高考评价体系[S]. 北京:人民教育出版社,2020:26.

环节一，梳理法治政府必备知识。教材中法治政府的相关知识逻辑比较清晰，共分为内涵、意义和要求三个部分。本部分通过思维导图进行教材必备知识的梳理，以建构必备基础知识体系；通过填空的方式引导学生关注核心概念和关键词，以形成对必备知识的浅层次理解。

环节二，理解法治政府的内涵。创设漫画情境，展示《此路不通》《权力在阳光下运行》《建设法治政府前后某些政府部门的变化》等漫画，设置任务活动1——个人自由发言，谈谈对这组漫画的理解，从而理解法治政府的内涵，并在教材知识的基础上，根据情境创生知识。这是对法治政府相关知识的理解和浅层次应用。设置任务活动2——小组讨论辨析"法治政府建设旨在制约和监督行政权力"，让学生理解法治政府建设的目的，进一步加深对政府人民立场和依法治国坚持人民主体地位的理解，是大单元视域下的学科知识的综合性运用。

环节三，运用法治政府重点知识。根据国家"放管服"改革，创设各地区各部门按照中央部署优化营商环境的具体举措情境，通过小组活动分析我国政府是如何落实《优化营商环境条例》、提高政府治理能力的。这一环节是在梳理教材必备知识和理解法治政府内涵的基础上能力和素养层级递进地设计任务和活动，充分体现了基础性、综合性和应用性，既有利于法治政府必备知识的理解和运用，又在大单元视域下综合了教材必备知识、情境知识、生活知识，还是对议题"如何增强政府的公信力和执行力？"的进一步探究和回答。

环节四，法治政府相关知识的迁移。2020年8月，苏州作为江苏省唯一入选城市，入选首批全国法治政府建设示范市。根据"苏州打造法治政府全新样本"这一新闻报道，设计任务，让学生续写内容提纲。这一环节的设计，基于真实情境，有助于学生实现思政小课堂与社会大课堂的有机结合；基于苏州本土，体现了国家宏观发展与本地发展实际的统一；通过续写提纲，有利于实现学科知识的创新性应用。

二、协同教学设计：以层级化任务赋能

经备课组集体讨论，大家发表了自己的观点和看法，提出了修改的意见和建议。在此基础上，我也做了相应的调整和优化。

（一）导入环节：加入生活情境

导入环节可基于学生的已有知识储备、生活经验、兴趣爱好等，这样可以为知识、能力、素养的进阶提供好的起点。备课组教师一致认为，学生对政府具有一定的生活经验认知和知识储备，可以在此基础上进一步进行法治政府的学习。所以，加入了"感受——我眼中的政府"环节，任务是自由发言举例说说自己眼中的政府。这一环节设计的意图在于让学生调取生活经验，进行浅层次的分析认知判断，为下一环节漫画情境的分析打下良好的基础。

(二) 辨析活动：优化任务表达

在辨析活动的设置上，很简单地给出了"辨析：法治政府建设旨在制约和监督行政权力"。备课组教师提出，这一表达方式存在很大的认知问题：第一，将课堂活动转变成了试题，没有很好地区分课堂活动与考试答题，未能真正理解课堂辨析式活动设计的意义；第二，活动设置指向不明确，是小组讨论还是自由发言抑或是单独撰写，在课堂操作上不明确，容易混乱。建议更改为"[学习任务]小组讨论：法治政府建设旨在制约和监督行政权力？"。

(三) 整体设计：理顺逻辑进路

本课设计结构上遵循"是什么—为什么—怎么样"的逻辑顺序，其依据是重构的法治政府必备知识。沈雪春老师指出，根据学生的能力水平和本节活动任务，辨析式学习从论据选取到语言组织综合性要求较高，按照"理解—应用—迁移"的学科认知进路，应放置在应用环节；"[学习任务]结合材料并运用政治生活知识，分析我国政府是如何落实《优化营商环境条例》提高政府治理能力的？"，属于知识与材料相结合的分析，综合性较弱，可以放置在理解环节，鉴于"法治政府"一课所需的时政知识较多，学生不具备。因而可以在问题设计上采取填空的方式，既有利于学生理解教材和情境知识，又有利于形成新知，还达到了必备知识思维可视化的效果。

当然，在集体讨论中也有争议。集体备课中没有达成共识的是必备知识梳理部分。关于本节课的必备知识梳理，作为主备人，我个人认为，必备知识梳理部分其实是教材知识的梳理，是供学生预习用的，简单实用很重要，教学环节的开展其实也是必备知识的形成过程，而且是在教材知识基础上。核心备课组沈雪春老师和柳翠老师则建议进行完整的必备知识重构与梳理，打破教材的限制，并且理出了一个新的必备知识梳理版本（图1）。

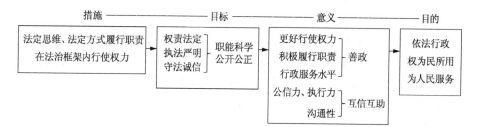

图1 "法治政府"必备知识梳理图

三、整体教学设计：在三线统整中认同

（一）教材与学情

1. 内容分析

（1）本课地位

《政治与法治》新增的第三单元"全面依法治国"，以"全面依法治国"为核心，探究我国法治建设的历程，全面依法治国的总目标与原则，法治国家、法治政府、法治社会一体化建设，科学立法、严格执法、公正司法、全民守法全面推进。第八课围绕怎样建设法治中国的问题，重在从宏观上说明建设法治中国的措施，国家提出了"三位一体"的奋斗目标。第一框"法治国家"主要探究了法治国家的内涵，建设法治国家的举措，建设法治国家的意义。第二框"法治政府"，阐述了建设法治政府的内涵和基本特征，系统阐释了建设法治政府的具体要求和重要意义，明确了建设法治中国是一个系统工程，需要党和国家统筹谋划。

（2）本课内容

本课以"如何增强政府的公信力和执行力？"为议题。以第八课第二框"法治政府"一课内容为主，结合了本书党的领导、人民当家作主和依法治国各个部分的相关内容，也涉及了初中《道德与法治》教材的部分内容。"法治政府"一课共两目，第一目"法治政府的内涵"，阐述法治政府的含义和特征；第二目"建设法治政府"，说明建设法治政府的具体要求，阐述建设法治政府的重大意义。本课遵循了是什么、为什么和怎样建设法治政府的逻辑。

2. 学情分析

（1）学生心智特征分析

本课的教学对象是高一学生，思维水平比起初中有了很大提高，能对课堂内外信息进行初步的整理和分析；充满好奇心，喜欢参与活动，课堂讨论、辨析辩论积极性较高。逻辑思维能力有待进一步加强，需要在课堂上加强逻辑思维与表达能力的培养。

（2）学生已有知识经验分析

高一学生在初中学习的基础上，对于法治政府有了很好的理论基础，在生活中，也对政府有直观的印象。但是没有系统地学习法治政府的相关知识，对法治政府建设缺乏国家宏观角度的认知和理解，不能够结合法治政府的知识分析现实生活中的法治政府建设。

3. 教学目标与重难点

（1）教学目标

通过学习，掌握法治政府的内涵、建设法治政府的意义和要求等必备知识，在小组讨论中培养交流合作能力、获取和解读信息能力、辨析能力、推理论证能力，应用和迁移"法治政府"的知识。培养科学精神，认同我国全面推进依法治国、建设法治社会的必要性和重要性，增强制度自信。

（2）教学重难点

教学重点：法治政府的内涵、基本特征和建设要求。

教学难点：法治政府的内涵。

（二）路线与结构

1. 教学路线

议题线：由"如何增强政府的公信力和执行力？"为议题引领以下问题串，我眼中的政府是怎样的？—漫画中的法治政府形象及其意义？—政府治理措施与能力对应关系—法治政府建设旨在制约和监督行政权力—新闻报道的二级标题。

情境线：学生的政府印象—法治政府建设漫画—政府优化营商环境举措—苏州打造法治政府新样板新闻报道。

活动线：自由发言—同桌交流—小组讨论—撰写新闻提纲。

知识线：法治政府的内涵、意义—法治政府的措施、意义—法治政府的措施、目的、意义—法治政府的措施。

2. 教学结构（图2）

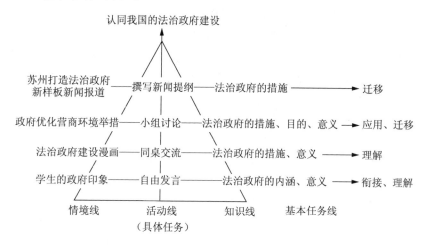

图2 "如何增强政府的公信力和执行力？"议题式教学结构

（三）过程与意图

[议题] 如何增强政府的公信力和执行力？

环节一：谈身边政府形象

[学习任务] 自由发言：我眼中的政府。

[答案提示] 生1：接触过教育局的工作人员，办事效率很高。生2：办理身份证的时候接触过工作人员，热情服务，很人性化。生3：12345政府服务热线也是属于政府的吧？有一次家人打了12345服务热线，联系到了相关部门，回答问题态度很好，也很细心，负责任，12345还会电话回访，感觉服务很周到。

[设计意图] 本环节是生活化导入环节，学生自由发言，谈一谈他们眼中的政府，一是从小角度理解政府，调取对政府的直观印象；二是为了让学生的生活经验与本节课形成衔接；三是为法治政府内涵的学习打下基础。

环节二：明法治政府本质

[学科概念] 法治政府。

[教学情境] 漫画《此路不通》《权力在阳光下运行》《建设法治政府前后某些政府部门的变化》。

[学习任务] 同桌交流：请从"职能科学、权责法定、执法严明、公开公正、廉洁高效、守法诚信"中选择一个或多个词汇描绘每一幅漫画要建设的法治政府形象，并分析其意义。

[答案提示] 漫画一：权责法定。法无授权不可为—政府按照法定程序行使权力—依法推进政府职能转变。

漫画二：公正公开，廉洁。让权力在阳光下运行。（人民角度）有利于人民监督权力—保障公民的知情权、参与权、表达权和监督权；（政府角度）更好地制约和监督权力；防止滥用权力，防止腐败行为；真正权为民所用，造福人民，提高政府的公信力。

漫画三：廉洁高效、守法诚信。政府工作人员转变工作作风—依法行政；提高了行政效率；更好地为人民服务。

[设计意图] 选择一组漫画的方式，原因有三：第一，法治政府的内涵这一部分教材内容信息量大且较为抽象，通过漫画的形式，图文结合，学生更直观地感受法治政府职能科学、权责法定、执法严明、公正公开、廉洁高效、守法诚信等方面的内涵；第二，漫画的设计丰富了情境的类型，从内容上讲，既是教材内容的深入和扩展，也是其补充和完善；从形式上讲，形象直观，感知鲜明，容易激发学生的学习兴趣；第三，引导学生分析漫画，有利于培养其图文分析能力，提升对我国法治国家建设的认同。参考答案设计上，以思维导图的形式呈现，以思维可视化的方式，增强学生透过现象看本质的能力，从对漫画的感性认识上升到理性认识。

环节三：看法治政府走向

[教学情境]《优化营商环境条例》自2020年1月起正式施行。各地区、各部门按照党中央、国务院部署，积极落实条例，采取了一系列举措：持续推进"放管服"等改革，推动取消一批行政许可等事项，进一步清理规范各类行政审批中介服务事项；在市场监管领域继续加强推进跨部门"双随机、一公开"监管，优化环保、消防、税务、市场监管等执法方式；落实"法无授权不可为"，对违法者依法严惩、对守法者无事不扰，全面推广证明事项告知承诺制；建立政务服务"好差评"制度，服务绩效由企业和群众来评判。

[学习任务1] 小组讨论：完成以下关于政府治理措施与治理能力对应关系表（表1）。

表1 政府治理措施与治理能力对应关系表

具体做法	治理措施	治理能力
深化"放管服"改革	转变政府职能，简政放权	提高管理和服务水平
推进"双随机、一公开"	履行____职能	提高____
落实"法无授权不可为"	坚持____	提高____
建立"好差评"制度	自觉接受监督	提高

[答案提示1] 见表2所示。

表2 政府治理措施与治理能力对应关系表

具体做法	治理措施	治理能力
深化"放管服"改革	转变政府职能，简政放权	提高管理和服务水平
推进"双随机、一公开"	履行经济建设职能	提高市场监管能力
落实"法无授权不可为"	坚持依法行政	督促政府更好地行使权力
建立"好差评"制度	自觉接受监督	提高政府的公信力和执行力

[设计意图] 理解法治政府建设的举措环节，围绕"如何增强政府的公信力和执行力？"这一议题，在情境上，依据时政选择《优化营商环境条例》实施后各地的一系列举措，在教材内容基础上进一步扩展、补充，有助于学生将教材内容与社会时政相联结，进一步增强对教材内容的理解、社会现象的分析、法治政府建设的认同。随之而来的是难度上的加大，在"具体做法—治理措施—治理能力"逻辑下，逐条分析填空，是基于高一学生的认知能力和水平，既是为了增加相关专业词汇在学生脑海中的输入，也是为了引导学生培养政治学科逻辑思维，更是为了让学生通过一个个显性的具体举措，分析带来的治理能力的提升，从而看到对国家、社会、个人的积极作用。有利于学生综合知识的理解、思维能力的提升、核心素养的培养。

[学习任务2] 师生对话：完成法治政府必备知识梳理。

[设计意图] 本任务主要是通过课前预习和课堂学习完成，一是学生通过课前预习，完成学科必备知识的填空，形成对学科必备知识的初步印象；二是通过"学生小组讨论—生问师答—师问生答"的课堂学习，学生在自主学习的基础上梳理知识结构、突破难点、掌握重点，从而完成知识前置学习。这一任务的展开为后续的理解、应用、迁移环节的开展打下良好的知识基础。

[学习任务3] 小组讨论，评析观点：法治政府建设旨在制约和监督行政权力？

[答案提示2] 法治政府建设，不仅仅制约和监督权力，同时提高政府行政服务能力和水平、提高行政工作效率；实现善政旨在权为民所用，更好地为人民服务，有利于增强政府的公信力和执行力。

[设计意图] 本任务的设计是让学生在理解法治政府内涵和措施的基础上，进一步深化对法治政府的理解，明确法治政府建设的旨向是更好地

为人民服务，增强其公信力和执行力。辨析式学习方式的设置，既是为了进一步深化对法治政府知识的理解，也是为了提升运用知识解决问题的能力，更是为了使学生在学习中形成思辨思维，提升素养，使政治学科政治认同素养和科学精神素养内化。参考答案呈现上，依然采用思维可视化的方式，呈现思考的过程，有利于学生逻辑思维能力的培养和学科语言的规范。

环节四：为法治政府发声

［教学情境］2020年8月，苏州入选首批全国法治政府建设示范市。市委、市政府要求，要凝聚全面依法治市强大合力，不断深化法治建设苏州实践，努力打造法治建设苏州样板。

［学习任务］走访调查，个人撰写：现在某报社要发表一篇题为"苏州打造法治政府全新样板"的文章，请你任选一个角度，续写下一级标题。

一、聚力优化营商环境，提供高质量法治保障

1. _____
2. _____

二、聚力推进依法履职，突出高标准执法监督

1. _____
2. _____

三、聚力推进法治惠民，实现高水平群众参与

1. _____
2. _____

［答案提示］

一、聚力优化营商环境，提供高质量法治保障

1. "苏州最舒心"，持续优化法治营商环境
2. 注重立法制规，为企业发展提供政策支撑

二、聚力推进依法履职，突出高标准执法监督

1. 破解治理难题，构建"三位一体"基层治理模式
2. 强化执法方式，不断增强行政执法监督协调力度

三、聚力推进法治惠民，实现高水平群众参与

1. 坚持开门立法，凝聚社会共识
2. 推进政务公开，保障公民权益

［设计意图］通过续写新闻报道的下一级标题，学生在迁移中应用法治政府的知识。本环节的设置具有开放性、综合性、创新性。情境来源是

新华社和《苏州日报》的《苏州打造法治政府全新样板》这一新闻报道，让学生在真实情境中感受法治政府、理解法治政府，寻找法治政府建设的案例，书写对法治政府建设的认同。

四、反思教学过程：在综合实践中优化

（一）亮点与价值

首先，逆向设计聚焦核心素养。进行教学活动之前，先要有教学目标。教学实践中，很多教学缺乏目的性，导致教学效果不理想。本节课进行逆向设计，"以终为始"，确定学生目标。一方面，通过研读新课标要求，明确素养目标和教学建议；另一方面，通过教材内容梳理，理顺学科必备知识。通过分析确定本课的学习目标为"通过学习，掌握法治政府的内涵、建设法治政府的意义和要求等必备知识，在小组讨论中培养交流合作能力、获取和解读信息能力、辨析能力、推理论证能力，应用和迁移'法治政府'的知识。培养科学精神，认同我国全面推进依法治国、建设法治社会的必要性和重要性，增强制度自信"。

其次，多种情境实现价值引领。"法治政府"一课在备课时，尝试选择不同的角度去实现价值引领。"理解·法治政府的内涵"环节，一是精心选取漫画，如《此路不通》《权力在阳光下运行》《建设法治政府前后某些政府部门的变化》，通过分析、理解漫画的形式，学生体会法治政府的内涵；二是设置辨析"法治政府建设旨在制约和监督行政权力？"，通过辨析式学习，深入理解法治政府建设的目的。"应用·'放管服'改革"环节，则是以小情境分析大问题，通过创设情境"国务院公布的《优化营商环境条例》正式施行后，各地区、各部门按照采取了一系列举措"，引导学生分析我国政府是如何落实《优化营商环境条例》、提高政府治理能力的，从而引导学生体会到政府公信力和执行力的增强，认同法治政府建设。"迁移·苏州打造法治政府新样板"环节，通过项目化学习，学生续写"苏州打造法治政府全新样板"内容提纲，看到法治政府建设，体会法治政府进程，写出法治政府感悟。通过漫画、视频、文字等不同情境载体，讨论、辨析、项目化学习等多种方式，学生掌握必备知识，提升关键能力，提高学科素养，实现价值引领。

（二）问题与对策

1. 问题

在课堂实施后，我对最后一个环节的设计还有很多不满意的地方。比如，任务指向不明，应该将任务具体化，提出具体切实可行、有利于学生操作的要求；环节设计较长，可以更为精简。最为关键的是活动性不强，

我和备课组教师进一步沟通后，寻找破解之道。按照新课标实施建议，学科内容的教学与社会实践活动相结合，是活动型学科课程的显著特点。那么如何提高活动的实践性？我又一次研读了新课标的教学建议：可参观行政服务机构，了解政府部门的办事程序，考察政府履行职能的表现。可参加价格听证会等活动，感受政府决策的过程。可识别政府执法标识，模拟政府执法活动，评估严格执法的效果。可以"假如我是执法者"或"我为政府决策提建议"为话题，举行主题活动。这为我最后一个环节的优化提供了很好的方向。

2. 对策

优化方案一，在原有教学设计的基础上优化，可以组织学生小组进行社会调查，走访政府机关、浏览政府网站、采访政府工作人员，选取一个角度，书写法治政府新闻稿。优化方案二，举办模拟执法活动，两个小组合作，A小组根据真实案例，创设一个真实情境，由B小组模拟执法，感悟法治政府建设。优化方案三，我为政府决策提建议。以小组为单位，课前查阅苏州市政府网站《政民互动》中的《重大决策预公开/政策文件意见征集》栏目，选择和自己相关的主题进行"我为政府提建议"活动，书写建议，并通过网站提交。

"法治政府"议学单

议题：如何增强政府的公信力和执行力？

姓名：_____ 班级：_____ 得分：_____

【学习目标】通过学习，掌握法治政府的内涵、建设法治政府的意义和要求等必备知识，在小组讨论中培养交流合作能力、获取和解读信息能力、辨析能力、推理论证能力，应用和迁移"法治政府"的知识。培养科学精神，认同我国全面推进依法治国、建设法治社会的必要性和重要性，增强制度自信。

环节一：谈身边政府形象

【学习任务】自由发言：我眼中的政府。

环节二：明法治政府本质

【教学情境】漫画《此路不通》《权力在阳光下运行》《建设法治政府前后某些政府部门的变化》。

此路不通

权力在阳光下运行

建设法治政府前后某些政府部门的变化

【学习任务】同桌交流：请从"职能科学、权责法定、执法严明、公开公正、廉洁高效、守法诚信"中选择一个或多个词汇描绘每一幅漫画要建设的法治政府形象，并分析其意义。

【答案提示】《此路不通》：权责法定法无授权不可为，确保行政权在法治框架内运行。《权力在阳光下运行》：公开公正、廉洁。（人民角度）人民监督政府，保障公民的知情权、参与权、表达权、监督权；（政府角度）更好地制约和监督权力；防止滥用权力，防止腐败行为；真正权为民所用，造福人民，提高政府的公信力和执行力。《建设法治政府前后某些政府部门的变化》：廉洁高效、守法诚信。政府工作人员转变工作作风，依法行政，接受监督；提高行政效率；更好地为人民服务。

环节三：看法治政府走向

【教学情境】《优化营商环境条例》自2020年1月起正式施行。各地区、各部门按照党中央、国务院部署，积极落实条例，采取了一系列举措：持续推进"放管服"等改革，推动取消一批行政许可等事项，进一步清理规范各类行政审批中介服务事项；在市场监管领域继续加强推进跨部门"双随机、一公开"监管，优化环保、消防、税务、市场监管等执法方式；落实"法无授权不可为"，对违法者依法严惩、对守法者无事不扰，全面推广证明事项告知承诺制；建立政务服务"好差评"制度，服务绩效由企业和群众来评判。

续表

【学习任务1】小组讨论：完成以下关于政府治理措施与治理能力对应关系表（表1）。

表1 政府治理措施与治理能力对应关系表

具体做法	治理措施	治理能力
深化"放管服"改革	转变政府职能，简政放权	提高管理和服务水平
推进"双随机、一公开"	履行经济建设职能	提高市场监管能力
落实"法无授权不可为"	坚持依法行政	督促政府更好地行使权力
建立"好差评"制度	自觉接受监督	提高政府的公信力和执行力

【学习任务2】小组讨论：法治政府建设旨在制约和监督行政权力？

建设法治政府	制约和监督行政权力？	YES	政府工作全面纳入法治轨道，确保行政权在法治框架内运行
	是不是只制约和监督行政权力？	NO	提高政府行政服务能力和水平、提高行政工作效率，实现善政
	是不是旨在制约和监督行政权力？	NO	更好地为人民服务，提高政府的公信力和执行力

环节四：为法治政府发声

【教学情境】苏州打造法治政府全新样板。

2020年8月，苏州入选首批全国法治政府建设示范市。市委、市政府要求，要凝聚全面依法治市强大合力，不断深化法治建设苏州实践，努力打造法治建设苏州样板。

【学习任务】走访调查，个人撰写：现在某报社要发表一篇题为"苏州打造法治政府全新样板"的文章，请任选一个角度，续写下一级标题。

一、聚力优化营商环境，提供高质量法治保障

1. _____
2. _____

二、聚力推进依法履职，突出高标准执法监督

1. _____
2. _____

三、聚力推进法治惠民，实现高水平群众参与

1. _____
2. _____

"法治如何让生活更美好?"议题式教学叙事
——基于"法治社会"一课

吴江中学　杨帆执笔，备课组协同

一、形成教学思路：确定目标议题，梳理知识结构

经过前两次的小试牛刀，我初步对议题式教学有了一定的概念，但还比较模糊。按照分工计划，我的第三个备课任务是第八课第三框"法治社会"。起初拿到"法治社会"这一课，我觉得这一课与学生的生活联系较紧，我快速地浏览了一下教材内容，发现知识脉络清晰，知识内容虽然比较理论化，但学生理解起来难度不高，如何用议题式教学上好简单且理论化，而又富有生活气息的这一课，成了我的一大难题。本次备课依然遵循"确定学习目标和议题—确定知识结构和教学环节—设计主干问题和活动任务"的教学思路。

(一) 依据课标，确定学习目标和议题

新课标对本课的要求是"列举事例，阐明建设法治社会的意义，探究法治与生活、法治与道德的关系"。因此，依据新课标要求和内容，确定本节课的议题为"法治如何让生活更美好?"，学习目标为了解法治社会的内涵和具体表现，理解建设法治社会的措施和意义。在小组讨论中培养交流合作能力、获取和解读信息能力、推理论证能力，应用和迁移"法治社会"的知识。认同我国全面推进依法治国、建设法治社会的必要性和重要性，增强政治认同和法治意识。

(二) 把握教材，确定知识结构和教学环节

根据本节课的议题和学习目标，以解决"法治如何让生活更美好?"的议题为出发点，初步设计出本节课的知识结构和教学环节。知识结构围绕法治社会的内涵、措施和意义建构，教学环节如下：环节一：梳理法治社会的知识结构；环节二：明晰法治社会的基本内涵；环节三：探寻法治社会的建设措施；环节四：展现青年学生的时代担当。

(三) 收集情境，设计主干问题和活动任务

根据本节课的知识结构框架及具体学习内容，在学习强国、人民网、

新华网等平台收集相关的备课资料。过程具体如下。

环节一：梳理法治社会的知识结构。对学生核心素养的培育是依托学科知识的教学和学习而完成的，学生先行触摸教材基本知识，能够为后续的学习活动打下扎实的知识基础。因此，依据教材和教师教学用书，在开展课堂教学之前，学生通过预习提前自主独立完成本环节的知识结构图，初步感知、了解本课的概念和知识。基于此，在初步教学设计中，按照教材知识的顺序，构建本课的知识框架。初步拟定的知识结构图如图1所示。

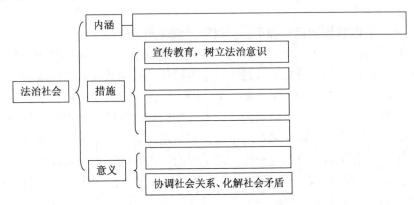

图 1　初步拟定的知识结构图

环节二：明晰法治社会的基本内涵。本环节初定的目标是让学生了解法治社会的基本内涵。法治社会与学生的日常生活联系较为紧密，对法治、对社会，学生或多或少都有自己的看法和观点，有相关的经历经验和知识储备，但是对法治社会的概念，学生比较模糊。因此，我选择了学习强国中《法治社会》的动漫视频，引起学生的学习兴趣。在情境上，我选择了2020年12月中共中央印发的《法治社会建设实施纲要（2020—2025年）》（以下简称《纲要》），采用自由发言的方式，由学生的生活经验导入，让学生谈谈他们心目中的法治社会应该是怎样的。

环节三：探寻法治社会的建设措施。本节课的第三部分是重点知识的情境化理解，参照新课标，学生需要认识建设法治社会的意义和措施。从情境到知识，为学生创设良构的情境和问题解决导向，因此，在这个基础上，本环节的情境选择了新时代的"枫桥经验"及其异地应用的成果。学生通过小组讨论的方式，结合"枫桥经验"和河南清丰的"金钥匙"的材料信息，探究建设法治社会的启示。

环节四：展现青年学生的时代担当。这是本节课学科知识的情境化应用和迁移环节。新一轮课程改革要求在课堂上要尊重学生主体地位和发挥教师主导作用,学生参与课堂的过程既是知识内化的过程,也是学科核心素养落地的过程,因此,其参与度影响学习效果和教学目标的达成。通过前几个环节,学生已对法治社会的基本内涵和有效措施有了初步的了解,这一环节学生需要运用所学知识来解决实际问题,加深对法治社会的理解,在参与的过程中认识到建设法治社会的重大意义。新课标要求学生关注社会问题并发表见解。在备课期间,我从人民网上搜到了关于校外培训机构跑路的事件。这个事件涉及多方主体,与本节课"法治社会"的吻合度较高,因此,将这个事件的解决作为本节课的知识应用和环节,学生运用所学知识,在解决实际问题的过程中,体会我国法治社会的建设。迁移环节,我选择了将法治社会聚焦到苏州,从相关网站中我发现苏州为宣传"八五"普法打造苏式法治文化,因此,我选择了真实的活动作为情境,让课堂与学生的生活发生联系,调动学生的积极性。

至此,"法治社会"的议学单已有雏形,比较粗略和稚嫩,还有许多地方需要商榷、修改和完善。

二、协同教学设计:调整教学流程,严密教学逻辑

议学单初稿完成以后,交予备课组集体研讨,根据新课标、议题和本节课学生须掌握的知识点,备课组提出了初稿存在的问题及部分修改意见。具体情况如下。

第一,教学环节设置不当,衔接逻辑不严密。教学环节是教学活动中链锁式结构的重要组成部分。各环节之间前后衔接应当具有严密的逻辑关系,衔接要巧妙,使课堂教学流畅,且各环节过渡自然,保持课堂教学的连贯性和整体性。议题式课堂教学中的教学环节是从低阶到高阶的演进,从"了解—理解—应用—迁移"层层递进。初稿的环节设置存在逻辑问题。环节一和环节二的顺序颠倒了,不符合教学的逻辑进路和学生的认知规律。环节一应当为明晰法治社会的重要内涵,环节二为建构法治社会的必备知识,且环节一中的设问"漫谈你心目中的法治社会应该是怎样的?",应改为"说说生活中法治那些事",从学生身边的法治事件讲起,调用学生的生活经验,激发学生的学习兴趣,增加课堂的生活气息。

第二,必备知识的建构囿于教材顺序,未找到知识之间的潜在联系,未能与本节课的议题进行关联。本节课的知识脉络清晰,学生可以围绕法治社会的概念建构知识框架,知识框架主要涵盖了法治社会的内涵、基本特征和建设措施,学生把握教材知识相对容易。但是在此基础上建构的是宏观的教材知识的框架结构,不能体现知识之间的微观的内在的联系。必备知识的建构既要呈现宏观层面的知识体系，又要体现知识之间的微观逻辑联系。比如，建设法治社会最终是为了让人民的生活更美好，所以知识结构的最终指向一定是本节课的议题；法治社会的内涵、基本特征和建设措施都有三层意思，要找到它们之间的一一对应关系，环环相扣，使学生形成整体思维。

第三，学科知识的迁移环节难度较大，操作性和可行性不强。初稿的迁移环节选择将法治社会与苏州实际联系起来，学生通过真实情境参与到苏州的法治社会建设中去，实现了学科逻辑和生活逻辑的统一，落脚在培育学生的法治意识和公共参与的学科核心素养上。但是学生任务和活动形式切入口太大、落地不具体，学生不了解"江南风韵"法治文化节，并且对微电影和剧本大纲的概念比较模糊，学生无从下手，达不到知识迁移和素养培育的教学目标。这一部分需要细细斟酌，重新搜集情境，设计学生活动和任务。

三、整体教学设计：关注社会难题，讲好法治故事

根据备课组各位教师提出的问题及修改意见，我对议学单进行了修改、补充和完善，形成了教学设计。

（一）教材与学情

1. 内容分析

（1）本课地位

本课内容是《政治与法治》第三单元"全面依法治国"中的第八课"法治中国建设"第三框的内容，主要阐述了建设法治社会的内涵和基本特征，系统阐释了建设法治社会的具体要求和重要意义，与前两框一起构成了法治中国的体系，明确了建设法治中国是一个系统工程，需要党和国家统筹和谋划。本框具有承上启下的作用，既是对建设法治中国蓝图的总结，也为第九课"全面依法治国的基本要求"的讲授奠定基础。

（2）本课内容

本课内容是《政治与法治》第三单元"全面依法治国"中的第八课"法治中国建设"第三框的内容，讲述了法治社会的内涵及基本特征，阐明了建设法治社会的要求和具体任务，说明建设法治社会的重大意义。本框共设两目：

第一目"法治社会的内涵"。教材通过相关链接、探究与分享等内容，介绍了法治社会的内涵，分析了法治社会所包含的具体内容。

第二目"建设法治社会"。教材通过相关链接、探究与分享等内容，介绍了建设法治社会的具体要求，说明了建设法治社会需要进行全方位、

长期性的努力，阐述了建设法治社会的重要意义。

2. 学情分析

（1）学生心智特征分析

本课的教学对象是高一学生，教材思路清晰，知识理论化、生活化特点明显，内容结构化特点亦较为明显，便于学生学习。高一初步完成了具体思维到抽象思维的过渡，初步具备分析简单社会法治现象的心智和能力，能够形成对社会法治现象的评价和理解，看待问题尖锐、独到，但受知识储备的限制，对法治社会的具体内涵和表现比较陌生。

（2）学生已有知识经验分析

一方面，初中时学生已经学过相关知识，并且已经学过了依法治国和法治中国，有一定的知识储备，为深度理解法治社会奠定基础；另一方面，法治社会与学生的生活联系较为紧密，学生有较为浓厚的兴趣，但是理论知识不足，认识问题容易情绪化。

3. 教学目标与重难点

（1）教学目标

了解法治社会的内涵和具体表现，理解建设法治社会的措施和意义。在小组讨论中培养交流合作能力、获取和解读信息能力、推理论证能力，应用和迁移"法治社会"的知识。认同我国全面推进依法治国、建设法治社会的必要性和重要性，增强政治认同，培育法治意识和公共参与的学科核心素养。

（2）教学重难点

教学重点：我国法治社会的内涵、基本特征和要求。

教学难点：建设法治社会的措施。

（二）路线与结构

1. 教学路线

本课采用以议学任务引领的议题式教学方式，议题、情境、活动、知识四个要素构成了如下四条线。

议题线：由议题"法治如何让生活更美好？"引领以下问题串，说说生活中法治那些事—浙江诸暨的"枫桥经验"和河南清丰的"金钥匙"给了我们哪些建设法治社会的启示？—如何集各方合力解决校外培训频繁跑路的问题？—身边的平安英雄或平安卫士宣传稿。

情境线：《法治社会建设实施纲要（2020—2025年）》—"枫桥经验"和"金钥匙"—校外培训机构跑路—苏州平安之星宣传活动。

活动线：自由发言—对话、讨论—讨论—演讲、独立撰写。

知识线：已有的法治社会认知—法治社会的意义、目标和措施—建设法治社会的措施—苏州法治社会进程。

2. 教学结构（图2）

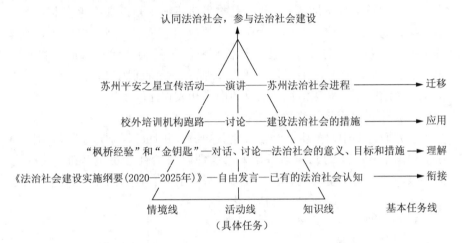

图2 "法治如何让生活更美好？"议题式教学结构

（三）过程与意图

[议题] 法治如何让生活更美好？

环节一：叙说法治故事

[教学情境] 2020年12月中共中央印发的《纲要》指出：法治社会是构筑法治国家的基础，法治社会建设是实现国家治理体系和治理能力现代化的重要组成部分。

[学习任务] 自由发言：说说生活中法治那些事。

[设计意图] 学生对法治社会并不陌生，从自身熟悉的事物出发，调用生活经验，激发学习兴趣，从而了解到法治社会就在自己身边，与自己的生活息息相关，将理论与现实紧密结合，实现生活逻辑和学科逻辑的统一。

环节二：探寻意义措施

[学科概念] 建设法治社会的措施。

[教学情境]《纲要》指出：坚持和发展新时代"枫桥经验"，努力将矛盾纠纷化解在基层。从浙江省诸暨市枫桥镇到河南省濮阳市清丰县，蔡娟不远千里将"枫桥经验"的"金种子"播撒到了中原大地，大大降低了"信访大县"的上访率。清丰县大力推进法治广场、长廊等农村法治文化阵地建设，规划未成年人法治教育基地，创新利用戏曲、微信、抖音等

普法新手段。完善法律服务体系，使群众"遇事有人可找"。清丰县实行全科网格化管理，司法调解、行政调解、行业调解、人民调解，共同形成纠纷解决合力，实现矛盾纠纷不上交。

[学习任务1] 小组讨论：浙江诸暨的"枫桥经验"和河南清丰的"金钥匙"有何法治意义和启示。

[答案提示] 以浙江诸暨的"枫桥经验"和河南清丰的"金钥匙"为话题设置情境，以建设法治社会的措施为知识指向。枫桥和河南清丰的做法有利于协调利益关系，化解社会矛盾，推进法治社会建设。从清丰县营造浓厚的法治文化氛围，可看出建设法治社会要深入开展法治宣传教育，推动全社会树立法治意识；从清丰县构建"塔式"法律咨询体系，可以看出建设法治社会要建设精准完备的法律服务体系，及时有效地为人民群众提供法律帮助。从清丰县实行全科网格化管理，形成纠纷的合力，可以看出建设法治社会要发挥多元主体作用，健全社会矛盾纠纷预防化解机制。

[小结] 在法律与村规民俗之间势必会有一定分歧，如何转变乡村人民的思想，更加主动地接受法治，遵守法律法规，是一项有着深远意义的工作，只有从思想根本上解决了，人人遵守法制，才能更快地推进法治社会的进程。

[设计意图] 乡村治，百姓安，天下稳。乡村是中国的根脉，乡村治理是推进国家治理体系和治理能力现代化的重要方面。中共中央发布文件指出，用法治建设推进乡村治理，夯实法治社会的基础。本环节以浙江诸暨"枫桥经验"和河南清丰的"金钥匙"为情境载体，让学生了解法治社会建设涵盖城市和乡村，用河南清丰的法治实践来论证本节课的议题，引导学生深入探究法治是如何让我们的生活更美好的，并从中理解建设法治社会的措施，架起理论和现实的桥梁，提升学生法治意识的学科核心素养。

[学习任务2] 师生对话：完成"法治社会"的知识框架图（图3）。

[设计意图] 学生学习的过程是自主建构的过程。本节课的知识梳理偏向于逻辑性、精准性更强的思维导图，有利于学生对其所思考的问题进行全方位和系统的描述与分析，有助于学生进行深刻的和富有创造性的思考，提高学生的学习能力，帮助学生厘清知识之间的逻辑关联，更好地理解知识，从而学会学习，提高学习效率。

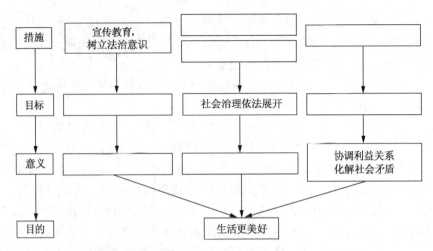

图 3 "法治社会"的知识框架图

环节三：破解社会难题

[教学情境] 播放校外培训机构跑路的视频。

《纲要》指出，要完善教育等领域方面的法律法规，不断保障和改善民生。近年来，一些培训机构破产倒闭、跑路事件时有发生，包括韦博英语、优胜教育在内的一批校外教育培训机构关门，都曾引发社会广泛关注。平台频频跑路、预付费模式成隐患，消费纠纷难解决。

[学习任务] 小组讨论：如何集各方合力解决校外培训频繁跑路的问题？

[答案提示] 以校外培训机构跑路的话题设置情境，以问题解决为指向，考查学生的综合能力。运用主体分析法，综合考虑各方主体的职责，比如，中国共产党、全国人大、政府、消费者、经营者等，遵循"领导—立法—执法—司法—守法"的逻辑顺序，从多方角度为解决校外培训机构出谋划策。

[设计意图] 从法治乡村到法治社会是纵向推进法治社会的进程，那么从横向来看，建设法治社会涉及科教文卫体等社会和生活的方方面面。与学生密切相关的便是教育领域，很多学生通过校外培训机构进行校外教育，但是近年来校外培训机构屡屡出现跑路的问题，国家相关部门也十分关注。以校外培训机构跑路为情境载体，实现从知识到情境的运用过程。本环节锻炼学生的综合思维能力，不局限于本节课的知识内容，培养学生分析和解决问题的关键能力及法治意识的学科核心素养。

环节四：贡献青春力量

[教学情境] 播放视频：《平安苏州，法治护航》。

2020年11月至2021年11月，江苏省委政法委和苏州市委政法委同步举办平安之星网络宣传活动，展示我们身边的平安英雄和平安卫士。

[学习任务] 独立撰写：请你为身边的平安英雄或平安卫士写一份宣传稿，让守护我们的英雄和卫士不再无名，100字左右，文体不限。

[答案提示] 为民的足迹——周星。岁月如歌，她将自己最美好的青春岁月奉献给了司法事业，展现了苏州司法人不忘初心、不懈奋斗的精神，她就是苏州司法局退休干警周星。

[设计意图] 情境选取以苏州平安之星网络宣传活动为载体，让学生了解苏州法治社会的进程，了解身边平凡人的不平凡，引起学生的情感共鸣，增强学生的政治认同和法治意识的学科核心素养。活动设计让学生为苏州的平安之星或者平安卫士撰写宣传稿，使理论观点与生活经验有机联系，让学生真正参与苏州的法治社会建设，培育学生公共参与的学科核心素养，落实立德树人目标。

四、反思教学过程：着眼大单元思维，进行结构化教学

（一）亮点与价值

1. 知识建构注重逻辑性和系统性

本节课的环节二是学生自主建构知识框架的环节，对这一课的知识建构采用了比之前知识框架图逻辑性和体系性更强的思维导图，以"法治社会的措施—目标—意义—目的"为主线，并与议题发生关联，清晰完整地呈现了本节课的知识逻辑和特点，实现了知识的横向贯通和纵向联结。有利于提高学生的学习速度和教师的课堂效率，更快地增进对新知识的理解，为下面知识的应用和迁移环节奠定基础；帮助学生养成系统学习和思维的习惯。其次，节省学生的时间，把学生有限的精力集中在关键的知识点上。并且相比一般的知识框架图，思维导图的难度系数更大，对学生的逻辑推理能力要求较高，学生单兵作战很难完成，需要依靠团队的力量弥补个人能力的不足。这样不仅能够提高学生的学习兴趣，而且能够培养学生之间的合作交流能力。

2. 情境选择兼顾时政性和生活性

学生对法治社会既陌生又熟悉，因此，情境的选择既要有思政理论的高度，还要有学生生活的温度。首先，情境选择体现时政性。本节课的所有环节均以2020年12月中共中央印发的《纲要》为主题情境，主情境承自大政方针，实现了一例到底，增强了课堂的连贯性、整体性、时代性。

其次，根据学生能力层次，在理解和应用环节分别选择了法治实践效果较好的"枫桥经验"与"金钥匙"和受"两会"关注的校外培训机构问题的分情境，体现了明显的思想政治课色彩。再次，情境选择注重生活性。高中思想政治课的教学要遵循的原则之一就是生活化原则，把生活搬进课堂，借助生活情境理解和应用所学知识。本节课在应用和迁移环节的情境选择了校外培训机构跑路问题和苏州平安之星的网络宣传活动，贴近学生的实际生活，学生能够切实地接触到情境内容，拉近了课堂和生活的距离，提高了学生的学习兴趣。

3. 活动设计落实法治意识和公共参与

本节课遵循"了解—理解—应用—迁移"的学习过程，前两个环节重点在知识的学习和理解过程，但也渗透了法治意识和公共参与学科核心素养的培育。应用环节设置了"如何集各方合力解决校外培训频繁跑路的问题？"的任务，让学生以小组讨论的活动形式，运用所学知识解决生活中的实际问题，提高学生的法治意识和法治思维。迁移环节选择苏州法治社会建设的实践活动，让学生真实地参与到苏州平安之星的网络宣传活动中去，为苏州法治社会的建设贡献自己的力量，激发学习的兴趣，真正落实公共参与的学科核心素养。

（二）问题与对策

教学追求精心预设，但预设难以面面俱到，精心设计难免留有遗憾。在实际教学中，我发现本次教学设计还存在以下问题。

1. 大单元教学痕迹不明显

《政治与法治》第三单元的三课之间，尤其是第八课和第九课之间存在较强的逻辑关系。就"法治社会"这一课来说，它与"全民守法"是不可分割的，全民守法有利于法治社会的建设，而法治社会的具体表现之一就是人人尊法、学法、守法、用法。本次大单元教学的痕迹不够明显，尽管知识理解和应用环节的情境选择和任务设计涉及了全民守法的有关内容，但教师未能引导学生进行知识的前挂后连，错失了学生整体把握教材的机会。具体优化措施：教师在进行教学设计时要关注知识的整体性，把握知识之间的逻辑联系。

2. 学生的课前预习不到位

本节课的环节二是学生对知识的梳理建构过程，虽然已经给学生布置了课前的预习任务，但在这一部分花费的时间远远高于课前预设的时间，导致其他环节的时间被压缩，课堂的教学时间偏紧。出现这个问题主要是因为学生的课前预习不够充分，有的学生只是草草地看了书本，对知识不够熟悉，影响了课堂上思维导图的完成。另外，采用思维导图的形式来组织知识，对高一学生来说也存在一定的难度。具体优化措施：采取任务驱动，将课前的预习任务具体化。比如，可以让学生课前就小组合作完成思维导图，然后课堂上进行展示和纠正，既调动了学生的积极性，也有利于课堂有效时间的利益最大化。

3. 学生宣传稿的对象过于空泛

本节课的环节四设计具有开放性的活动任务，让学生为苏州的平安之星或者平安卫士撰写宣传稿。在设计该环节时，我还提供了宣传稿的范例。但是在批阅学生上交的作业后，发现学生所写宣传稿的对象绝大多数是泛泛而谈，缺乏具有针对性的、生动感人的实际事迹，没有事实支撑，没有情感的升华。具体的优化措施：一是将迁移环节的资料收集作为课前的社会实践任务，让学生自主收集身边或者感人的法治人物事迹，从而在撰写宣传稿时有真话可说、有真情可表；二是教师可以提前打印苏州平安之星或者平安卫士的真实事迹，提前发给学生，让学生在课堂上自主选择宣传稿的对象，为苏州法治社会的建设贡献力量。

"法治社会"议学单

议题：法治如何让生活更美好？

姓名：_____ 班级：_____ 得分：_____

【学习目标】了解法治社会的内涵和具体表现，理解建设法治社会的措施和意义。在小组讨论中培养交流合作能力、获取和解读信息能力、推理论证能力，应用和迁移"法治社会"的知识。认同我国全面推进依法治国、建设法治社会的意义，增强制度自信。

环节一：叙说法治故事

【教学情境】2020年12月中共中央印发的《纲要》指出：法治社会是构筑法治国家的基础，法治社会建设是实现国家治理体系和治理能力现代化的重要组成部分。

【学习任务】自由发言：说说生活中法治那些事。

环节二：探寻意义措施

【教学情境】《纲要》指出：坚持和发展新时代"枫桥经验"，努力将矛盾纠纷化解在基层。从浙江省诸暨市枫桥镇到河南省濮阳市清丰县，蔡娟不远千里将"枫桥经验"的"金种子"播撒到了中原大地，大大降低了"信访大县"的上访率。清丰县大力推进法治广场、长廊等农村法治文化阵地建设，规划未成年人法治教育基地，创新利用戏曲、微信、抖音等普法新手段。完善法律服务体系，使群众"遇事有人可找"。清丰县实行全科网格化管理，司法调解、行政调解、行业调解、人民调解，共同形成纠纷解决合力，实现矛盾纠纷不上交。

【学习任务1】小组讨论：浙江诸暨的"枫桥经验"和河南清丰的"金钥匙"有何法治意义和启示。

【答案提示】① 枫桥和河南清丰的做法有利于协调利益关系，化解社会矛盾，推进法治社会建设。② 该县加强阵地建设、创新普法手段，营造浓厚的法治文化氛围，启示我们建设法治社会要深入开展法治宣传教育，推动全社会树立法治意识。③ 该县构建"塔式"法律咨询体系，启示我们建设法治社会要建设精准完备的法律服务体系，及时有效为人民群众提供法律帮助，推进国家治理体系和治理能力现代化。④ 该县实行全科网格化管理，利用多种渠道形成解决矛盾纠纷的合力，启示我们建设法治社会要发挥多元主体作用，健全社会矛盾纠纷预防化解机制，构建和谐法治社会。

【学习任务2】师生对话：完成"法治社会"的知识框架图（图1）。

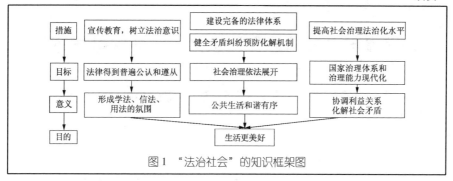

图1 "法治社会"的知识框架图

环节三：破解社会难题

【教学情境】播放校外培训机构跑路视频。《纲要》指出，要完善教育等领域方面的法律法规，不断保障和改善民生。近年来，一些培训机构破产倒闭、跑路事件时有发生，包括韦博英语、优胜教育在内的一批校外教育培训机构关门，都曾引发社会广泛关注。平台频频跑路、预付费模式成隐患，消费纠纷难解决。

【学习任务】小组讨论：如何集各方合力解决校外培训频繁跑路的问题？

【答案提示】① 中国共产党：做好校外培训机构专项治理工作部署。② 全国人大及常委会：完善相关法律法规，为消费者维护正当权益提供法律保障。③ 政府：积极履行市场监管的职能，严格执法，依法依规对校外培训机构进行严格审批登记，健全校外培训机构监管机制，规范校外培训秩序。④ 司法机关：公正司法，维护公平正义。⑤ 经营者：依法诚信经营，树立良好的信誉和形象。⑥ 消费者：强化风险意识，自觉运用法律武器维护自身合法权益。（如果从社会组织如消费者协会等角度答题，言之成理，可酌情给分。）

环节四：贡献青春力量

【教学情境】播放视频：《平安苏州，法治护航》。2020年11月至2021年11月，江苏省委政法委和苏州市委政法委同步举办平安之星网络宣传活动，展示我们身边的平安英雄和平安卫士。

【学习任务】独立撰写：请你为身边的平安英雄或平安卫士写一份宣传稿，让守护我们的英雄和卫士不再无名，100字左右，文体不限。

【例】	
为民的足迹——周星 　　岁月如歌，她将自己最美好的青春岁月奉献给了司法事业，展现了苏州司法人不忘初心、不懈奋斗的精神，她就是苏州司法局退休干警周星。	

"公民参与立法的途径及意义"议题式教学叙事

"公民参与立法的途径及意义"议题式教学叙事
——基于"科学立法"一课

吴江中学　王亚文执笔，备课组协同

一、形成教学思路：梳理"公民参与立法"的途径与意义

经过两次关于议题式教学课堂教学实践经验过后，我对于本课"科学立法"的教学有了不小的信心。本课的初步教学思路主要分为以下三个部分。

（一）依据课标，确定学习目标

《普通高中思想政治课程标准（2017年版，2020年修订）》对本框的内容要求为通过搜集资料，阐述科学立法的基本要求。新课标教学提示是以"公民参与立法有什么意义、有哪些途径"[①]为议题，探究推进科学立法、民主立法、依法立法，以良法促进发展、保障善治的意义，理解公民依法行使民主权利的制度。在初步分析新课标的基础上，确定本课教学重点是如何推进科学立法，实现良法善治。在此基础上初定本课的议题为：公民参与立法的途径及意义。本课的学习目标为：通过学习，掌握科学立法的内涵、推进科学立法的要求等必备知识；在小组讨论中培养交流合作能力、获取和解读信息能力、辨析能力、推理论证能力；围绕《反食品浪费法（草案）》提出"我的立法建议"，应用和迁移"科学立法"的知识，增强公共参与意识与能力。

（二）分析教材，建构学科知识框架

核心素养的培育离不开学科知识的依托，议题式教学的开展也建立在结构化的学科知识基础之上。实施议题式教学，首先要求教师了解、分析教材，构建学科核心概念，形成以学科核心概念为基础的结构化知识体系，为培育核心素养打下坚实的知识基础。统揽、分析本课教材内容及新课标要求，初步提炼出本课的核心概念为"科学立法"，讲述了科学立法

---

① 中华人民共和国教育部.普通高中思想政治课程标准（2017年版，2020年修订）[S].北京：人民教育出版社，2020：19.

的内涵和要求，总结归纳出本课主要内容包含"科学"的法与科学地"立"两大方面。学生依据知识框架图独立自主完成预习，建构本课的知识体系。

（三）围绕议题，依托情境，设计教学任务

素养的养成离不开情境，借助复杂程度不同的情境辅助不同层阶的学习任务，是情境化的应然要求。在对教材有一定的宏观把握之后，以议题为引领，依托情境，统筹议题所涉及的教材知识，初步设计出本节课的主干问题及活动任务，实现学科内容活动化。具体情境及任务如下。

环节一：对本课教学议题进行经验化导入。

情境：播放视频《法治的力量》。

任务：分享法治新闻。

环节二：对本课必备知识的情境化理解。在这一环节，选用贴近学生生活的《未成年人保护法》作为情境材料，以小组讨论的方式分析修订《未成年人保护法》何以成为科学立法的一次成功实践。让学生通过这一良构情境，将教材知识与现实相关联，进一步巩固和完善知识结构，实现对必备知识的理解。

情境：选用当年度社会热点话题"新修订《未成年人保护法》"，解读新修订的《未成年人保护法》的几大亮点，护航"少年的你"。

任务（途径1）：让学生说明新修订的《未成年人保护法》是一次科学立法的成功实践。

环节三：对本课重点知识的情境化运用。依据新课标，学生需要解答本课议题：公民参与立法的途径及意义。因此，本环节选用了公民直接参与立法的两大途径——基层立法联系点和立法听证会作为教学情境，让学生通过小组讨论的方式，分析公民参与立法的意义，实现重点知识的情境化运用。

情境1：选用时政热点"全过程民主"的缩影——基层立法联系点。目前，全国人大常委会为聚民意、民智，使基层群众的立法建议能够乘"直通车"第一时间反馈到立法机关，进一步提高地方立法的科学性、民主性和可操作性，并在多地增设基层立法联系点。

任务（途径2）：让学生探究增设基层立法联系点对"立良法"有何意义。

情境2：《苏州市生活垃圾分类管理条例》是苏州市人大常委会2019年立法计划正式项目。鉴于该条例与广大人民群众生活密切相关，为了进一步推进科学立法、民主立法、依法立法，切实提高立法质量，使条例更加切合我市实际，更具针对性、可操作性和可行性，根据《苏州市人民代表大会常务委员会立法听证规则》的规定，苏州市人大常委会决定举行《苏州市生活垃圾分类管理条例（草案）》网上立法听证会。听证事项包括分类收集设施配置等 6 个。听证会确定听证人员 20 名，包括市人大常委会部分组成人员、市人大法制委员会部分组成人员等；通过公开报名和专门邀请确定听证陈述人 20 名。其中，既有普通市民，也有政协委员和垃圾分类处置单位的相关负责人。

　　任务（途径3）：让学生说明苏州市人大常委会召开《苏州市生活垃圾分类管理条例》网上立法听证会的意义。

　　基于新课标和教材知识，本课的重点是围绕"科学立法"，探寻公民有序参与立法的途径，以此提升学生有序政治参与的能力和素养。议题式教学作为培育思想政治学科核心素养的重要抓手，学习任务要关联现实社会，锻炼学生综合运用所学知识和能力解决现实中复杂的问题。因此，结合新出台的《反食品浪费法（草案）》，设计"让学生结合所在社区提出自己的立法建议"的活动。让学生在实践的过程中，通过对知识的进一步重构、运用，发现问题，并参与现实社会问题的解决，实现知识的迁移。以本课为例，科学立法作为全面依法治国的前提，在社会主义法治建设中发挥着关键作用。对于高一的学生来讲，作为社会主义法治建设的参与者，通过本课的学习，要认识到自身所拥有的权利，提升公共参与的意识与能力，自觉成为社会主义法治的忠实崇尚者、自觉遵守者、坚定捍卫者。

　　情境 3：近年来，我国大力倡导"厉行节约、反对浪费"的社会风尚，广泛开展"光盘行动"，食品浪费现象有所改观，但是并没有得到根治，餐饮浪费问题仍比较严重，人民群众对此反映强烈。习近平总书记做出重要指示，强调要加强立法，在全社会营造"浪费可耻、节约为荣"的氛围。一些全国人大代表提出议案，呼吁运用法律手段制止餐饮浪费。为此，全国人大常委会书面征求基层意见，多次召开座谈会，听取有关部门和专家学者的意见，形成了《反食品浪费法（草案）》。2021 年 4 月 29 日，十三届全国人大常委会第二十八次会议表决高票通过了《反食品浪费法》，自公布之日起施行。《反食品浪费法》对政府及部门职责、各类主体责任、激励和约束措施、法律责任等内容做出了明确规定，从而为制止餐饮浪费提供了有力的法治保障。

　　项目化学习：结合所学及相关社区生活经验，写出两条"我的立法建议"。

二、协同教学设计：优化"公民参与立法"的教学任务

议学单初稿完成后，经过备课组内研讨后，保留了部分情境及活动任务设计，也提出了初稿存在的问题及修改建议。

第一，必备知识梳理部分存在两个问题。首先，初稿的知识框架没有体现出大单元思维，没有凸显"科学立法"在本单元的地位和重要性。"科学立法"作为第九课"全面依法治国的基本要求"的逻辑起点，是推进全面依法治国和实现善治的前提，应成为建构本课知识体系的重要一环。其次，初稿的知识梳理没有实现知识的结构化，知识间的逻辑关系不明显，建议找出教材内容的因果联系，并有选择地呈现，通过师生对话完成知识的建构，让学生更直观、更有针对性地识记与理解教材内容，进而提升学生的知识整合能力。

第二，公民参与立法的意义部分，存在的主要问题是议学任务有重复。在初稿的设计中，为了解决本课议题，选用了公民参与立法的两大途径作为情境依托，让学生小组讨论增设基层立法联系点的意义和召开立法听证会的意义。从设问来看，两个问题稍有不同，但究其本质，都是公民参与立法的体现，为了提升立法质量而做，都属于对公民参与立法的意义知识点的考查。因此，应当整合为一个问题。对比两个情境，情境1的基层立法联系点，更具有时效性。同时，在新课标的教学提示部分，着重强调了基层治理，基层立法联系点更贴合基层群众，更能体现社会主义法治建设的人民立场。

第三，初稿的知识创生化迁移部分，缺乏新颖性和深刻性，不够生动有趣。在初稿中，我选用了真实的时政情境《反食品浪费法（草案）》的出台，以提建议的方式实现对知识的创生化迁移。首先，从活动的形式来看，让学生独立提出建议，形式过于常规化，创新性不足，无法广泛调动学生参与的积极性。其次，从活动的内容来看，让学生调用已有认知经验，提出两条立法建议，议学任务难度一般，难以引发学生的创新性思考、提升学生的高阶思维能力。在《政治与法治》分册中，有多个政治主体，让学生通过扮演相关角色，能使思想政治课堂教学更直观、更生动、更有趣。制定、修改法律涉及多个利益主体，存在多种利益和价值冲突，需要集多方智力，充分反映民意，才能得到民众的广泛认同，最大限度地发挥法律效力。以《反食品浪费法（草案）》为例，本身仍有待完善的地方，通过模拟立法听证会，以角色扮演的形式让学生在公共参与的过程中进行思考，获得真实情境体验，提升政治素养，增强公共参与。

三、整体教学设计：凸显科学立法的内涵要求

（一）教材与学情

1. 内容分析

（1）本课地位

本课为《政治与法治》第九课的第一框，阐释全面依法治国的基本要求之一——科学立法。第九课围绕社会主义法治建设的新"十六字方针"，分别从立法、执法、司法、守法四个角度，阐述了全面依法治国的基本要求：科学立法、严格执法、公正司法、全民守法，明确了新时代全面依法治国的重点环节和主要任务。科学立法是全面依法治国的前提，严格执法是全面依法治国的关键，公正司法是全面依法治国的保障，全民守法是全面依法治国的基础。科学立法既承接上一课法治中国建设，也是第九课"全面依法治国的基本要求"的逻辑起点，又与严格执法、公正司法、全民守法密切联系，相辅相成、缺一不可。

（2）本课内容

本课分为两目，主要围绕是什么、为什么、怎么做三个层面展开论述。

第一目"科学立法的内涵"，即"科学"的法，阐述科学立法的重要性、含义，分析科学立法的原则，既要体现我国的国家性质，符合我国的政治制度和历史传统、国情和实际，又要遵循法律体系的内在逻辑、立法工作规律、立法程序，要注重立法手段，努力实现立法过程科学化。

第二目"推进科学立法"，即科学的法科学地"立"，阐述实现科学立法，必须依法立法、民主立法，充分发扬民主，合理设定权利与义务、权力与责任，引导学生理解和认可科学立法的过程和原则，为培育学生的公共参与素养奠定知识基础。

2. 学情分析

（1）学生心智特征分析

本课知识理论性较强，对于已经具备一定的抽象思维能力和逻辑思维能力的高中生来讲，具备一定的优势。高一学生具有强烈的求知欲，同时，对时事政治、课堂参与的兴趣浓厚，通过贴近学生的情境及模拟立法听证会，能够激发学生学习兴趣和表现欲，提高课堂参与度。

（2）学生已有知识分析

学生经过之前所学对全面依法治国的目标、布局及实施路径已经初步掌握，具备一定的知识基础。但是，本课的内容具有高度的抽象化、理论化，涉及多个新概念，难以让学生化抽象为具体，加大了学生理解和运用

知识的难度。因此，需要增加感性材料的运用，调用学生的感性认识，通过情境实现由感性认识到理性认识的转化。

3. 教学目标与重难点

（1）教学目标

通过学习，掌握科学立法的内涵、推进科学立法的要求等必备知识；在小组讨论中培养交流合作能力、获取和解读信息能力、辨析能力、推理论证能力；通过小组合作探究新修订的《未成年人保护法》何以成为科学立法的一次成功实践，理解科学立法的要求，完成本课的必备知识的结构化梳理和理解；引入关于基层立法联系点的相关时政材料，探寻其行为背后的原因，理解公民参与立法的意义，提高公共参与意识；通过模拟《反食品浪费法（草案）》立法听证会，应用和迁移"科学立法"的知识，增强公共参与意识与能力。

（2）教学重难点

教学重点：科学立法的要求。

教学难点：理解公民参与立法的意义，自觉成为社会主义法治建设的参与者。

（二）路线与结构

1. 教学路线

本课以议题式教学为主要方式，以学科基本观点统领本课教学，形成如下四条线。

议题线：由"公民参与立法的途径及意义"议题引领以下问题串，法治中国见闻—为什么说新修订的《未成年人保护法》是一次科学立法的成功实践？—增设基层立法联系点对科学立法有何意义？—模拟《反食品浪费法（草案）》立法听证会。

情境线：法治新闻—新修订《未成年人保护法》—增设基层立法联系点—出台《反食品浪费法（草案）》。

活动线：自由发言—对话合作—小组讨论—角色扮演。

知识线：法治的价值—科学立法的要求—公民参与立法的意义—科学立法的内涵。

2. 教学结构（图1）

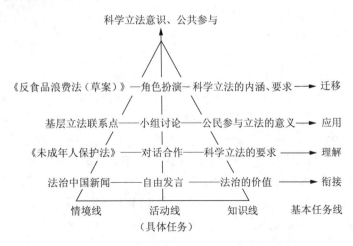

图1 "公民参与立法的途径及意义"议题式教学结构

（三）过程与意图

[议题] 公民参与立法的途径及意义。

环节一：感悟法治社会的力量

[教学情境] 播放视频：《法治的力量》。

法治是国家治理现代化的基本标志，而"良法善治"又是现代法治的基本标准和目标。党的十九大报告强调，以良法促进发展、保障善治。习近平总书记明确提出，"使社会主义法治成为良法善治"。良法是法治的前提，善治是法治的目标，法治应当是良法与善治的有机结合。

[学习任务] 自由发言：分享课前搜集的法治新闻。

[设计意图] 通过搜集身边的法治新闻，调用学生已有的认知经验，为学生搭建新知与旧知的桥梁，让学生实现由熟悉到陌生的顺利过渡。一方面，可以巩固之前所学知识，为新课的学习做好知识和心理上的准备；另一方面，帮助学生理顺前后知识间的逻辑关系，有利于建构知识体系。

环节二：明确科学立法的要求

[学科概念] 科学立法的要求。

[教学情境] 党的十八大以来，党中央对完善未成年人保护相关法律制度、改进未成年人保护工作提出了明确要求。2018年9月，由新成立的全国人大社会建设委员会牵头，正式启动《未成年人保护法》的修订工作。2019年，十三届全国人大常委会第十四次会议对《未成年人保护法》修订草案进行了审议，并公开征求意见。于十三届全国人大常委会第二十

二次会议（2020年10月17日）经表决通过修订后的《未成年人保护法》。

新修订的《未成年人保护法》补齐了现有法律中的短板，细化了家庭监护、完善了学校和社会保护、强化了司法保护、新增了网络保护和政府保护，最大限度地保护了未成年人的权益。

[学习任务1] 同桌交流：新修订的《未成年人保护法》体现了怎样的立法标准？

[学习任务2] 小组讨论：为什么说新修订的《未成年人保护法》是一次科学立法的成功实践？

[答案提示1] 本设问以《未成年人保护法》的修订情境为依托，考查"良法"的标准，学生需要结合材料说明科学立法的内涵。

[答案提示2] 本设问以《未成年人保护法》的修订为背景材料，考查"推进科学立法"的相关知识。学生需要结合材料联系科学立法的要求相关知识说明《未成年人保护法》的修订何以成为科学立法成功实践的原因。可结合材料中"该法案历经全国人大常委会审议表决通过"，说明《未成年人保护法》在修订过程中，全国人大常委会按照法定职权和法定程序进行修改，公开征求意见，开展立法工作，做到了依法立法；可结合材料中"在《未成年人保护法》修订草案向社会公开征求意见"，说明修订草案公开征求社会意见，充分发扬民主，坚持民主立法，广开言路，集思广益，广泛凝聚社会共识；可结合材料中"新修订的《未成年人保护法》新增'网络保护'这一章，明确国家、企业、社会、学校和家庭等各方面主体在网络保护中的责任，各负其责，齐抓共管"，说明《未成年人保护法》在修订过程中，合理设定权利与义务、权力与责任，明确了国家、企业、社会、学校和家庭等各方面主体在网络保护中的责任，科学合理地配置了权力与责任，各负其责，提高了立法质量。

[设计意图] 选用贴近学生生活的《未成年人保护法》这一时政热点，激发学生的学习兴趣，增强学生的表达欲和表现力。通过分析《未成年人保护法》的成功之处，明确"良法"标准，引导学生认识到修改《未成年人保护法》充分体现了依法立法、民主立法等的要求，感受修改《未成年人保护法》是科学立法的一次生动实践，更能体悟社会主义法治建设鲜明的人民性，增强政治认同。

[学习任务3] 以"科学立法要求"为切入点，通过师生对话完成知识框架的填空，厘清知识间的因果逻辑关系，构建以"科学立法"为核心概念的知识框架，实现对本课必备知识情境化理解。具体框架图如图2

所示。

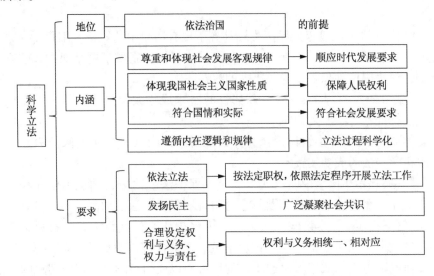

图2 以"科学立法"为核心概念的知识框架图

[设计意图] 通过师生对话的形式，在学生自行完成知识的细化的基础上，教师带领学生一起完成本课结构化的知识体系，找出知识间的内在逻辑关系，明确本课的整体逻辑和重点，符合学生的认知规律，便于学生理性思维的发展。

环节三：探讨科学立法的价值

[学科概念] 公民参与立法的意义。

[教学情境] 设立基层立法联系点是开门立法、倾听民意的一项重大举措，使基层群众的立法建议能够乘"直通车"第一时间反馈到立法机关，进一步提高地方立法的科学性、民主性和可操作性。目前，全国人大常委会法工委新增江苏省昆山市人大常委会、浙江省义乌市人大常委会、广东省江门市江海区人大常委会、广西壮族自治区三江侗族自治县人大常委会、河北省正定县正定镇"人大代表之家"为基层立法联系点，同时，新增中国政法大学作为立法联系点，增加了联系点类型，拓展了联系点的工作面。

[学习任务] 小组讨论：增设基层立法联系点对科学立法有何意义？

[答案提示] 第一步，明确设问指向。本设问要求简要阐述增设基层立法联系点的意义，属于意义类主观题。第二步，提取关键信息，联系本课教材知识，逐层展开。信息①：开门立法，倾听民意，才能让法律更符合人民群众的期待，可联系科学立法、民主立法，提高立法质量和效率。

信息②：它让基层意见充分汇集，可联系增强公民法治观念，提高政治参与的热情和信心。信息③：基层立法联系点成为接地气、察民情、聚民智的立法"直通车"，可联系有利于更好地实现人民当家作主，推进国家治理体系和治理能力的现代化。

[设计意图] 选用人大"开门立法"热点话题设置情境，关联当下"全过程民主"这一时政热点，一方面，能调动学生的学习热情，增强思想政治课教学的时代性，增强思想政治课的说服力和感染力；另一方面，既能引导学生分析设立基层立法联系点的意义，又能锻炼学生理论联系实际、合作探究解决现实问题的能力，感受基层立法联系点将社区意见直通人民大会堂的作用，激发学生坚持走中国特色社会主义道路的自信心和自豪感。

环节四：体验科学立法的过程

[学科概念] 科学立法的内涵及要求。

[教学情境] 为广泛征求和听取社会各界的意见和建议，推动科学立法、民主立法进程，提高立法质量，就《反食品浪费法（草案）》的必要性、可行性、合理性、合法性进行听证。

[学习任务] 每一小组选择其中一种角色进行《反食品浪费法（草案）》的陈述、辩论和举证。

[设计意图] 通过模拟立法听证会，将理论化的教学内容变得更生动形象，利于增强学生的注意力，调动学生的积极主动性，启迪学生的思维。同时，利用角色扮演，让学生扮演政治生活中的多种角色，设身处地地了解、思考所扮演的角色，使教学在开放民主的氛围中进行有序政治参与，彰显责任担当。

[小结] 法律作为一种维持社会秩序、调整社会关系的社会规范，是要给所有人立规矩的，那么必然要把最广大的、法律涉及的对象的意见收集上去，提高立法质量，实现良法善治。

四、反思教学过程：优化科学立法的实践方式

（一）亮点与价值

1. 情境创设关联社会生活实际

新课标强调，指向核心素养的思想政治课教学要立足学生现实的生活经验，着眼于学生的发展需求，把理论观点的阐述寓于社会生活主题之中，做到理论知识与生活关切、学科逻辑与实践逻辑有机结合。① 首先，从必备知识的理解部分看，这一环节以现实生活为切入点，坚持生活立意，选用学生熟悉且关乎学生切身利益的新修订的《未成年保护法》，让学生感知社会生活，激发自身分析问题的兴趣。同时，以社会现实为切入点，拉近学生与教学内容的距离，为进一步教学做好铺垫。其次，在知识的迁移部分，选用社会热点话题《反食品浪费法（草案）》，反食品浪费作为一项与每个公民生活息息相关的政策，必然与学生的生活存在密切联系。在此次立法听证会的主体方面，不论是从餐饮服务提供者、餐饮外卖平台、市民代表（生产者、经营者、消费者）的角度，还是法律界专家的角度，学生都有话可说，能调用相关生活和实践经验，准确清楚地表达自己的真实想法。同时，从活动内容上讲，此次模拟立法听证会与本课所学科学立法的内涵和要求息息相关，具有高度的适切性，贴近课本，有利于本课知识的深化。

2. 课堂活动重视学生实践参与

有序的公共参与是衡量一个国家民主程度的重要标志之一。在本课的知识迁移环节，通过角色扮演，借助模拟立法听证会更生动、更形象地呈现教材内容，吸引学生的注意力，让学生扮演政治角色，参与活动，为学生提供一个与社会沟通的桥梁。从活动的形式来看，采用了比较新颖的活动形式——角色扮演，让学生站在真实的政治主体的立场上思考问题，多角度分析，形成对立法活动的全面认知。同时，给学生提供参与政治生活的情境平台，激发学生参与政治生活的热情，学习人大代表、政协委员、政府等多个主体的相关政治生活知识，提高学生公共参与能力。从活动的内容来看，一方面，选用贴近学生生活、反映现实生活问题的《反食品浪费法（草案）》作为问题情境，引起学生的情感体验，激发学生的政治参与意愿和求知欲望，使得学生在开放民主的氛围中，加深对知识的理解，提升发现问题、分析问题和解决问题的能力；另一方面，学生通过模拟立法听证会，成功实现了与社会的对接和沟通，在搜集资料、课前调查、组际辩论、个人展示的过程中真正参与到社会真实问题的解决中去，丰富了自身的社会实践经验。从实践的结果来看，在此次模拟《反食品浪费法（草案）》中，学生能够了解相关法律法规及政策，能够从多方面搜集资料，形成对教学内容的完整认知；同时，让学生真实地参与一次模

---

① 中华人民共和国教育部. 普通高中思想政治课程标准（2017 年版，2020 年修订）[S]. 北京：人民教育出版社，2020：2.

拟立法听证会，使得学生对听证会的流程和注意事项有所了解，获得真实的政治实践和情感体验，有利于提升其公共参与能力。

（二）问题与对策

1. 角色扮演不到位

在模拟立法听证会的过程中，通过观察学生的表现，我发现学生在扮演角色时，无法从自身的角色抽离出来，没有能够表现出角色应该具有的情感行为，比如，扮演餐饮服务提供者代表的发言没有很好地从餐饮服务提供者的角色出发，维护自身的合法利益，反映角色的立场；还有一些学生在角色扮演活动中发言不流畅，逻辑关系混乱，查找信息不充分，发言内容空洞。究其原因，首先，对于高一学段的学生而言，没有经过专业的训练，角色转变极具挑战性。在角色扮演活动中，高中生的大部分时间都在校园中，很少进行相应的社会实践活动，政治参与的实践经验几乎为零，无法从已有实践经验中获取相关政治主体的角色体验，导致在角色扮演中出现不到位的问题。同时，此次模拟立法听证会涉及人大代表、政协委员、政府、专家等多个主体，学生对这些主体的了解流于表面，缺少实地调查，对这些主体的了解不够深入、全面。其次，学生课前准备不足。模拟立法听证会需要学生做好相关的准备工作，比如，对《反食品浪费法（草案）》的内容、背景和所扮演的角色特点、活动目的等方面的了解。但是学生在课前的准备工作不充分、不到位，导致其在模拟立法听证会过程中体验感和获得感不强，影响教学质量。因此，具体优化应从以下方面入手：第一，以小组为单位，课前分配相关角色，并提供相应的角色介绍资料或素材，便于学生研究所扮演角色的应有行为表现，从而做出恰当的行为表现；第二，课前共同制定扮演活动规则，布置相应任务，提前发放问题列表。

2. 总结讨论不充分

总结阶段是模拟立法听证会活动中最为关键的一个部分，是有助于学生将所学知识和实践经验内化、深化的过程。一方面，通过教师有针对性的反馈，能够帮助学生澄清参与政治生活中存在的问题，让正确的行为得到确认和强化，让错误、不恰当的行为得到改正和完善；另一方面，通过总结，将特殊归纳概括出具有普遍意义的经验，有利于实现知识在新情境中的应用和迁移，提高学生参与政治生活的能力。但在实际教学中，由于课堂时间分配不合理，在模拟立法听证会之后，教师总结的时间很少，学生无法知道自己在活动过程中存在的问题，没能探讨出最终的修订结果，更没有互相评价的机会，因此，此次活动没有充分达到预期目的。具体优化方法如下：第一，及时提醒学生活动进程，便于学生及早从所扮演角色中抽离，回到学生角色本身，客观地评析自身的行为表现，并让学生自由表达自己所获得的角色感受和体验，对其他代表的行为表现做出评价；第二，教师应该多留出一些总结反馈的时间，对活动总体情况、学生总体表现及以上所提到的问题加以澄清和总结；第三，设置评价小组，观察各个代表在模拟立法听证会中的行为表现，围绕各个小组对立法的认知程度，考查学生查找搜集资料的能力、语言表达能力、辩论能力、合作能力，进行相应的评价，并评选出最佳小组。

"科学立法"议学单

议题：公民参与立法的意义及途径

姓名：_____ 班级：_____ 得分：_____

【学习目标】通过学习，掌握科学立法的内涵、推进科学立法的要求等必备知识；在小组讨论中培养交流合作能力、获取和解读信息能力、辨析能力、推理论证能力；通过模拟《反食品浪费法（草案）》立法听证会，应用和迁移"科学立法"的知识，增强公共参与意识与能力。

环节一：感悟法治社会的力量

【教学情境】播放视频：《法治的力量》。

法治是国家治理现代化的基本标志，而"良法善治"又是现代法治的基本标准和目标。党的十九大报告强调，以良法促进发展、保障善治。习近平总书记明确提出，"使社会主义法治成为良法善治"。良法是法治的前提，善治是法治的目标，法治应当是良法与善治的有机结合。

【学习任务】自由发言：分享课前搜集的法治新闻。

环节二：明确科学立法的要求

【教学情境】党的十八大以来，党中央对完善未成年人保护相关法律制度、改进未成年人保护工作提出了明确要求。2018年9月，由新成立的全国人大社会建设委员会牵头，正式启动《未成年人保护法》的修订工作。2019年，十三届全国人大常委会第十四次会议对《未成年人保护法》修订草案进行了审议，并公开征求意见。于十三届全国人大常委会第二十二次会议（2020年10月17日）经表决通过修订后的《未成年人保护法》。

新修订的《未成年人保护法》补齐了现有法律中的短板、细化了家庭监护、完善了学校和社会保护、强化了司法保护、新增了网络保护和政府保护，最大限度地保护了未成年人的权益。

【学习任务1】同桌交流：新修订的《未成年人保护法》体现了怎样的立法标准？

【答案提示1】① 新修订的《未成年人保护法》结合新时代新要求，补齐了现有法律法短板，最大限度地保障未成年的合法权益，体现了科学立法要尊重社会发展客观规律，体现了我国社会主义国家性质，顺应时代发展要求，推动国家发展进步，保障人民各项权利。② 新修订的《未成年人保护法》细化了家庭监护、完善了学校和社会保护、强化了司法保护、新增了网络保护和政府保护，体现了科学立法要符合国情和实际，科学合理地规范国家机关的权力与责任，规范法人和其他组织的权利与义务，使法律符合社会发展的需求。③ 新修订的《未成年人保护法》由党提出要求、全国人大社会建设委员会牵头、十三届全国人大常委会审议通过，体现了立法必须遵循法律体系的内在逻辑和立法工作的规律，遵循立法程序，注重立法技术，努力实现立法过程的科学化。

【学习任务2】小组讨论：为什么说新修订的《未成年人保护法》是一次科学立法的成功实践？

【答案提示2】① 全国人大常委会行使《宪法》规定的立法权并依据法定程序审议通过《未成年人保护法》，做到了依法立法。②《未成年人保护法》在修订过程中公开征求意见，充分发扬民主，坚持民主立法，广泛凝聚社会共识，使《未成年人保护法》更好地体现民

续表

意。③ 新修订的《未成年人保护法》，回应了现实关切，客观地认识现实生活中各种利益，细化各方权利与责任，充分保障未成年人的合法权益，做到了权利与义务相统一、相对应。

【学习任务3】师生对话：完成必备知识结构化梳理（图1）。

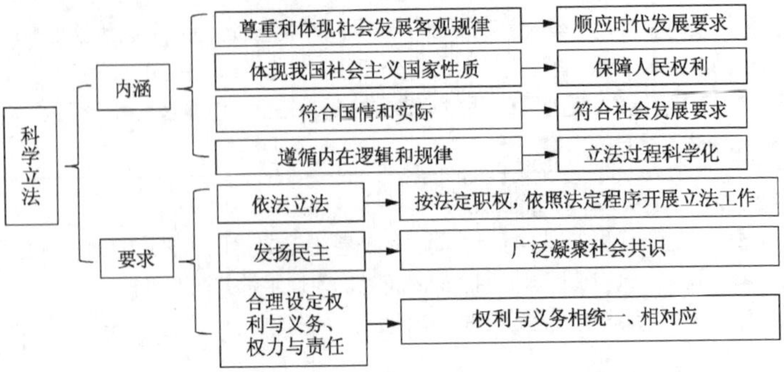

科学立法
- 内涵
  - 尊重和体现社会发展客观规律 —— 顺应时代发展要求
  - 体现我国社会主义国家性质 —— 保障人民权利
  - 符合国情和实际 —— 符合社会发展要求
  - 遵循内在逻辑和规律 —— 立法过程科学化
- 要求
  - 依法立法 —— 按法定职权，依照法定程序开展立法工作
  - 发扬民主 —— 广泛凝聚社会共识
  - 合理设定权利与义务、权力与责任 —— 权利与义务相统一、相对应

图1 以"科学立法"为核心概念的知识框架图

环节三：探讨科学立法的价值

【教学情境】设立基层立法联系点是开门立法、倾听民意的一项重大举措，使基层群众的立法建议能够乘"直通车"第一时间反馈到立法机关，进一步提高地方立法的科学性、民主性和可操作性。目前，全国人大常委会法工委新增江苏省昆山市人大常委会、浙江省义乌市人大常委会、广东省江门市江海区人大常委会、广西壮族自治区三江侗族自治县人大常委会、河北省正定县正定镇"人大代表之家"为基层立法联系点，同时，新增中国政法大学作为立法联系点，增加了联系点类型，拓展了联系点的工作面。

【学习任务】小组讨论：增设基层立法联系点对科学立法有何意义？

【答案提示】① 基层立法联系点有利于人大科学立法、民主立法，提高立法质量和效率。② 有利于加强普法工作，增强公民的法治观念，提高政治参与的热情和信心，促进法律实施。③ 设立基层立法联系点是坚持以人民为中心，保证人民当家作主的有效方式和途径，有利于推进国家治理体系和治理能力的现代化，推进法治中国建设。

环节四：体验科学立法的过程

【教学情境】为广泛征求和听取社会各界的意见和建议，推动科学立法、民主立法进程，提高立法质量，就《反食品浪费法（草案）》的必要性、可行性、合理性、合法性进行听证。

（备注：模拟立法听证会的参与主体和会议流程。参与主体：主持人、草案陈述人和听证陈述人。听证陈述人包括市人大代表、市政协委员、市民代表、餐饮服务提供者、法律界人士、餐饮外卖平台等。立法听证会流程：① 主持人主持会议；② 听证陈述人提出问题、意见或建议，进行陈述、辩论和举证；③ 草案陈述人对听证陈述人的问题进行答疑，并针对建议进行初步的反馈和答复；④ 主持人结语。）

【学习任务】每一小组选择其中一种角色进行《反食品浪费法（草案）》的陈述、辩论和举证。

"如何避免法律成为纸老虎?"议题式教学叙事
——基于"严格执法"一课

吴江中学　王佳执笔，备课组协同

一、形成教学思路：自创议题，引领教学

本学期采用议题式教学的教学方法，按照备课组的计划，由我来负责"严格执法"的教学设计。本节课的备课我分成以下几个部分进行。

（一）依据课标，确定教学目标

翻看新课标，与"严格执法"一框有关的内容要求是"搜集材料，阐述科学立法、严格执法、公正司法、全民守法的基本要求"[①]。其中，科学立法是上一框的内容，而公正司法和全民守法是后面两框的内容。课标上与"严格执法"这节课有些许关联的议题是"如何增强政府的公信力和执行力？"，探究建设职能科学、权责法定、执法严明、公开公正、廉洁高效、守法诚信的法治政府的意义，但是这个议题在"法治政府"这一课已经用过，课标的教学提示和"法治政府"这一课更加匹配，所以"严格执法"这一课要另外寻找新的议题。我们翻看习近平总书记有关执法的言论，如在中共十八届四中全会第二次全体会议上的讲话中引用的"天下之事，不难于立法，而难于法之必行"；中共中央政治局就加强反腐倡廉法规制度建设进行第二十四次集体学习时，习近平总书记强调"法规制度的生命力在于执行"；党的十八届四中全会通过的《中共中央关于全面推进依法治国若干重大问题的决定》指出，"法律的生命力在于实施，法律的权威也在于实施"；等等。这些言论都是在强调严格执法的重要性。教材在本框开篇的探究和分享部分提到了"有牙执法"。综合上述因素，沈雪春老师提议我们把这节课的议题设置为"如何避免法律成为纸老虎？"。

（二）梳理教材，建构知识框架

确定好"如何避免法律成为纸老虎？"这个议题之后，我便开始梳理

[①] 中华人民共和国教育部. 普通高中思想政治课程标准（2017年版，2020年修订）[S].北京：人民教育出版社，2020：19.

教材内容，本节课的教材内容非常清晰，分为是什么（严格执法的含义及实施主体）、为什么（严格执法的意义）、怎么办（推进严格执法的要求）三个部分。按照课标的要求，授课的重点应放在怎么办部分，即推进严格执法的要求。

（三）围绕议题，设置活动任务

结合教学目标和议题，我初步设计以下学习活动和任务。环节一：知识梳理，即梳理并初步感知基础概念；环节二：理解应用，感受严格执法的意义，即严格执法的情境化理解；环节三：理解应用，探寻严格执法的措施；环节四：应用迁移，模拟执法。本节课以议题统领，根据教材的重难点，第一版的教学设计思路具体如下。

环节一：知识梳理。为了让学生更加清晰地掌握本节课的内容，我梳理了相关知识的思维导图。思维导图可以方便学生预习，为学生后续的"议"做好知识性铺垫，同时，清晰的思维导图也有利于培养学生的自学能力。

环节二：感受严格执法的意义。"严格执法"开篇探究与分享部分情境采用的是环境保护相关话题，任务设置为结合材料说明加强环保执法有何重要意义。所以，在设计本环节时借鉴书本设计，以2021年3月1日起开始实施的《中华人民共和国长江保护法》（以下简称《长江保护法》）为情境，探讨严格执法的意义。

环节三：探寻严格执法的措施。这一部分是本节课的重点，依据课标，需要学生能够阐述严格执法的基本要求。情境选择的是关于执法的正面、反面事例，通过对比，学生感受到严格执法的意义。本环节一共有两个任务，任务一是学生通过观看视频、阅读材料了解山西民警和重庆公安的执法过程，从中得出执法启示。任务二针对某地的"执法人员"暴力"执法"，学生讨论当时网络热议的话题——"执法权能否外包？"。

环节四：学科知识的情境化应用迁移。新课标当中有一些教学提示，比如，模拟政府执法活动，评估严格执法的效果，可以"假如我是执法者"或"我为政府决策提建议"为话题，举行主题活动。根据校情和学情，我选择的是"假如我是执法者"，这是一种沉浸式的项目学习，学生要模拟执法活动，扮演好各自的角色，通过体验得以进行有意义的深度学习。

二、协同教学设计：明确任务，注重学生已有经验的调用

思路初成后，备课组协同设计，经过集体讨论，发现上述教学设计存在的主要问题有以下几个。

第一，学生的已有经验未能得到调用，应该增加课前的资料收集或相关调查的设计。全面推进依法治国的四个基本要求是科学立法、严格执法、公正司法、全民守法，在这四个基本要求中，严格执法相对来说是比较贴近学生生活的，学生可以从日常生活中去了解、去感知，甚至有些学生就亲历过公职人员执法过程。在优化教学设计中可以增加一个课前的资料收集或者相关调查设计。

第二，知识梳理要进一步突出重点建构和逻辑推导。知识的梳理过程其实就是学生对本节课的基本认知过程，我们在进行知识梳理时不仅要让学生掌握本节课的重难点知识，还要将知识梳理得更加具有逻辑性、结构性。本节课的知识梳理太过于简单，照搬了书本的知识分布，不利于学生记忆、理解，所以要将本节课的知识重新建构，含义和意义可以采用可视化的推导，主干知识没有必要让学生全部填写，采用填空即可。

第三，理解应用环节需要进一步明确任务。事实上，两者都属于知识的情境化理解。最初版的教学设计在环节二和环节三部分都把任务确定为理解应用，理解和应用是两个不同能力层级的任务，一个侧重于通过情境学生更好地理解知识，另一个则侧重于将知识应用于新的情境之中。环节二和环节三设置的目的都是通过情境让学生更好地理解知识，应该都属于理解，而不是应用。

第四，情境模拟是本课亮点，任务要求有些泛化，需要加以明确。这个环节是本节课较为有趣的环节，学生应该会比较感兴趣，通过模拟执法过程，既让学生体验一把执法者，有利于掌握"严格执法"这一课的重点内容，又对他们的职业规划有一定的引导。而最初版的任务设置比较泛化，学生可能看过执法，但是并不真正了解细节，所以需要教师细化任务要求，明确好学生的分工、角色定位，以及执法应注意的一些具体事项，这样才能让这个任务更加具有可操作性。

三、整体教学设计：紧扣任务开展活动

（一）教材与学情

1. 内容分析

（1）本课地位

本节课内容位于《政治与法治》第九课第二框，共包含"严格执法的内涵"和"推进严格执法"两目内容。全面依法治国的基本要求包括科学立法、严格执法、公正司法和全民守法，严格执法是全面推进依法治国的关键。本框内容承接了第一框"科学立法"，继续阐述怎样全面推进依法治国。通过本框学习，学生要掌握严格执法的内涵、主体、意义与推

进严格执法的要求。并在此基础上,理解法律的生命在于实施,实施的关键在于执法;严格执法是法治的关键环节;执法是有关国家机关依法从事管理,具体适用法律,将法律付诸实际的过程;执法既是法律适用过程,也是法律实施过程;严格执法是关键,能够监督政府依法行政,为法治政府建设贡献力量。

(2) 本课内容

本课分为两目,阐述了严格执法的内涵、主体、意义及推进严格执法的要求。

第一目"严格执法的内涵",阐述了严格执法的含义,介绍严格执法的主体及其职责;阐明严格执法的意义,即有助于捍卫法律的权威和尊严、实现社会公平正义、推进法治政府建设。由"探究与分享"开启,介绍了修订后的《中华人民共和国环境保护法》的实施情况和执法效果,引导学生通过分析材料和调查研究认识严格执法的社会意义及示范作用。通过名人名言的引用,学生感受到法律的严肃性、建立法律威信的重要性。

第二目"推进严格执法",阐述了实现严格执法需要全面履行政府职能、坚持规范执法、坚持公正执法、坚持文明执法。通过相关链接介绍了"权力清单"的含义,进一步阐释权责法定的含义,明确政府严格执法的范围,通过"探究与分享"介绍了某省《交通行政执法用语规范》,引导学生了解规范执法的程序,探究规范执法对建设法治中国的重要性。

2. 学情分析

(1) 学生心智特征分析

本课的教学对象是高一学生,其思维水平已经发展到一定程度,初步具备分析社会现象的心智和能力,能够形成对社会现象的基本评价和理解。初步了解对比、归纳等总结、归因分析的方法,具有一定的逻辑思维能力,能对教师设置的文本和视频资料进行综合分析。

(2) 学生已有知识经验分析

在初中阶段,学生已经接触过执法方面的相关知识,并且通过前面两课的学习,对全面依法治国的历程、目标与原则及法治中国一体化建设有了一定的把握;学生对执法活动有较为浓厚的兴趣,且具有辨别是非的能力和一定的思维能力,能够从执法过程中概括出执法的主体和要求。

3. 教学目标与重难点

(1) 教学目标

通过学习,明确严格执法的内涵和意义,理解严格执法的措施。在小组讨论中,应用和迁移"严格执法"的知识,培养交流合作能力、获取和解读信息能力、推理论证能力。认同我国全面推进依法治国，建设法治国家的意义，增强制度自信。

（2）教学重难点

教学重点：严格执法的内涵。

教学难点：推进严格执法的具体要求。

（二）路线与结构

1. 教学路线

本课采用议题式教学方式，议题、情境、活动、知识要素形成如下四条线。

议题线：由"如何避免法律成为纸老虎？"议题引领以下问题串，身边的执法现象有哪些？—加强对《长江保护法》的执法力度有何意义？—山西民警和重庆公安的做法给了我们哪些执法启示？—为什么执法权不能外包？—"假如我是执法者"。

情境线：《行政执法"三项制度"》—《长江保护法》的实施—执法案例—模拟执法。

活动线：师生对话—小组讨论/师生对话—小组讨论—小组合作。

知识线：严格执法的表现—严格执法的意义—严格执法的要求—严格执法的要求。

2. 教学结构（图1）

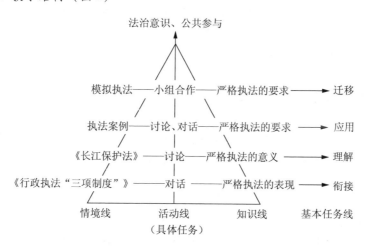

图1 "如何避免法律成为纸老虎？"议题式教学结构

（三）过程与意图

［议题］如何避免法律成为纸老虎？

环节一：述说执法

[教学情境] 播放视频：漫画《行政执法"三项制度"》。

视频聚焦行政执法的源头、过程和结果，将"阳光政府""服务政府""法治政府"的理念融入行政执法全过程，是深化依法治国实践的重大举措，是提升行政执法水平质量的重要制度安排，是推进法治政府建设的重要保证，对促进严格规范公正文明执法，切实保障人民群众合法权益，维护政府公信力，营造更加公开透明、规范有序、公平高效的法治环境，加快社会主义法治国家建设进程具有重要意义。

[学习任务] 师生对话：讲一讲你身边看见过或者经历过的执法，并分析这些执法的合理性和不合理性。

[设计意图] 通过前置学习，学生能训练搜集信息、调查研究能力。回答这一问题时，学生需要去留心身边的、社会的事情，调用其已有的生活经验，并能够运用已有的知识分析执法行为，为后续模拟执法活动唱响前奏。

环节二：透视执法

[学科概念] 严格执法的意义。

[教学情境] 3月1日是《长江保护法》正式实施的第一天。《长江保护法》是中华人民共和国成立以来第一部流域性质的立法，它对推动长江流域经济社会发展全面绿色转型，实现人与自然和谐共生和中华民族永续发展，具有十分重要的意义。法律实施之后，贯彻执行成为关键。基层执法人员表示，将在工作中执行好《长江保护法》，依法制止、打击危害长江生态的行为。探索协助巡护员制度，24小时不间断巡查，让长江十年禁渔落地生根；夜间在敏感水域驻点，严防"砂耗子"盗砂；启用无人机、夜间可视监控等技术手段，为母亲河装上"智慧眼"。它的出台填补了我国流域综合立法的空白，开创了我国依法开展流域治理的先河。

[学习任务] 小组讨论：加强《长江保护法》执法力度有何意义？

[设计意图] 通过加强对《长江保护法》的实施情况和执法效果，展示了严格执法的威力，引导学生通过分析材料认识严格执法对长江、社会、政府、国家的作用，提升自身的理论联系实际的能力。

[答案提示] 本环节主要考查学生运用所学知识分析解决实际问题的能力，培养学生的法治意识素养。需要学生结合情境材料和所学知识，分析说明我国坚持严格执法的意义。首先，明确建设法治政府要严格执法。其次，明确严格执法的意义，即只有严格执法，建设高效的法治实施体系，才能切实推进法治国家建设进程；只有行政机关带头严格执法，依法全面履行职能，才能维护法律权威和尊严；只有坚持严格执法，法律才能

发挥治国重器的作用，全社会才能形成对法律的尊崇和敬畏。

环节三：护航执法

［学科概念］严格执法的要求。

［教学情境］播放视频：《法治在线：山西公安以信息化助力执法规范化》。

材料一：重庆公安始终把严格规范公正文明执法作为价值追求。公安机关处于执法司法工作的第一线，重庆公安为更好履行职能，进一步完善受案立案制度，坚决杜绝有案不立、久侦不结等执法突出问题；加强公安文明执法建设，转变执法观念，提高队伍素质，加强执法监督；坚持做到执法全流程、全要素、可视化、可回溯管理；切实让人民群众在每一起案件办理、每一件事情处理中都能感受到公平正义，努力实现最佳的法律效果、政治效果、社会效果。

材料二：近日在网上热传的一段视频里，某市一名自称"市容巡查队大队长"的男子走进沿街一家药店，要求药店将玻璃墙上贴的医保定点标识、防疫要求等"垃圾广告"全部清理干净，他还强调自己可以"先斩后奏"。视频引发争议，该市综合行政执法局局长回应，此事系第三方外包公司人员操作失误。但《中共中央、国务院关于深入推进城市执法体制改革改进城市管理工作的指导意见》说得很清楚，协管人员只能配合执法人员从事宣传教育、巡查、信息收集、违法行为劝阻等辅助性事务，不得从事具体行政执法工作。可见，"城管外包"不等于"执法权外包"，协管人员只能从事边缘性工作，没有单独执法权。

［学习任务1］小组讨论：山西民警和重庆公安的做法给了我们哪些执法的启示？

［设计意图］通过观看视频、阅读文本材料，学生了解山西民警和重庆公安的执法，了解规范执法的程序，明确规范公正文明执法对于执法者和执法对象的意义，深入理解规范执法对法治中国建设的重要性。

［答案提示1］本环节设问要求总结材料中执法人员的执法行为给我们的执法启示，学生的回答结构应该是"材料+从中得到的启示"，可以从履行政府职能、规范执法、公正执法、文明执法等角度组织答案。

［学习任务2］小组讨论：为什么执法权不能外包？

［设计意图］通过调用已经学过的《政治与法治》的相关知识，把以往所学的知识综合运用起来，提高学生分析和解决问题的能力，深刻理解执法权不能外包的原因。

［答案提示2］本题需要调用国家性质、对政府权力进行制约和监督

等有关知识，分析权力不能外包的理由：一是权力法定，二是由我们国家的国家性质决定的。回答原因类的问题，一般需要回答这样说或这样做的依据、意义（重要性）、必要性、可能性等。

[学习任务3] 师生对话：完成"严格执法"必备知识梳理图（图2）。

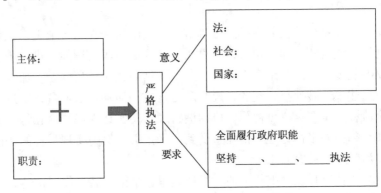

图2 "严格执法"必备知识梳理图

[设计意图] 通过对本节课知识的梳理，学生从整体上把握所学知识，也为后面学科知识的迁移应用和学生学科素养的层阶性上升奠定了知识根基。

环节四：模拟执法

[教学情境] 权力应在法律框架内运行，"市容巡查队大队长"不当言论的背后是肆意妄为的权力欲望在"探头"，执法人员代表着政府的形象，政府应建设群众信得过、靠得住、能放心的执法队伍，执法人员在执法过程中应做到规范、公正、文明执法。

[学习任务] 小组合作：请情境模拟"假如我是执法者"。

要求：① 以小组为单位，饰演好角色。② 角色包括执法者（两名及以上）、被执法人员、围观群众（在模拟结束后发表评论）。③ 模拟时间控制在3分钟之内。

[设计意图] 通过模拟执法者的执法活动，学生能迁移"严格执法"的相关知识，培养学生的法治意识和公共参与精神。引导学生在日常生活中，以主人翁的姿态监督执法机关的执法，自觉支持、配合执法机关的执法活动，为法治国家、法治政府、法治社会建设贡献力量。

四、反思教学过程：且行且思助力项目化学习落细落实

（一）亮点与价值

1. 知识梳理突出重点建构和逻辑推导

本课在知识梳理部分运用思维导图，突出知识的重点建构和逻辑推导。在教学过程中，我们经常会遇到一个问题，即学生上课能听懂，课后遇到实际问题却经常出错，主要原因在于学生课后没有及时复习、总结，没有构建出突出重点建构和逻辑推导的知识框架。教师在上课前帮助学生理清知识框架，并在课堂上给学生讲解让学生提出问题，有助于学生梳理知识脉络、整理教材、有条理地学习和复习。思维导图是一种高效率的学习工具，同时也是一种新型的教育工具。本节课的思维导图以严格执法为根，散发出三个"分枝"即严格执法的内涵、意义和要求，各"分枝"生成自己的"子枝"继续派生。通过思维导图，学生理清了知识结构，突出了重点知识，固化了学习内容。此外，思维导图层次清晰，也可以帮助学生整理思路并重现头脑中的记忆，有利于学生课后构建知识的整体框架，有助于学生清晰判断学习内容的重点与难点，加强对知识点内在联系的掌握，增加学生的学习兴趣。

2. 情境模拟，激发学生的学习兴趣

情境模拟是一种情境体验教学，教师通过创设教学情境，引发学生沉浸式的体验学习。情境体验教学和体验学习两者互为依托，构成一个完整的有生命的课堂发展系统，从而形成有情感的、创新的、具有人文价值趋向的课堂教学。最后一个环节是本节课的重点和高潮，执法活动是学生所熟悉的生活情境，本节课就是让学生结合课堂所学的知识和生活经验，模拟执法活动，深入浅出地再现教学内容，这有利于激发学生的学习兴趣和创造思维，可以提高学习效率，让学生在实践过程中更加紧密地联系理论和实际。

（二）问题与对策

1. 缺乏大单元教学的思维

第三单元"全面依法治国"的各个框题本身的知识点是有重复、交叉的，不能把每一框的知识割裂开来。比如，"严格执法"这一框题和"法治政府"是不可分割的，严格执法有利于推进法治政府的建设，法治政府也必须是执法严明、公开公正的政府。核心素养下的大单元教学设计助推学生素养提升，需要教师在授课时引导学生从整体上把握和建构知识。

2. 应用迁移环节的情境缺乏正确价值观的引领

价值观作为一种社会意识，对个人和社会有普遍的、显著的导向作用。正确的价值观对社会发展和个人成长起促进作用，错误的价值观起阻碍作用。我们要树立正确的价值观，发挥正确价值观的导向作用。环节三和环节四的情境为某市的负面新闻，"市容巡查队大队长"的言辞恶劣，学生接受的是负面信息，如果处理不当，不利于正确价值观的培养。在选择情境时，最好选用一些积极的、能给学生带来正能量的情境，以便于学科核心素养的落实。

3. 项目化学习时间安排不充分

本节课的最后一个环节是情境模拟，即以小组为单位进行项目化学习的开放性活动任务，这种沉浸式、体验式学习，是课堂气氛最为活跃的一个环节，是学生最感兴趣的地方，也是本节课的升华。学生在学习了严格执法的内涵、意义和要求之后可以通过模拟执法的方式将课堂知识迁移，充分给予学生表达的空间和展示的平台。由于前面环节比较多，留给最后一个环节的时间并不充裕，在进行该环节时准备时间是三分钟，学生讨论得意犹未尽，没有完全准备好，且只能让一组学生模拟执法，虽然是完成了整个教学计划，但是最后草草收尾，学生和教师也没有多余的时间评论。具体的优化措施：一是严格控制前面几个环节学生的讨论发言时间，为后续的情境模拟环节争取时间；二是可以提前让学生预习议学单，设计好情境模拟环节，真正让学生沉浸式、体验式学习，把公共参与和法治意识内化于心、外化于行。

"严格执法"议学单

议题：如何避免法律成为纸老虎？

姓名：_____ 班级：_____ 得分：_____

【学习目标】通过学习，明确严格执法的内涵和意义，理解严格执法的要求。在小组讨论中，应用和迁移"严格执法"的知识，培养交流合作能力、获取和解读信息能力、推理论证能力。认同我国全面推进依法治国、建设法治国家的意义，增强制度自信，提升法治意识和公共参与能力。

环节一：述说执法

【教学情境】播放视频：漫画《行政执法"三项制度"》。

视频聚焦行政执法的源头、过程和结果，将"阳光政府""服务政府""法治政府"的理念融入行政执法全过程，是深化依法治国实践的重大举措，是提升行政执法水平质量的重要制度安排，是推进法治政府建设的重要保证，对促进严格规范公正文明执法，切实保障人民群众合法权益，维护政府公信力，营造更加公开透明、规范有序、公平高效的法治环境，加快社会主义法治国家建设进程具有重要意义。

【学习任务】师生对话：讲一讲你身边看见过或者经历过的执法，并分析这些执法的合理性和不合理性。

环节二：透视执法

【教学情境】3月1日是《长江保护法》正式实施的第一天。《长江保护法》是中华人民共和国成立以来第一部流域性质的立法。法律实施之后，贯彻执行成为关键。基层执法人员表示，将在工作中执行好《长江保护法》，依法制止、打击危害长江生态的行为。探索协助巡护员制度，24小时不间断巡查，让长江十年禁渔落地生根；夜间在敏感水域驻点，严防"砂耗子"盗砂；启用无人机、夜间可视监控等技术手段，为母亲河装上"智慧眼"。

【学习任务】小组讨论：加强对《长江保护法》的执法力度有何意义？

【答案提示】① 严格执法，保护长江生态，有利于长江流域经济社会发展全面绿色转型，实现绿色持续发展。② 行政机关带头严格执法，依法履行职能，有利于建设法治政府。③ 依法制止和打击危害长江生态的行为，有利于捍卫法律的权威和尊严，有利于实现社会公平正义，维护公共利益、人民权益和社会秩序。

环节三：护航执法

【教学情境】播放视频：《法治在线：山西公安以信息化助力执法规范化》。

材料一：重庆公安始终把严格规范公正文明执法作为价值追求。公安机关处于执法司法工作的第一线，重庆公安为更好履行职能，进一步完善受案立案制度，坚决杜绝有案不立、久侦不结等执法突出问题；加强公安文明执法建设，转变执法观念，提高队伍素质，加强执法监督；坚持做到执法全流程、全要素、可视化、可回溯管理；切实让人民群众在每一起案件办理、每一件事情处理中都能感受到公平正义，努力实现最佳的法律效果、政治效果、社会效果。

续表

材料二：近日在网上热传的一段视频里，某市一名自称"市容巡查队大队长"的男子走进沿街一家药店，要求药店将玻璃墙上贴的医保定点标识、防疫要求等"垃圾广告"全部清理干净，他还强调自己可以"先斩后奏"。视频引发争议，该市综合行政执法局局长回应，此事系第三方外包公司人员操作失误。但相关的法律规定也说得很清楚，协管人员只能配合执法人员从事宣传教育、巡查、信息收集、违法行为劝阻等辅助性事务，不得从事具体行政执法工作。可见，"城管外包"不等于"执法权外包"，协管人员只能从事边缘性工作，没有单独执法权。

【学习任务1】小组讨论：山西民警和重庆公安的做法给了我们哪些执法的启示？

【答案提示1】① 山西民警坚持执法全过程记录，用信息化助推执法规范化，保护了自己合法权益，启示要坚持规范执法。② 重庆公安加强文明执法建设，转变执法观念，提高队伍素质，启示要坚持文明执法，力求实现执法效果最大化。③ 重庆公安坚决杜绝有案不立、久侦不结等执法突出问题，克服懒政、怠政，启示要全面履行政府职能，坚持法定职责必须为。④ 重庆公安让人民群众在每一件案件的办理中都能感受到公平正义，启示要坚持公正执法，提升执法机关的公信力。⑤ 重庆和山西民警坚持执法全流程、全要素、可视化、可回溯管理，启示要利用"互联网+执法"数字化管理。

【学习任务2】小组讨论：为什么执法权不能外包？

【答案提示2】① 我国是人民民主专政的社会主义国家，一切权力属于人民。执法机关的执法权是人民赋予的，行使权力要受到人民的监督，对人民负责。② 从公权力的角度来讲，法无授权皆禁止，对于每一级行政机关、公权力机关的权限都有相应的权力清单，对权力的行使主体都有明确的限制，只要属于公权力的行为就不能外包。③ 政府可以向第三方机构购买服务，但是这仅限于政府提供的非权力性的领域。

【学习任务3】师生对话：完成必备知识梳理。

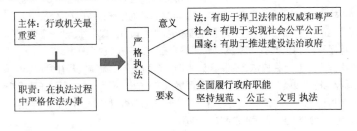

环节四：模拟执法

【教学情境】权力应在法律框架内运行，"市容巡查队大队长"不当言论的背后是肆意妄为的权力欲望在"探头"，执法人员代表着政府的形象，执法应规范、公正、文明。

【学习任务】小组合作：情境模拟"假如我是执法者"。

要求：① 以小组为单位，饰演好角色；② 角色包括执法者（两名及以上）、被执法人员、围观群众（在模拟结束后发表评论）；③ 模拟时间控制在3分钟之内。

"为什么说司法公正是社会公平正义的最后一道防线?"议题式教学叙事
——基于"公正司法"一课

吴江中学　柳翠执笔，备课组协同

一、形成教学思路：以案说法，创设情境

《普通高中思想政治课程标准（2017年版，2020年修订）》对本框的内容要求为阐述公正司法的基本要求。新课标的教学提示是以"为什么说司法公正是社会公正的最后防线"为议题，探究公正司法的意义和价值，以及体现公正司法的制度和措施，让学生通过具体案件的审理，感受公平正义。由此可以确定本课议题：为什么说司法公正是社会公平正义的最后一道防线？一方面，这一议题依托教材内容，司法公正作为建设法治政府、法治社会的重要保证，是推进全面依法治国的重要内容；另一方面，从建设社会主义法治国家的目标来看，维护社会公平正义是其应有之义和内在价值追求，选用这一议题，契合本课价值追求，便于培育学生的政治认同素养。

在此基础上确定本框题的学习目标：了解公正司法的含义、内涵，理解公正司法的措施。在小组讨论中培养交流合作能力、获取和解读信息能力、推理论证能力，在具体案例中理解公正司法是维护社会公平正义的最后一道防线，培养自觉参与司法过程的意识，感受我国的司法实践。

以议题为引领，统筹议题所涉及的教材知识，我初步设计出本节课的主干问题及活动任务，具体如下。

首先，将搜集到的我国司法裁判的真实案例引入课堂，作为学生思维活动的情境，引导学生对现实生活中的问题展开探究，为学生提供表达、展示、分享的机会，让学生不仅了解、描述司法公正的要求，更能理解实现司法公正、维护社会公平正义的措施。一方面，通过模拟审判长的角色，学生围绕真实问题进行思考、讨论，在激发其学习兴趣的同时调用其已有认知经验和知识，增强其责任感和政治角色意识，提高其政治参与能力；另一方面，我借用高考常用的评析题的形式设计了任务二，引导学生在表达、评析的过程中展示和澄清观点,明确社会公平正义并非一己之力,而是来自社会方方面面的努力与创造,以此提升学生的政治参与意识,增强社会责任感。具体情境及活动任务如下。

环节一:梳理建构必备知识。梳理公正司法的内涵和举措。

环节二:理解公正司法是捍卫社会公平正义的最后一道防线。用学生身边的真实案例,让学生掌握身边的法律知识。从生活经验转移到知识理解,公正司法是捍卫社会公平正义的最后一道防线。通过评析"司法机关确保司法过程和结果合法、公正就能守护社会正义"的观点,明确公正司法的具体措施。

环节三:探寻公正司法的有效措施。在学生感知公正司法内涵的基础上,我在探究如何实现公正司法的环节中,初步设定两大任务。一方面,选用当下司法热点作为切入口,让学生围绕"加强监督就能保证公正司法"这一观点进行评析;另一方面,以体现社会公平正义、传递司法机关司法温暖的司法救助作为切入点,选用真实的司法案例,让学生谈谈对司法救助的看法和认识,进而让学生感受到司法不仅彰显理性,更能传递温度,感受到社会主义法治的人文主义光辉。

环节四:引领为公正司法贡献青春力量。以培育学生政治参与素养为落脚点,选用苏州市"4·8司法日"的法援惠民生拓展工程为情境,让学生围绕吴江法治建设写一份宣传稿,让学生体悟公正司法是维护社会公平正义的最后一道防线,展示家乡法治建设成就,进而提升对社会主义法治的政治认同感。

二、协同教学设计:精减活动,增加"议"味

议学单初稿完成以后,交予备课组集体研讨,根据课标、议题和本节课学生须掌握的知识点,备课组提出了初稿存在的问题及部分修改意见,具体情况如下。

第一,设计活动任务过多。在教学设计初稿中,我一共设计了五个任务。一方面,留给学生思考、交流、表达和展示的时间就变少,很可能会造成学生对问题的探讨停留于浅层次,无法深入思考理解本课内容,缺乏议题式教学"议中学"的意味,有悖教学设计初衷;另一方面,很可能会出现教师为了完成活动任务而"满堂灌"的情况,学生的积极性和创造性得不到发挥,不利于学生学科核心素养的培育和提升。因此,应当删减一个或两个活动及任务,优化活动任务设计。

第二,活动任务设计得层次性、序列化不明显。新课标要求高中思想政治教学要遵循教学内容的结构化和活动任务的序列化原则,注重优化活动，让学生在由浅入深、从简单到复杂的过程中实现思维的提升，保障议题式教学实施效果，进而有效培育思想政治学科核心素养。新课标的学科基本任务遵循是什么、为什么、怎么样的逻辑顺序，分为描述与分类、解释与论证、预测与选择、辨析与评价四种不同的任务类别。在初次的理解司法公正是捍卫社会公平正义的最后一道防线环节中，任务1对应的是预测与选择，任务2对应的是辨析与评价，两者都是回答"怎么样"的任务，不太符合学生的思维逻辑顺序。对于刚进入本课学习的学生来讲，问题的难度太大，可能会导致学生课堂参与度下降。因此，应当调整活动任务的呈现顺序，围绕"司法公正是什么、为什么、怎么样"展开。

三、整体教学设计：四环展开，感悟公正

（一）教材与学情

1. 内容分析

（1）本课地位

本课位于《政治与法治》第九课的第三框，讲述公正司法的内涵、意义及推进公正司法的具体要求。首先，从教材单元逻辑出发，本单元以全面依法治国为主题，以是什么—为什么—怎么样为主线。公正司法作为推进全面依法治国的基本要求之一，也是维护社会公平正义，彰显社会主义法治的以人民为中心的重要体现，在本单元的内容中占据重要地位。同时，从本课的逻辑来讲，公正司法既是对全面推进依法治国的基本要求的承接，同时也为全民守法做铺垫，共同构成了社会主义法治国家图景。

（2）本课内容

本课分为两目，第一目"公正司法的内涵"，阐述公正司法的含义和意义，分析公正司法的表现，即公正司法的过程和结果都要做到公正；第二目"推进公正司法"，阐述要推进公正司法，必须确保审判权和检察权依法独立行使，必须以事实为根据、以法律为准绳，必须坚持人民司法为人民，必须加强人权司法保障。

2. 学情分析

（1）学生心智特征分析

本课知识理论性较强，对于已经拥有一定的抽象思维能力和逻辑思维能力的高中生来讲，具备一定的优势。但处于高一学段的学生对于司法机关的感知大部分停留在了解层面，缺乏相应的生活经验和情感体验，因此，需要通过创设问题情境，调用学生的生活经验，激发学生的情感体验，发挥学生归纳、分析、综合的思维能力，便于理论知识的学习。

（2）学生已有知识经验分析

对于高一的学生来讲，经过之前初中的学习及积累的日常生活经验，都已经接触过关于法治的相关知识，对公正司法的概念及价值有一定的了解和认知，具备一定的知识基础，但停留在知识的表层，对公正司法这一概念缺乏系统性的理解。同时，本课内容理论性较强，内容较为抽象，关于公正司法的措施综合性较强，距离学生生活较远，学生无法全面掌握。因此，本课引入真实情境，通过序列化活动设计，学生能在案例思考、交流的过程中理解公正司法的重要性，感受公平正义。

3. 教学目标与重难点

（1）教学目标

围绕"为什么说司法公正是社会公平正义的最后一道防线？"这一议题，以公正司法为核心概念，通过四个问题的探究和讨论，学生了解、理解、应用、迁移公正司法的相关知识。学生通过对具体司法案例的讨论，培养其参与司法的意识，感受我国的司法实践，增强政治认同感。

（2）教学重难点

教学重点：公正司法的内涵。

教学难点：系统认识公正司法的措施，增强政治认同。

（二）路线与结构

1. 教学路线

本课以议题式教学为主要方式，以核心概念"公正司法"统领本课教学形成如下四条线。

议题线：由"为什么说司法公正是社会公平正义的最后一道防线？"议题引领以下问题串，对司法救助制度及其功能的认识—加强监督就能保证司法公正吗？—如果你是法院的审判长，你将如何判决此案？—"法援惠民生拓展工程"宣传稿。

情境线：《法治中国》视频—司法救助案例—司法监督新闻—个人宣传稿。

活动线：自由发言—小组讨论—小组讨论—独立思考和展示。

知识线：公正司法的表现—司法救助含义—司法公正措施。

2. 教学结构（图1）

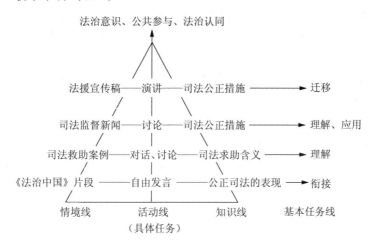

图1 "为什么说公正司法是社会公平正义的最后一道防线？"议题式教学结构

（三）过程与意图

［议题］为什么说司法公正是社会公平正义的最后一道防线？

环节一：感知公正司法的表现

［课前准备］播放视频：《法治中国》。

［导入］习近平总书记在中央全面依法治国工作会议上对司法为民提出了新要求："努力让人民群众在每一个司法案件中感受到公平正义。公平正义是人民的向往、幸福的尺度。"党的十八大以来，在习近平法治思想指引下，法治中国建设取得重大进展，公平正义更加可触可感，收获的是亿万百姓对社会公平正义的更强信心。今天我们就一起来学习全民推进依法治国的基本要求——公正司法，共同探究：为什么说司法公正是社会公平正义的最后一道防线？

［学习任务］自由发言：我身边的公正司法现象。

［设计意图］利用《法治中国》相关视频，激发学生的学习兴趣，便于学生直观感受公正司法实践，增强社会主义法治认同感。

环节二：理解公正司法的功能

［学科概念1］司法救助。

［教学情境］因父亲杀害母亲，不满10岁的吴氏兄弟成为"事实孤儿"，与爷爷奶奶艰难度日。江苏省南通市崇川区检察院发现该线索后，快速行动，仅用十余天时间就完成指导申请、审查、报批，为当事人申请拨付救助金10万元。为最大限度保护孩子的权益，该院又联系申请人所

在地民政部门签订三方托管使用协议，由民政部门托管该笔司法救助金，实行专款专用、分期发放，确保款项用于孩子的学习和生活。这是日前江苏检察机关国家司法救助助力脱贫攻坚工作新闻发布会发布的典型案例之一。

［学习任务1］小组讨论：结合上述案例，谈谈你对司法救助制度及其功能的认识。

［答案提示1］司法救助制度：司法机关实现权利救济、传递司法温暖的制度。功能：① 国家设立司法求助制度，加强了人权的司法保障；② 崇川区检察院为当事人申请救助金的做法体现了司法为人民，通过司法维护人民权益。

［设计意图］借用司法具体案例，将学生引入真实社会情境，实现学科理论逻辑与生活逻辑相统一。一方面，能够激发学生的学习热情；另一方面，引入真实司法救助案例，能更好地帮助学生调用生活经验，感知公正司法的价值与意义，提升法治认同感。

［学科概念2］公正司法。

［学习任务2］师生对话：共同梳理"公正司法"知识体系图（图2）。

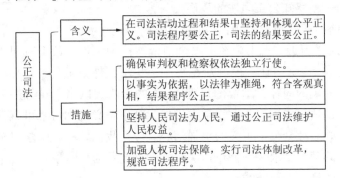

图2 "公正司法"知识体系图

［设计意图］通过师生对话的形式，完成本课必备知识的梳理和知识体系的建构，帮助学生完成对公正司法相关知识的系统认知，也为知识的理解和应用打下基础。

环节三：应用公正司法的措施

［学科概念］公正司法的措施。

［教学情境］为推动队伍教育整顿走深走实，2021年3月26日上午，苏州市司法局召开队伍教育整顿征求意见座谈会，邀请人大代表、政协委员、律师代表、公证行业代表、司法鉴定行业代表参加，诚恳听取对开展

队伍教育整顿、推进法治建设、司法行政工作和队伍建设意见建议。座谈会由市司法局党组书记、局长王侃主持，市司法局队伍教育整顿领导小组副组长参加座谈会。

[学习任务] 小组讨论：有人认为，加强监督就能保证公正司法，公正司法就能守护社会正义。对此，你是如何认识的？

[答案提示] 加强监督，有利于促进公正司法。促进公正司法，还须确保依法独立公正行使审判权和检察权，须坚持以事实为依据、以法律为准绳，做到事实认定符合客观真相、办案结果符合实体公正、办案过程符合程序公正，须加强人权司法保障。

[设计意图] 通过对"加强监督就能保证公正司法"观点的评析，帮助学生理解公正司法的措施，学生借此了解实现司法公正是一个综合性、系统性工程，并非凭一己之力。同时，设计辨析与评价的学科任务，能够帮助学生在观点的碰撞过程中，培育科学精神。

环节四：迁移公正司法的措施

[学科概念] 公正司法的措施。

[教学情境1] 苏州市相城区某公司车间突发火灾，该公司附近商户刘某发现火灾后，与他人自行赶到起火车间围墙外登高救火，并因此坠落受伤。刘某为赔偿事宜诉至法院。

[学习任务1] 独立发言：如果你是法院的审判长，你将如何判决此案？

[答案提示] 相城区法院经审理认为，本次事故中，刘某救火系见义勇为行为，某公司作为受益方，依法应当对刘某的损失进行适当补偿。结合刘某的损失情况、某公司的受益情况及现场情况，酌情认定某公司补偿刘某18万余元。

[设计意图] 以问话方式，让学生代入审判长的角色思考问题，能够激发学生课堂参与的积极性，达成对实现司法公正的深度理解。同时，学生以体验者角色参与真实司法案例，可以体会到公正司法并非纸上谈兵，需要处理好多种矛盾冲突，有助于提升解决现实问题的能力及政治参与能力，增强公共参与意识。

[教学情境2] 苏州市司法局根据省司法厅"4·8司法日"相关部署，按照立足优势特色资源、聚焦年度重点任务、线上线下齐发力的思路，研究策划2项线上宣传活动和4项线下法律服务行动，突出有内容、有特色、有实效，进一步激发和展现"4·8司法日"品牌内核。相城区、吴中区、吴江区局在本辖区轻轨站点同步布展相应内容，设置"法援惠民

生"公益广告，形成宣传联动，进一步提升"法援惠民生拓展工程"社会知晓度。

[学习任务2] 独立撰写：请你为吴江区的"法援惠民生拓展工程"写一份宣传稿，以"让司法公正成为社会公平正义的最后一道防线"为主题，100字左右，文体不限。

[设计意图] 以撰写吴江"法援惠民生拓展工程"宣传稿的方式，引导学生立足社会主义法治实践，在认同社会主义法治的基础上，将所学知识与自己的真实生活相联系，使理论观点与生活经验相结合，强化课堂内容，帮助学生为建设社会主义法治国家而奋斗，提升学生的法治意识素养。

[课堂小结] 全面推进依法治国，必须坚持公正司法。公正司法是维护社会公平正义的最后一道防线。我们要依法公正对待人民群众的诉求，努力让人民群众在每一个司法案件中都能感受到公平正义，绝不能让不公正的审判伤害人民群众的感情，损害人民群众的利益。

四、反思教学过程：让学习任务更接地气

（一）亮点与价值

1. 坚持学科逻辑与生活逻辑相结合，使教学内容接地气，课堂增活力

"公正司法"这一框内容理论性较强，距离学生生活较远，学生理解起来比较困难。因此，在本课教学中，选用贴近学生生活、符合学生认知的真实司法案例，缩短学科知识与现实生活的距离，使得教学内容更接地气，契合学生的生活和心理，提升学生的学习积极性和主动性，增强课堂活力。首先，课堂伊始，选用贴近学生生活的《法治中国》视频，将学生拉进社会主义法治建设的氛围中，让学生以愉悦的心情进入本课的知识学习中；其次，在"理解公正司法的功能"环节中，选用贴近学生生活的司法救助案例，让理论知识活起来，让学生以真实生活案例为切入点探究司法救助制度，感受公正司法的价值，大大激发了学生对社会主义法治的自豪感和认同感；最后，在迁移部分，同样以真实的司法案例为情境，让学生模拟审判长的角色，密切学生与社会实践的关系，让学生充分体验审判长的角色和职责，厘清实际法庭审判过程和结果的公正。在探讨"假如你是审判长，你会如何判决"的过程中，进行自主判断和分析，教师引导、学生再判断，加深对公正司法的要求及其重要性的理解，在增强学生的法治意识、科学精神和社会责任感的同时实现正向价值的引领和传递。

2. 活动任务设计富有思辨性，便于培育学生的科学精神

通过引入真实生活情境，学生小组合作探究富有思辨性的问题，在教师的引领下，学生真实历经体验、感知观点碰撞和冲突的过程，更能促进其深度学习，培养学生的高阶思维，有利于科学精神和创新意识的养成。在本课的教学中，一方面，围绕公正司法措施，让学生谈谈对"加强监督就能保证公正司法"这句话的认识。通过问题研究，学生明白了公正司法并非加强监督就能实现，公正司法需要从多方面入手，避免孤立地看问题，培养了多角度思维。另一方面，聚焦本课教学重难点，选用与本课相关的实践问题探究、设计学习任务：假如你是法院审判长，你将如何判决此案？独立撰写吴江区"法援惠民生拓展工程"宣传稿。让学生直面现实生活问题情境，通过话题、任务引导学生关注社会、走进社会，学生在对现实问题的思考和思辨中建构知识、明白事理、确认立场，培育了自身的科学精神。

（二）问题与对策

1. 课堂时间安排不合理

在实际的教学过程中我发现，本节课的教学容量相对较大，时间比较紧凑，预留给学生讨论和展示成果的时间较少。究其原因是本节课设计的教学环节和活动偏多，难以控制时间，加之学生课前预习不充分，因此，在实际的教学过程中，只能够勉强完成迁移环节的第一个部分，预留给我总结引导和升华的时间不够充分。具体的优化措施如下：一是提前布置课前预习和资料搜集任务，为课堂展示节省时间；二是将迁移环节的"独立撰写宣传稿"的任务作为课后任务，不在本课课堂教学中进行。

2. 项目化学习脱离学生生活，难度太大

在本课的迁移环节中，依托吴江区"法援惠民生拓展工程"，让学生以宣传稿的形式为吴江区的司法建设进行宣传。在批阅学生的议学单过程中发现，一方面，学生的宣传稿大多停留在教材理论知识的摘抄上，很少有具体生动的案例阐述；另一方面，"法援惠民生拓展工程"距离学生生活较远，缺乏相应的生活经验和认知基础，对学生来说难度太大。具体优化措施如下：改变活动形式，将独立撰写更改为小组合作探究，充分挖掘校外资源，以调查问卷的形式组织学生实地调研社区居民对当地司法建设的认知情况，形成调研报告。同时，在班内进行评比和展示，将自己发现的问题以政民互动的形式反馈给当地政府，实现政治参与。

"公正司法"议学单

议题：为什么说司法公正是社会公平正义的最后一道防线？

姓名：_____ 班级：_____ 得分：_____

【学习目标】了解公正司法的含义与内涵，理解公正司法的措施。在小组讨论中培养交流合作能力、获取和解读信息能力、推理论证能力，在具体案例中理解公正司法是维护社会公平正义的最后一道防线的道理。在参与司法过程中感受我国的司法公正。

环节一：感知公正司法的表现

> 【教学情境】播放视频：《法治中国》。
> 【学习任务】自由发言：我身边的司法公正。

环节二：理解公正司法的功能

> 【教学情境】苏州市相城区某公司车间突发火灾，该公司附近商户刘某发现火灾后，与他人自行赶到起火车间围墙外登高救火，并因此坠落受伤。刘某为赔偿事宜诉至法院。
> 【学习任务1】小组讨论：如果你是法院的审判长，你将如何判决此案？
> 【答案提示1】相城区法院经审理认为，本次事故中，刘某救火系见义勇为行为，某公司作为受益方，依法应当对刘某的损失进行适当补偿。结合刘某的损失情况、某公司的受益情况及现场情况，酌情认定某公司补偿刘某18万余元。
> 【学习任务2】小组讨论：有同学认为，"司法机关确保司法过程和结果合法、公正就能守护社会正义"。请简要评析这种观点。
> 【答案提示2】① 这种观点片面。② 司法机关坚持以事实为根据、以法律为准绳，严格遵循诉讼程序，依法独立公正行使司法权，平等对待当事人，确保司法过程和结果合法公正，有利于公平正义。但守护正义还需要个人勇气和智慧，面对非正义行为，一方面要敢于斗争，相信正义必定战胜邪恶；另一方面要讲究策略，寻找有效的方法，做到见义"智"为。③ 守护正义，需要个人守护与司法维护相结合。

环节三：应用公正司法的措施

> 【教学情境1】为推动队伍教育整顿走深走实，2021年3月26日上午，苏州市司法局召开队伍教育整顿征求意见座谈会，邀请人大代表、政协委员、律师代表、公证行业代表、司法鉴定行业代表参加，诚恳听取对开展队伍教育整顿、推进法治建设、司法行政工作和队伍建设意见建议。座谈会由市司法局党组书记、局长王侃主持，市司法局队伍教育整顿领导小组副组长参加座谈会。
> 【学习任务1】小组讨论：有人认为，加强监督就能保证公正司法。对此，你

续表

是如何认识的？请结合材料和《政治与法治》相关知识加以分析。

【答案提示1】① 加强监督，有利于促进公正司法。要构建开放、动态、透明、便民的阳光司法机制。② 促进公正司法，还须确保依法独立公正行使审判权和检察权，须坚持以事实为依据、以法律为准绳，做到事实认定符合客观真相、办案结果符合实体公正、办案过程符合程序公正。

【教学情境2】因父亲杀害母亲，不满10岁的吴氏兄弟成为"事实孤儿"，与爷爷奶奶艰难度日。江苏省南通市崇川区检察院发现该线索后，快速行动，仅用10余天时间就完成指导申请、审查、报批，为当事人申请拨付救助金10万元。为最大限度保护孩子的权益，该院又联系申请人所在地民政部门签订三方托管使用协议，由民政部门托管该笔司法救助金，实行专款专用、分期发放，确保款项用于孩子的学习和生活。这是日前江苏检察机关国家司法救助助力脱贫攻坚工作新闻发布会发布的典型案例之一。

【学习任务2】小组合作讨论：结合上述案例，谈谈你对司法救助制度及其功能的认识。

【答案提示2】司法救助是保证当事人能够正常参加诉讼，依法维护其合法权益的法律制度。

功能：司法救助是中国特色社会主义司法制度的内在要求，是改善民生、健全社会保障体系的重要组成部分，设立国家司法救助制度，彰显了党和政府的民生关怀，又有利于进一步实现社会公平正义。

环节四：迁移公正司法的做法

【教学情境】苏州市司法局根据省司法厅"4·8司法日"相关部署，按照立足优势特色资源、聚焦年度重点任务、线上线下齐发力的思路，研究策划2项线上宣传活动和4项线下法律服务行动，突出有内容、有特色、有实效，进一步激发和展现"4·8司法日"品牌内核。相城区、吴中区、吴江区局在本辖区轻轨站点同步布展相应内容，设置"法援惠民生"公益广告，形成宣传联动，进一步提升"法援惠民生拓展工程"社会知晓度。

【学习任务】独立撰写：吴江区"法援惠民生拓展工程"宣传稿。

【答案提示】司法具有定纷止争的终局性作用。所谓公正司法，就是受到侵害的权利，最终必定会得到保护和救济。司法不公导致的冤假错案损害人民的合法权益和法律的尊严，以及人们对社会公平正义的信心。

让我们共同努力构筑好社会公平正义的最后一道防线。

"生活中如何推进全民守法？"议题式教学叙事
——基于"全民守法"一课

吴江中学　梁英姿执笔，备课组协同

一、形成教学思路：以"少年的你"为主题创设情境

时光如白驹过隙，转眼间，《政治与法治》的议题式教学已到最后一课的最后一框——全民守法，按照备课计划，由我来主备这一课。"全民守法"这一课的内容，知识结构比较清晰，虽然知识内容理论化程度较高，但学生理解起来难度不大。本次备课遵循"确定学习目标和议题—确定知识结构和教学环节—设计主干问题和活动任务"的设计思路。

（一）依据课标，确定学习目标和议题

课标对备课起着导向作用。新课标对本节课的要求是"搜集材料，阐述全民守法的基本要求"[①]。依据课标要求和内容，确定本节课的议题为"生活中如何推进全民守法？"，学习目标为了解全民守法的内涵，理解推进全民守法的措施。在小组讨论中培养交流合作能力、获取和解读信息能力、推理论证能力，在具体案例中理解在生活中如何推进全民守法。培养法治意识，让法治成为一种信仰，成为社会主义法治的忠实崇尚者、自觉遵守者、坚定捍卫者。

（二）把握教材，确定知识结构和教学环节

根据本节课的议题和学习目标，以议题为引领和纽带，以全民守法的内涵和措施为线索，初步设计出本节课的知识结构和教学环节。环节一：感悟·向校园欺凌说"不"，通过导入实现新旧知衔接；环节二：梳理·建构必备知识，将教材知识逻辑化、可视化；环节三：理解·全民守法保护"少年的你"，通过简单情境理解全民守法；环节四：应用·国家推进全民守法的有效措施，通过复杂情境理解推进全民守法的措施；环节五：迁移·为全民守法贡献青春力量，通过开放性的情境，学生能参与到全民

---

① 中华人民共和国教育部. 普通高中思想政治课程标准（2017年版，2020年修订）[S]. 北京：人民教育出版社，2020：19.

守法的过程中去。

（三）收集情境，设计主干问题和活动任务

根据本节课的知识结构框架及具体学习内容，在学习强国、人民网、新华网等平台收集相关的备课资料，并整合相关资料，设计主干问题、活动任务，形成设计初稿具体如下。

环节一：感悟·向校园欺凌说"不"。教学的艺术在于激励、唤醒、鼓舞，课堂伊始要先声夺人，吸引学生的注意力。因此，选择与学生生活接近的校园欺凌的话题，引起学生的共鸣，让学生通过生活经验，感悟到法律的重要性和守法的必要性。本环节具体情境任务如下。

情境1：已辍学女生马某因生活琐事对原同学熊某心生怨恨，纠集4名中学生守候在熊某就读的小学附近。待熊某出现后，马某等5人尾随并胁迫熊某到偏僻处，轮流对熊某掌掴32次并全程拍下视频。

情境2：某初中生加入了班上的网络聊天群，而群组中其他19名成员对她发出的讯息都不回复。后来开辟不含该女生的新群组，并在其中发表诋毁该女生的言论。

任务：自由发言，请判断情境中的行为是不是校园欺凌行为？该如何防治校园欺凌？

环节二：梳理·建构必备知识。对学生关键能力和核心素养的培育是在掌握学科知识的基础上完成的，学生先行接触教材的基本知识，能够为后续的学习活动奠定基础。因此，依托教材，以全民守法的内涵和措施为知识线索，建构知识框架，让学生通过预习提前自主独立完成本环节的知识结构图，初步感知、了解本课的概念和知识。

环节三：理解·全民守法保护"少年的你"。本节课的第三部分是重点知识的情境化理解，这一部分学生的学习目标是理解全民守法的措施。情境选择上承接导入环节的情境，选择《未成年人保护法》，采用动画视频解读法律，与电影《少年的你》一语双关，让学生小组讨论如何推进全民守法，保护"少年的你"。本环节具体情境与任务如下。

情境：视频《保护好"少年的你"！动画解读新修订的〈未成年人保护法〉!》。

任务：新修订的《未成年人保护法》自2021年6月1日起施行，该如何推进全民守法，保护好"少年的你"？

环节四：应用·国家推进全民守法的有效措施。本节课的第四部分是重点知识的情境化运用，参照新课程标准，学生需要阐述全民守法的基本要求，并解决本节课的议题"生活中如何推进全民守法？"。基于这两个原因，环节四设计了两个需要小组讨论的问题，以"信'访'和信'法'"为主题，从古至今、从正反两面说明生活中要如何推进全民守法，有利于学生从整体上把握教材重点知识，实现知识的理解和应用。初稿拟定的情境和任务如下。

情境1：信"访"？信"法"？

千百年来不少中国人心中有一种挥之不去的"青天情结"，正是这种情结让有些老百姓信"访"不信"法"，遇事不是寻找法律的帮助，而是上访、找政府、找领导。近年来，随着司法改革的推进，涉法涉诉类信访量不断下降，越来越多的信访群众选择司法渠道解决问题。

任务1：自由发言，由信"访"不信"法"到遇事找法，这一转变说明了什么？

情境2：某地在精准推动个别群众"信访不信法"问题解决调研中发现，这一问题的产生，主要原因有全民普法宣传教育工作不够深入，群众法治信仰尚未形成，"信访不信法"的社会现象依然存在；公共法律服务供给能力不足，群众法律诉求得不到有效满足；依法化解矛盾纠纷机制不够健全、渠道不够畅通，矛盾纠纷化解不及时、不充分；个别地方和部门依法行政意识不强、依法行政水平不高，影响了政府公信力；司法救济途径存在耗时费钱、程序复杂、举证困难、执行难等问题，部分群众对采用诉讼方式解决问题存有抵触情绪；依法解决信访问题的质量和效率有待提升，对信访活动中的违法行为依法处置力度不够，有的地方信访考核导向不明确；等等。

任务2：讨论，该地该如何精准推动个别群众"信访不信法"问题解决，进一步推进全民守法？

环节五：迁移·为全民守法贡献青春力量。本节课的第五部分是学科知识的情境化迁移。根据新课改的要求，要尊重学生的主体地位，让学生充分参与课堂，助推重点知识的理解、关键能力的培养和核心素养的落地。目前，社会上还有很多人遇到困难不知道寻求法律的帮助，因此，选择设计宣传标语的形式，让学生在法律的宣传中承担普法责任。初稿拟定任务如下。

任务：全民普法和守法是依法治国的长期基础性工作。请你为《未成年人保护法》的普法工作设计两条宣传标语。

至此，"全民守法"的议学单初稿已经形成，比较粗略和稚嫩，还有许多地方需要商榷、修改和完善。

二、协同教学设计：遵循生活逻辑，优化情境

议学单初稿完成以后，交予备课组集体研讨，根据课标、议题和本节课学生须掌握的知识点，备课组提出了初稿存在的问题及部分修改意见。具体情况如下：

导入环节，选择的情境属于虚拟情境，难以引起学生的共鸣，不具有典型性，与学生的真实生活和认知基础存在较大差距。有老师认为，可选取生活中的真实案例，或者学生感兴趣的校园欺凌的电影，为学生创设真实情境或者仿真情境。真实情境是发生真学习、促进真发展的依托，为学生创造一种沉浸式的学习环境，能够使学生产生生成性学习、有意义的学习，有利于发挥学生的主动性。

环节一，必备知识的结构不完整。本节课的议题为"生活中如何推进全民守法"，除了本框全民守法的内涵和措施外，还应与第八课第三框"法治社会"产生关联，因为全民守法是构建法治社会的基础，是全面推进依法治国的基础，要实现知识的前后贯通，在知识结构图中增加全民守法的意义。

环节二，情境和问题的设置不符合学生的认知规律。问题设置为：如何推进全民守法，保护"少年的你"？是从知识走向情境，属于知识的应用迁移环节，学生对学科知识应当是先理解再应用，因此，本环节应当作为第四环节，并且问题的设置应当增加综合性，实现知识的综合应用和能力的高阶培养，不应仅仅指向全民守法的措施。有老师认为，可将问题修改为"如何保护好'少年的你'？"，运用主体分析，根据视频素材，将知识应用的范围扩大，实现开放式教学。而环节二则须另外寻找合适的情境，设置符合学生认知规律的问题，目的在于解决如何帮助学生理解推进全民守法措施的问题。

环节三，存在两个问题。一是活动形式与情境选择不够适切，匹配程度不高。任务设置为：学生自由发言，谈谈由信"访"不信"法"到遇事找法，这一转变说明了什么？活动形式单调枯燥，整堂课缺乏高潮和亮点。信访和信法都是公民维护正当权益的途径，可在这里设置辩论活动，让学生以"信访还是信法"为辩题，在观点的针锋相对中，加深对全民守法措施的理解，应用全民守法措施的相关知识。二是备课组有老师认为，本环节的第二个情境和任务属于无效情境和任务，它与环节二中"如何推进全民守法，保护'少年的你'？"作用重复，都属于学生对学科知识的应用，并且属于反面案例，可考虑删去。

三、优化教学方案：围绕"少年的你"探讨议题

根据备课组各位教师提出的问题及修改意见，我对议学单进行了修

改、补充和完善，形成了教学设计。

（一）教材与学情

1. 内容分析

（1）本课地位

"全民守法"是《政治与法治》第三单元"全面依法治国"第九课"全面依法治国的基本要求"第四框的内容，承接前三框人大科学立法、政府严格执法、司法机关公正司法，阐述了全民守法的内涵、意义、要求和推进全民守法的措施。本框与前三框（"科学立法""严格执法""公正司法"）一起构成法治中国的法治体系，明确了建设法治中国是一个庞大而系统的工程，需要全社会各个方面的密切配合和共同努力。

（2）本课内容

"全民守法"一框的主要内容是全民守法的内涵、意义、要求和推进全民守法的措施，从是什么、为什么、怎么做三个层面展开论述。下设两目：

第一目是"全民守法的内涵"。本部分教材通过两个"探究与分享"，让学生结合材料谈谈"如何推进全民诚信守法"和对何某行为做"是否侵权"的判断并阐述理由，引导学生理解全民守法的内涵、意义和要求。

第二目是"推进全民守法"。本部分教材通过三个"探究与分享"，了解劳动者维权的途径、生活中如何推进全民守法，以及信"访"不信"法"的转变，引导学生理解如何推进全民守法，包括全民守法要着力增强全民法治观念，调动人民群众投身依法治国实践的积极性和主动性，不断加强公民道德建设，等等。

2. 学情分析

（1）学生心智特征分析

本课的教学对象是高一学生，教材内容逻辑清晰，学生理解起来难度不大。但他们的思维和兴趣点停留在具体而形象的内容上，抽象和逻辑思维能力比较弱。对于比较空洞的宣法普法不感兴趣，要让学生参与"生活中如何推进全民守法？"比较有难度。

（2）学生已有知识经验分析

一方面，学生在学习本课内容之前，初中已经涉猎了法律的相关知识，并且已经学习过科学立法、严格执法和公正司法，已对全面推进依法治国的基本要求有了一定的了解，这降低了学生的学习和理解的难度；另一方面，学生在日常生活中，不可避免地、或多或少地会碰到相关的法律事件，为本课的学习提供了生活经验和趣味性。

3. 教学目标与重难点

（1）教学目标

了解全民守法的内涵，理解推进全民守法的措施。在小组讨论中培养交流合作能力、获取和解读信息能力、推理论证能力，在生活案例中理解推进全民守法的措施，从而培养法治意识，成为社会主义法治的忠实崇尚者、自觉遵守者、坚定捍卫者。

（2）教学重难点

教学重点：理解全民守法的要求和推进全民守法的措施。

教学难点：理解全民守法的内涵和意义。

（二）路线与结构

1. 教学路线

本课采用议学任务引领的议题式教学方式，议题、情境、活动、知识四个要素构成了如下四条线。

议题线：由议题"生活中如何推进全民守法？"引领如下问题串，校园欺凌为何禁而不止？—我国是如何推进全民守法的？—信"访"还是信"法"—《未成年人保护法》普法工作的宣传标语。

情境线：校园欺凌案例—我国推进全民守法的举措—信"访"还是信"法"—《未成年人保护法》。

活动线：自由发言—小组讨论—组际辩论—设计标语。

知识线：全民守法的内涵、意义—措施、意义—措施、意义—措施。

2. 教学结构（图1）

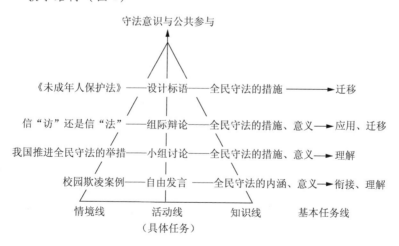

图1 "生活中如何推进全民守法？"议题式教学结构

（三）过程与意图

[议题] 生活中如何推进全民守法？

环节一：透视校园欺凌现象

[导入] 向校园欺凌说"不"。呈现现实生活中的校园欺凌案例及电影《悲伤逆流成河》的经典台词，让学生谈谈对校园欺凌的感想及如何面对校园欺凌。

[学习任务] 自由发言：校园欺凌为何禁而不止？

[设计意图] 利用学生熟悉的生活事件和电影台词导入，调用学生的生活经验，通过让学生发表对校园欺凌的感想和应对方法，预热课堂，引出"法"的概念和守法的重要性，并为后续全民守法的应用和迁移环节做好准备。

环节二：寻找全民守法的法理

[学科概念] 全民守法的措施。

[教学情境] 亚里士多德说："虽有良法，要是人民不能全都遵守，仍不能实现法治。"为推进全民守法，筑牢法治社会根基，国家推出了一系列举措：

- 党和国家机关发挥带头作用；
- 加强社会诚信体系建设；
- 全面贯彻"谁执法谁普法"的普法责任制；
- 利用互联网普法、媒体公益普法等形式开展法治宣传；
- 用科学立法、严格执法、公正司法的实践教育人民，推动全民守法；

　　…………

[学习任务1] 小组讨论：我国是如何推进全民守法，筑牢法治社会根基的？

[答案提示1] ①党和国家机关带头守法，依法办事，在推动全民守法中身体力行，率先垂范；②创新普法方式，利用多种形式开展法治宣传，做好普法工作，增强全民法治观念，引导全民自觉守法、遇事找法、解决问题靠法；③加强社会诚信体系建设，增强法治的道德底蕴，引导全社会真正确立守法者受惠、违法者受罚的导向；④调动人民群众投身依法治国实践的积极性和主动性，使尊法守法成为全体人民的共同追求和自觉行动。

[设计意图] 教材对如何推进全民守法的表述已经非常详尽，理论与现实发生共鸣，才能让理论有支撑，学生理解起来不空洞、更显具体。因

此，选择我国为推动全民守法实际采取的举措为情境，学生能在分析真实材料的过程中，结合书本知识，在理论与现实的交汇中加深对推进全民守法措施的理解。

［学习任务2］小组讨论：完善"全民守法"知识结构图（图2）。

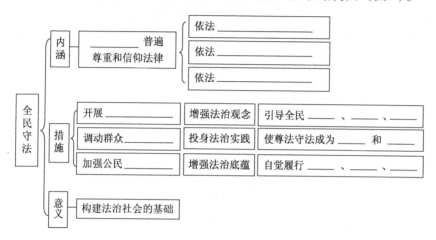

图2 "全民守法"知识结构图

［答案提示2］内涵：所有社会成员普遍尊重和信仰法律，依法行使权利、履行义务、维护自己的正当权益；开展法治宣传教育，引导全民自觉守法、遇事找法、解决问题靠法；调动群众积极性、主动性，使尊法守法成为共同追求和自觉行动；加强公民道德建设，自觉履行法定义务、社会责任、家庭责任。

［设计意图］学习是一个系统的过程，将分散孤立的知识连成线、辅以面、结成网，便于学生将知识系统化、规律化、结构化，帮助学生在运用知识时联想畅通、活跃思维。

环节三：我们应该信"访"还是信"法"

［学科概念］全民守法的措施。

［教学情境］信"访"？信"法"？千百年来不少中国人心中有一种挥之不去的"青天情结"，正是这种情结让有些老百姓信"访"不信"法"，遇事不是寻找法律的帮助，而是上访、找政府、找领导。

［学习任务］小组讨论，组际辩论：信"访"还是信"法"？

［答案提示］① 公民要依法信访。依法信访是公民的权利，但不得越级信访、无理取闹。《信访条例》规定：信访人采用走访形式提出意见、建议和要求的，应当持合法有效证件，到有关国家机关设立或者规定的接

待场所提出,对已经或者应当通过诉讼、仲裁、行政复议等法定途径解决的信访事项,信访人应依照有关法律、行政法规的规定向有关机关提出。
② 信访不是公民维权的唯一途径,公民可以通过诉讼途径和非诉讼途径维权。以前,有些老百姓信"访"不信"法",遇事不是寻找法律的帮助,近年来,随着司法改革的推进,涉法涉诉类信访量不断下降,越来越多的信访群众选择司法渠道解决问题。公民法治意识增强,越来越懂得遇事找法。

[设计意图] 以"信'访'还是信'法'?"为辩题,在课堂中组织学生进行辩论,在搜集资料、小组合作中,学生要对大量的信息进行比对,并做去伪存真、由表及里的理性分析和科学判断。培养学生的逻辑思维和表达能力,提高学生的课堂参与度和对知识的掌握程度,达到提高学习的效果和培育法治意识核心素养的要求。

环节四:积极维护"少年的你"

[教学情境] 播放视频:《保护好"少年的你"》。

[学习任务] 请你为《未成年人保护法》普法工作设计两条宣传标语。

[答案提示] 略。

[设计意图] 学生在完整的议题式教学过程中应当实现对知识从了解、理解、应用到迁移的高阶转变和运用。以《未成年人保护法》为主题,让学生为之设计普法工作的宣传标语,解决了本节课导入中"如何向校园欺凌说'不'?"的问题,实现了课堂的首尾呼应。课堂活动向生活延伸,能在学生设计普法宣传标语的时候,强化课堂内容,也能在一定程度上提高学生的法治意识,推进全民守法。

四、反思教学过程:做亮"信'访'和信'法'"的辩论活动

(一) 亮点与价值

1. 情境选择兼顾时政性和生活性

学生对全民守法既陌生又熟悉,因此,情境选择上要同时注重思想政治课的高度和学生生活的温度。首先,情境选择体现时政性。本节课的导入、应用和迁移环节运用了真实的案例和最新的法律,在学科内容和真实社会生活之间建立起了联系。以校园欺凌为主线贯穿整堂课,实现了一镜到底,增强了课堂的连贯性、整体性和时政性,体现了明显的思想政治课色彩。其次,情境选择注重生活性。高中思想政治课的教学要遵循生活化原则,借助生活情境来理解和应用学科知识。本节课的导入选择贴近学生生活的校园欺凌事件,应用和迁移环节的情境选择了与学生相关的《未成年人保护法》，拉近了学生与情境的距离，学生能够在日常生活中切实地接触到情境内容，实现课堂和生活的同频共振，激发了学生的学习兴趣，也有利于学生正确世界观、人生观、价值观的形成和培育。

2. 活动设计注重思辨性和综合性

思辨能力是高中政治学科核心素养中的重要组成部分，学生的思辨能力应当在课堂上得到锻炼和提高。本节课的活动设计首先注重思辨性，以"信'访'还是信'法'？"为辩题，挖掘教材中蕴含的辩证思维的知识，设置情境，以教材内容为基点开展辩论，有助于提高学生的思想觉悟和思辨能力，提高学生的语言表达能力和创新能力，提升学生思维的缜密性、发散性、批判性。同时，本节课的活动设计也注重综合性，由于本节课是第三单元"全面依法治国"的最后一环，也是《政治与法治》的最后一框，对整本书起着一个总结的作用。基于此，活动设计不仅仅着眼于全民守法，更要从宏观层面把握知识。因此，本节课设计综合性较强的问题和任务，敦促学生从宏观层面把握教材知识，实现知识跨章节的精彩联动，有利于学生实现知识的前挂后联，把握知识间的内在关系。

3. 关注学生法治意识核心素养的培育

本节课把学生需要培育的学科核心素养定位于法治意识，所有的教学都围绕"生活中如何推进全民守法？"而展开。从贴近学生生活的校园欺凌到《未成年人保护法》，从国家推进全民守法的举措到老百姓由信"访"向信"法"转变，无论是从学生生活还是社会生活，本节课都将全民守法渗透到每一个环节，随着课堂活动的逐渐深入，在知识的理解、应用和迁移过程中实现法治意识核心素养的落地，在潜移默化中引导学生认同社会主义法治，使学生尊法、信法、守法、护法，成为社会主义法治的忠实崇尚者、自觉遵守者、坚定捍卫者。

（二）问题与对策

教学追求精心预设，但预设难以面面俱到，精心设计难免留有遗憾。在实际教学中我发现本次教学设计还存在以下问题。

1. 学生的辩论活动不深入

在实际的教学过程中我发现，虽然学生对辩论这种活动形式很感兴趣，但是对于"信'访'还是信'法'？"的辩题有点无从下手，发言内容显得空洞，且论点有限，重复度较高。由于信访距离学生的生活较远，且学生课前准备不够充分，没有这方面的知识储备和经验积累，仅仅依靠小组讨论合作得出的信息不够作为论据来论证论点，因此，这一活动操作难度较大。具体的优化措施有两个：一是任务驱动，课前给学生分组，提前布置收集资料和信息的任务，课堂上学生只需将收集的信息进行整合，形成论据；二是挖掘课程资源，利用一切可利用的课程资源，为学生的学习创造有利条件。例如，发掘学生的家长资源，有些家长从事信访相关的工作，可以采用合适的形式请这些家长提供有效信息；也可以让学生实地走访信访部门，获得一手资源。

2. 学生的宣传标语不具体

本节课的最后一个环节是让学生为《未成年人保护法》的普法工作设计两条宣传标语，我在批阅学生上交的宣传标语后，发现学生所设计的宣传标语绝大多数是泛泛而谈，可行性不高。学生的宣传标语具体存在两个问题：一是宣传标语的主体为抽象的法律，而非具体的《未成年人保护法》，不具有针对性；二是宣传标语缺乏创新性，并且宣传标语的对象指向不明，不具有典型性。具体的优化措施：教师应当提醒学生《未成年人保护法》是针对未成年人的法律，有其法律的适用对象，它与一般意义上的法有区别，因此，宣传标语中应当体现与未成年人相关的词语。另外，要激发学生的主体创造力和想象力，使宣传标语展现个性色彩，不千篇一律，真正落实公共参与。

"全民守法"议学单

议题：生活中如何推进全民守法？

姓名：_____ 班级：_____ 得分：_____

【学习目标】了解全民守法的内涵与意义，理解推进全民守法的措施。在小组讨论中培养交流合作能力、获取和解读信息能力、推理论证能力，在生活案例中理解推进全民守法的措施，从而培养法治意识，成为社会主义法治的忠实崇尚者、自觉遵守者、坚定捍卫者。

环节一：透视校园欺凌现象

【教学情境】一位女同学待救助的三张图片。朋友向你求助：① 一位女同学在学校被几个同学当众嘲笑、辱骂，还被孤立了起来，心里很难受。② 她的家长外出打工，好久没有联系过了。③ 她害怕老师不管，也不敢告诉老师。

【学习任务】自由发言：面对这个求助，同样是未成年人的你会如何做？

环节二：寻找全民守法的法理

【教学情境】亚里士多德说："虽有良法，要是人民不能全都遵守，仍不能实现法治。"为推进全民守法，筑牢法治社会根基，党和国家机关要发挥带头作用，必须在《宪法》和法律的框架内活动。全面贯彻"谁执法谁普法"的普法责任制，明确党政主要负责人的普法责任人地位，做到普法有的放矢。创新法治宣传方式，利用互联网普法、媒体公益普法等形式开展法治宣传。加强社会诚信体系建设，推动完善公民和社会组织信用建设，在全社会真正确立守法者受惠、违法者受罚的导向。要充分调动人民群众投身依法治国实践的积极性和主动性，使全体人民都成为社会主义法治的忠实崇尚者、自觉遵守者、坚定捍卫者。

【学习任务1】小组讨论：我国是如何推进全民守法，筑牢法治社会根基的？

【答案提示】① 党和国家机关带头守法，依法办事，在推动全民守法中身体力行，率先垂范；② 创新普法方式，利用多种形式开展法治宣传，做好普法工作，增强全民法治观念，引导全民自觉守法、遇事找法、解决问题靠法；③ 加强社会诚信体系建设，增强法治的道德底蕴，引导全社会真正确立守法者受惠、违法者受罚的导向；④ 调动人民群众投身依法治国实践的积极性和主动性，使尊法守法成为全体人民的共同追求和自觉行动。

续表

【学习任务2】小组讨论：完成"全民守法"知识结构图（图1）。

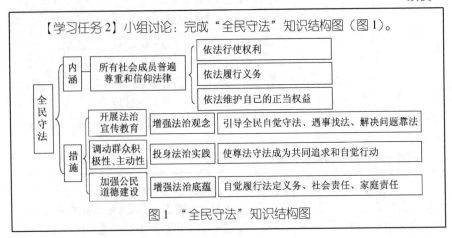

图1 "全民守法"知识结构图

环节三：我们应该信"访"还是信"法"

【教学情境】信"访"？信"法"？
千百年来不少中国人心中有一种挥之不去的"青天情结"，正是这种情结让有些老百姓信"访"不信"法"，遇事不是寻找法律的帮助，而是上访、找政府、找领导。

【学习任务】小组讨论，组际辩论：信"访"还是信"法"？

【答案提示】① 依法信访是公民的权利，但不得越级信访、无理取闹。《信访条例》规定：信访人采用走访形式提出意见、建议和要求的，应当持合法有效证件，到有关国家机关设立或者规定的接待场所提出，对已经或者应当通过诉讼、仲裁、行政复议等法定途径解决的信访事项，信访人应依照有关法律、行政法规的规定向有关机关提出。——依法信访。

② 信访不是公民维权的唯一途径，公民可以通过诉讼途径和非诉讼途径维权。以前，有些老百姓信"访"不信"法"，遇事不是寻找法律的帮助。近年来，随着司法改革的推进，涉法涉诉类信访量不断下降，越来越多信访群众选择司法渠道解决问题。——公民法治意识增强，越来越懂得遇事找法。

环节四：积极维护"少年的你"

【学习任务】全民普法和守法是依法治国的长期基础性工作。请你为《未成年人保护法》普法工作设计两条宣传标语。

【答案提示】① 关心保护未成年人健康成长是全社会共同的责任。② 维护未成年人合法权益，优化未成年人成长环境。

"中国共产党为什么能？"议题式教学叙事
——基于"中国共产党的领导"一单元

吴江中学　王亚文执笔，备课组协同

一、形成教学思路：回眸党史，探秘中国共产党卓越伟力

在完成阶段性教学任务之后，备课组展开了以单元为主的复习课教学。在复习课教学中仍然采用议题式教学模式，以议题为引领，通过情境、活动、任务等手段，在师生、生生的交互作用中，达成对知识的理解、应用和迁移，实现培育核心素养的目标。本单元复习课的教学思路主要从以下三方面展开。

（一）依据课标，确定单元议题

无论是新授课还是复习课，议题式教学开展的第一步，就是确定既包含具体学科内容又能体现学科核心价值和基本观点的议题。不同于一课、一框的议题，单元议题应充分反映单元知识重点，服务于单元教学目标。通过查阅新课程标准，本单元以"中国共产党的领导"为主题，围绕"为什么说中国共产党执政是历史和人民的选择？""怎样高扬永不褪色的旗帜？""如何理解依法执政？"三个议题展开，要求通过本单元的学习，"学生能够结合社会实践活动，了解中国共产党的性质、宗旨和指导思想，明确党的执政地位是历史和人民的选择"[1]。由此确定本单元总体学习目标：结合中国共产党百年发展历程，理解关于党的领导的必备知识。同时，在中国共产党百年辉煌成就史、党史教育情境中感悟党的领导力量，认同中国共产党的领导，在行动中传承党的伟大精神。依据总目标，设置本单元议题：中国共产党为什么能？师生围绕议题，在"议中学"中实现价值引领，让学生认同中国共产党的领导。

（二）梳理教材，建构单元知识框架

不同于新授课，单元复习课知识很多，需要对其进行针对性地选择。

---

[1] 中华人民共和国教育部. 普通高中思想政治课程标准（2017年版，2020年修订）[S]. 北京：人民教育出版社，2020：20.

本单元以"中国共产党的领导"为核心概念,详细阐述了是什么、为什么、怎么样的问题。同时,结合解决本单元议题的需要,找出与议题相关联的知识点,从历史和中国共产党自身优秀特质出发,建构"中国共产党为什么能?"的知识框架。

(三)围绕单元议题,设计教学活动及任务

以单元议题为统领,统筹议题所涉及的教材知识,初步设计出本节课的主干问题及活动任务。教学设计初步设计如下。

环节一,讨论"纪念章颁发标准"。从学生生活经验出发,结合颁发"光荣在党50年"纪念章活动,围绕"纪念章颁发标准",以自由发言的形式展开讨论,从学科化视角透视生活现象,激发学生的求知欲。具体情境及任务如下。

情境:播放视频。莫道桑榆晚,为霞尚满天。老党员是我们党和国家最宝贵的财富,是推进中国特色社会主义伟大事业的重要力量。自中国共产党成立100年来,一代又一代共产党人筚路蓝缕、薪火相传、砥砺前行。纪念章见证了老党员"俯首甘为孺子牛"的奉献精神,他们将最美好的年华奉献给了党和人民事业;诠释了老党员"心向人民心向党"的家国情怀,他们用实际行动影响并带动一代代年轻党员在新时代新征程中建功立业;激励着年轻党员不遗余力地践行好老党员"三心"为党的光荣传统,做出无愧于党、无愧于时代、无愧于人民的业绩。

任务:结合生活感悟谈谈颁发"光荣在党50年"纪念章的标准。

环节二,感悟中国共产党的卓越领导力。结合时政热点中国共产党成立100年,选用视频《中国共产党百年述职报告》,让学生直观感受中国共产党带领我们站起来、富起来、强起来的过程,从史实出发,小组讨论中国共产党领导人民不断取得胜利的原因,实现重点知识的理解。具体情境及任务如下。

情境:从1921年到2021年,中国共产党走过了整整100年的历程。这是用鲜血、汗水、泪水、勇气、智慧、力量写就的百年;是筚路蓝缕、披荆斩棘、艰苦创业、砥砺前行、充满艰险、充满神奇的百年;是苦难中铸就辉煌、挫折后毅然奋起、探索中收获成功、失误后拨乱反正、转折中开创新局、奋斗后赢得未来的百年。争取民族独立、人民解放和实现国家富强、人民幸福,是中国共产党百年历史的主题和主线;"不懈奋斗史""理论探索史""自身建设史",是中国共产党百年历史的主流和本质;把革命、建设、改革、复兴事业不断推向前进,是中国共产党百年历史的鲜明特征;逐步实现救国、兴国、富国、强国的奋斗目标,是中国共产党百年历史的庄严使命。

任务：结合视频及所学《政治与法治》知识，分析中国共产党是如何带领人民不断从胜利走向胜利的。

环节三，探寻中国共产党卓越领导力的来源。新课标将高中思想政治课的学科任务分为描述与分类、解释与论证、预测与选择、辨析与评价四个方面。环节二考查的是"是什么"的问题，属于描述性任务。按照序列化活动原则，环节三应考查关于中国共产党领导的为什么的问题，设计论证性任务。通过环节二，学生可以得出中国共产党带领人民不断取得胜利证明了中国共产党具有卓越的领导力的观点。在此基础上，借用党史作为情境材料，以小组为单位讨论中国共产党卓越领导力的来源，实现思维的进一步深化。具体情境和任务如下。

情境：2021年是中国共产党建党100周年。在100周年波澜壮阔的历史进程中，中国共产党从最初的50多名党员发展到拥有9000多万名党员的世界第一大政党，团结和领导中国人民夺取革命、建设、改革的一个又一个伟大胜利。

从1921年中国共产党的成立，到领导人民走过抗日战争、解放战争28年的血雨腥风，中国共产党担负了中国民主革命的历史使命，没有共产党就没有新中国。从1949年10月1日开国大典开辟了中国历史的新纪元，到社会主义探索、中国特色社会主义的建设，中国共产党能够根据不同的历史条件，调整自己的指导思想，领导中国人民不断前进。

2020年年初，面对突如其来的疫情，正是因为有中国共产党的坚强领导，中国才能以非常之举应对非常之事，在党的集中统一领导下密切配合，形成一个协调运转的有机系统，以惊人的速度和力量遏制住疫情。习近平总书记说，抗疫斗争的伟大实践再次证明，中国共产党所具有的无比坚强的领导力，是风雨来袭时中国人民最可靠的主心骨。

任务：以小组为单位，结合材料并运用《政治与法治》知识，说明中国共产党卓越的领导力来自何处。

环节四，赓续中国共产党的伟大精神。思想政治复习课承载着培养学生思想政治学科思维观念和思维方式的重要任务，要帮助学生运用马克思主义基本理论的立场观点和看法观察、描述、分析和解决现实问题。因此，在本环节中，选用《人民日报》举办的青年创意大赛活动，结合中国共产党百年华诞时政热点，考查学生理论联系实际的能力。同时，引入真实情境，让学生熟练运用学科理论准确表达自己的观点的同时积极行动，感受知识的意义和价值，实现知行合一。

情境：新时代需要有创意的青年去更好地讲述中国故事。"胸怀千秋伟业，恰是百年风华。"2021年是中国共产党百年华诞，奋进的中国迈上新的征程。欣逢盛世，回顾过去的100年，感受到中华大地令人振奋的沧桑巨变，感受到民族复兴的稳健步伐；展望下一个100年，还有无数的精彩等着我们去创造，还有伟大的梦想等着我们去实现。希望你用富有创意的方式，展现成长进步，记录美好生活。

项目化学习：以党的"百年风华"为方向，写出一份设计方案。

二、协同教学设计：注重活动任务的综合性和多元化

议学单初稿完成以后，交予备课组集体研讨。根据课标、议题和本节课学生须掌握的知识点，备课组提出了初稿存在的问题及部分修改意见。

第一，单元知识体系建构不完整。初稿中的知识框架图是围绕议题"中国共产党为什么能？"展开的，是针对解决议题而建构的知识框架而非本单元的知识框架。本单元以"中国共产党的领导"为主题，详细阐述了中国共产党的领导是什么、为什么、怎么样的问题，脉络清晰。因此，在建构单元知识框架的过程中，应着眼于知识的完整性和结构性，将解决议题的知识框架融于单元知识框架之中，增加关于中国共产党是什么、怎么样的知识，形成关于中国共产党领导的完整的单元知识框架，解决新授课中学生知识结构不完整的问题。同时，思维导图的一个重要的特点是简洁，初稿的知识框架过于详细，建议知识框架图只列到三级标题，标记关键词即可。

第二，生活经验学科化透视环节太过宽泛，难度一般，且距离学生较远。复习课不同于新授课，复习课强调学生在深刻理解的基础上能够准确分析问题和合理运用。首先，就高一学生群体来说，以共青团员和群众为主，对于中国共产党员缺乏具化了解。同时，让学生探讨奖章颁发标准，问题有些宽泛，学生很可能只是泛泛而谈，缺乏深刻性。其次，作为复习课，活动任务的设计应指向学生高阶思维能力的培养，尤其是综合性思维和发散性思维的培养，显然这一环节任务对于复习课来讲有些简单。

第三，教学环节设计存在重合，情境材料缺乏层次性。在初稿中，感受中国共产党卓越领导力与探寻中国共产党卓越领导力原因两个环节存在部分重合。从设置的问题来看，两者都是关于中国共产党带领人民不断取得胜利的原因分析，应整合为一个问题。从情境材料来看，两者的材料都是关于中国共产党的历史，也存在重合。同时，两者的情境材料信息过多，不利于学生获取、分析信息，应当进行适当的删减和总结。从单元的逻辑来讲，初稿的议学单只考查了关于中国共产党为什么的问题，缺少关

于中国共产党是什么、怎么样的典型问题设计和拓展环节。

第四，学科知识迁移环节缺乏适恰性。初稿中选用了《人民日报》的优秀作品征集活动，将教材内容引入现实生活，让学生真正做到内化于心、外化于行，实现学科逻辑与生活逻辑的统一。但是学生任务和活动形式切入口太大、不具体，以中国共产党百年风华历程为主题，学生容易陷入阐述历史史实的怪圈，学科特色不明显，同时，学生对设计方案知之甚少，无从下手，达不到知识迁移和素养培育的目的，因此，需要进一步细化、具化。

三、整体教学设计：从党史中悟伟大精神，于行动中见青年担当

（一）教材与学情

1. 内容分析

（1）本单元地位

本单元为《政治与法治》第一单元，是本册教材的起点。《政治与法治》讲述的是坚持中国共产党的领导、人民当家作主、依法治国三者的有机统一，并且深刻阐释中国共产党的领导、人民当家作主、依法治国的内在关系，回答了当代中国发展什么样的民主政治、怎样发展社会主义民主政治的重大问题。其中，党的领导是人民当家作主和依法治国的根本保证，中国共产党的领导是历史的必然和人民的选择，坚持和加强中国共产党的全面领导是本册教材的逻辑起点。

（2）本单元内容

本单元分为三课，围绕"中国共产党的领导"，阐述中国共产党执政是如何成为历史的必然和人民的选择的；中国共产党领导为什么能够成为历史的必然和人民的选择，实现对中国革命、建设和改革的领导；中国共产党是如何不负历史和人民的选择，通过加强自身建设实现、巩固对中国的全面领导的。

第一课是"历史和人民的选择"，详细阐释了中国共产党领导人民站起来、富起来、强起来的史实，充分证明了由中国共产党领导中华民族实现伟大复兴，是历史的选择、人民的选择，是正确的选择。

第二课是"中国共产党的先进性"。本课结合中国共产党的性质、宗旨和指导思想，讲述了中国共产党是具有先进性的政党。通过党的发展历史雄辩地证明，中国共产党不忘初心、牢记使命，是始终走在时代前列、人民衷心拥护、勇于自我革命、经得起各种风浪考验、朝气蓬勃的马克思主义政党。

第三课是"坚持和加强党的全面领导"。本课结合中国共产党人的初

心和使命，结合新时代中国特色社会主义建设的目标和任务，讲述如何坚持和加强党的全面领导。

2. 学情分析

（1）学生心智特征分析

本课的教学对象是高一的学生，已有相关的实践经验和生活感悟，通过创设情境，调用学生的生活经验，发挥学生归纳、分析、综合的思维特点，便于理论知识的学习。但是本课知识的趣味性不足，需要在活动的形式和素材的选择上增添趣味性和生活意味。

（2）学生已有知识分析

学生经过必修一《中国特色社会主义》及新授课的学习，对中国共产党领导人民站起来、富起来、强起来的历史进程及中国共产党的相关知识已经非常熟悉，具备了一定的知识基础。但是对于单元复习课来讲，学生对本单元知识的把握仍停留在独立的课、框题上，缺乏系统化、综合化的学习。

3. 教学目标与重难点

（1）教学目标

围绕议题"中国共产党为什么能？"，结合中国共产党百年发展历程，理解关于党的领导的必备知识。通过小组讨论和项目化学习等活动，培养学生的分析与综合、探究与建构、推理与论证等能力。在中国共产党百年辉煌成就史、党史教育情境中感悟党的领导力量，认同中国共产党的领导，并在行动中传承中国共产党的伟大精神。

（2）教学重难点

教学重点：明确中国共产党领导和执政地位的确立是历史的必然和人民的选择，理解中国共产党的先进性。

教学难点：认同中国共产党领导中华民族实现伟大复兴，是历史的选择，是人民的选择。

（二）路线与结构

1. 教学路线

本课以议题式教学为主要方式，以学科基本观点统领本课教学形成如下四条线。

议题线：由"中国共产党为什么能？"议题引领以下问题串，党史中的道理—本课必备知识的结构—在全党开展党史教育的时代意义—撰写微方案。

情境线：视频《中国共产党百年述职报告》—本课必备知识结构—党

史教育—个人撰写微方案。

活动线：自由发言—师生对话—小组讨论—独立思考和展示。

知识线：党的先进性—坚持党的领导—坚持党的领导的原因—坚持党的领导。

2. 教学结构（图1）

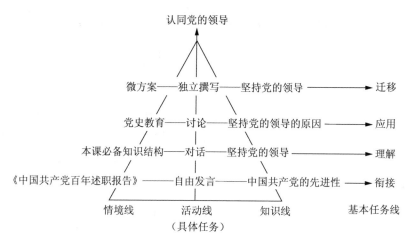

图1 "中国共产党为什么能？"议题式教学结构

（三）过程与意图

[议题] 中国共产党为什么能？

环节一：感悟中国共产党百年风华

[教学情境] 播放视频：《中国共产党百年述职报告》。

中国共产党走过的100年是用鲜血、汗水、泪水、勇气、智慧、力量写就的百年；是筚路蓝缕、披荆斩棘、艰苦创业、砥砺前行、充满艰险、充满神奇的百年；是苦难中铸就辉煌、挫折后毅然奋起、探索中收获成功、失误后拨乱反正、转折中开创新局、奋斗后赢得未来的百年。

[学习任务] 自由发言：结合视频及你所了解的党史告诉我们哪些道理？

[答案提示] 让学生结合中国共产党百年历史谈谈中国共产党领导中国人民不断取得胜利的原因。

[设计意图] 以《中国共产党百年述职报告》视频切入，学生可以直观地感受中国共产党的百年作为，从学科理论视角剖析中国共产党领导人民不断取得胜利的原因，体会中国共产党的先进性，帮助学生在理解学习的基础上，将新的思想和知识融入已有的知识架构，为实现知识的应用和

迁移打下基础。

环节二：坚持中国共产党全面领导

[学习任务] 依据学生课前所绘单元框架图及课上发言，通过师生对话建构起以"坚持党的领导"为核心概念的知识框架，实现对本课必备知识的结构化梳理。具体框架图如图2所示。

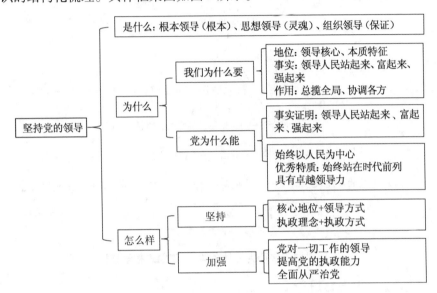

图2 以"坚持党的领导"为核心的知识框架图

[设计意图] 建构单元知识体系是引导学生对所学的知识进行梳理、总结、归纳，帮助学生厘清知识逻辑关系、分清解题思路、弄清各种解题方法联系的过程。这一过程充分发挥学生的主体地位，引导学生在已有认知经验的基础上对教材知识进行再学习，梳理、归纳、总结知识间的因果逻辑和结构逻辑，分析其内在联系，实现对本单元内容的结构化、系统化认识，以期达成对学科知识理解与应用中优化、强化、细化的目标。

环节三：探寻党史教育的时代价值

[教学情境] 中国共产党的百年历史，是一部践行党的初心和使命的历史，是一部党与人民心连心、同呼吸、共命运的历史，也是我们党不断保持党的先进性和纯洁性，不断防范被瓦解、被腐化的危险的历史。

2021年2月20日，习近平总书记在党史学习教育动员大会上指出，全党同志要做到学史明理、学史增信、学史崇德、学史力行，学党史、悟思想、办实事、开新局，以昂扬的姿态奋力开启全面建设社会主义现代化国家新征程，以优异成绩迎接建党100周年。

［学习任务］小组讨论：在全党开展党史教育的时代意义。

［答案提示］第一步：审设问，明确主体、作答范围、问题限定和作答角度。设问主体为中国共产党，需要调用中国共产党的有关知识，分析开展党史学习教育活动的意义。

第二步：审材料，通过标点符号、段落等，提取材料中的有效信息。有效信息①：学史明理等→可联系党的根本宗旨、党的根本立场。有效信息②：学史增信→可联系党的初心和使命，以及党的奋斗目标。有效信息③：开新局、奋力开启新征程→可联系党的建设、党的作用、党的奋斗目标。

［设计意图］针对现实中的热点话题"党史学习"，以此作为思考的工具和背景，创设问题情境让学生身临其境进行分析，运用知识分析现实问题，锻炼学生的解题能力，同时培养学生的答题规范。关注时政，理论联系实际，不仅分析了现实问题，也培育了学生政治认同。

环节四：赓续中国共产党伟大精神

［教学情境］回顾中国共产党过去的100年，诞生了伟大革命精神和建设精神，包括红船精神、井冈山精神、长征精神、延安精神、西柏坡精神、"两弹一星"精神、抗洪精神、抗疫精神等。这些精神曾经激励我们朝着胜利的方向前进，并还将激励我们去创造未来的精彩。

［学习任务］独立撰写：结合上述情境，以"×××精神伴我行"为题，用富有创意的方式设计一份微方案。

要求：① 内容分为历史镜头、学史明理、学史增信、学史力行四个方面；② 形式可以为微视频、微信公众号、微博等，也可以自创方式。

［设计意图］以"×××精神伴我行"为主题，独立设计微方案。一方面，让学生围绕"党的伟大精神"深入理解"坚持中国共产党的领导"这一核心观点，并且将这一核心观点迁移到新的情境，帮助学生形成概念性思维的同时，增强学生的政治认同和公共参与。另一方面，采用独立设计微方案的形式，利于学生综合运用多学科知识和技能，实现学生对学科知识独特价值的深入理解。

［小结］中国共产党为什么能？理论和实践都证明，中国共产党能带领中国人民取得巨大成功绝非偶然，而是因为她有一系列优秀特质。也正是依靠诸多优秀特质，中国共产党成为始终走在时代前列、人民衷心拥护、勇于自我革命、经得起各种风浪考验、朝气蓬勃的马克思主义执政党。

［课后拓展］中国共产党关联知识拓展。

"中国共产党为什么能？"议题式教学叙事

[设计意图]选择有针对性、典型性、启发性和系统性的问题，引导学生进行限时练习。一方面，通过课后拓展，学生能查漏补缺，进一步完善知识结构；另一方面，通过练习，学生能提高运用知识解决实际问题的能力，提升学生的思维能力。

四、反思教学过程：重参与和序列化，须针对性指导和评价

（一）亮点与价值

1. 学生深度体验知识体系建构

思想政治复习课的一个重要教学目标就是梳理、整合、重组原有知识，建构知识体系，使学生系统认知教材知识，进而正确应用、迁移知识，提升解决现实问题的能力。因此，在本单元的复习教学中，一个重要的教学任务是引导学生巩固新课所学，整合学科内容，自主建构反映知识间本质联系的完整知识结构，提升学生的综合思维和学习效力。在本单元的知识体系建构过程中，首先，教师课前布置学习任务，让学生独立自主完成本单元的知识体系建构，完成对本单元"中国共产党的领导"的整体感知和整体感悟。同时，在这一过程中，教师通过翻阅学生所绘制知识框架图发现学生存在的误区和盲点，利用学生独立绘制的知识框架图可以对学生进行有针对性的反馈和疑难解答，帮助学生更好地查漏补缺，提升复习效果。其次，在课堂教学中，课前选取较典型的知识体系在课堂上进行对比展示，让学生进行点评。在此基础上，师生共同完成优化单元框架图，引导学生从部分学习转向综合性学习，形成完整的知识框架。学生作为学习的主体，与教师共同参与知识发生过程，大大调动了学生学习的积极性和创造性，使得学习过程由原来的被动接受转化为主动建构，学生更容易接受知识，提升自我效能感。同时，将零散的知识点结构化、系统化，有利于加深学生对知识的理解和记忆，便于学生形成综合思维，提高知识效力。

2. 基于时政热点，创设序列化情境及任务

核心素养的落地需要借助具有真实性、典型性的情境及序列化的活动任务。只有具备真实性、典型性的情境及序列化的活动任务，学生才能通过分析、探究真实复杂的问题情境，激发学习兴趣，学习知识和技能，培养高阶思维，提升解决现实问题能力。比如，在本单元的复习课教学中，首先，关联社会长效热点"中国共产党百年华诞"，将已有知识结构融于真实情境中，让学生寻找理论和现实的关联性，完成巩固已有知识结构的简单任务。其次，结合学生课前所绘知识框架图，依托中国共产党百年辉煌成就史，通过师生对话帮助学生实现教材的二次开发，发展已有知识结

构。在此基础上，选用当下热点党史学习，在党史教育的复杂情境中，引导学生从历史和政治多角度深入思考党史教育的时代意义，实现对知识的解构。这一问题的设计既着眼于学生的"最近发展区"，又给予学生独立思考的空间，让学生进行综合性学习，摆脱了简单的浅层次"是什么"的陈述性知识应答。学生在小组讨论的过程中理解中国共产党的性质、宗旨等，并且在解决真实问题的过程中迁移和综合运用党史、中国共产党的先进性和时事政治知识，利于学生形成高阶思维。最后，通过撰写宣传微方案，学生在微项目学习中重构已有知识，实现学科知识创生化迁移，让学习变得更为生动有趣。

（二）问题与对策

1. 学生难以绘制有效知识框架图辅助学习

通过批阅学生课前所绘制知识框架图，我发现虽然大多数学生对绘制思维导图是非常感兴趣的，但是绘制的质量不高。分析其原因，一方面，是由于思想政治课内容较为抽象化、理论化，因此，对于高一的学生来说，短时间内绘制出高质量宏观的单元知识框架图来有效辅导学习还是很困难的。在批阅学生课前所绘制的单元知识框架图中，我发现大多知识框架图是以零散的知识点呈现的，知识间的逻辑性、层次性不强，重点不够突出。另一方面，是由于旧有的依赖性的学习习惯和思维习惯，部分学生只是机械地完成学习任务，摘抄参考书中的框架图，缺少个性化的呈现和深入思考。同时，在课堂教学中，学生仅仅是记录教师PPT所展示的内容，缺乏相应的思考，难以发挥思维导图的应有效果。具体优化措施如下：首先，提供本单元的核心概念或主题，即"中国共产党的领导"，引导学生围绕核心概念关联知识点，并进行归纳总结。其次，明确绘制知识框架图的要求。比如，主线清晰、限制字数、尽量以曲线形式呈现出因果逻辑和结构逻辑关系、个性化呈现方式等。再次，增加小组讨论环节，并针对课前个人所绘制知识框架图进行组内点评和优化。

2. 项目化学习效果不佳

主要表现在以下几个方面：第一，学生的参与度不够，通过批阅议学单我发现，部分学生的议学单是空白的，还有一些学生的方案过于简单，与主题关联度不高；第二，学生的项目化学习的成果质量不高，学生多从史实的角度围绕某一精神泛泛而谈，过于表面化，深度不足，无法真实地触动学习者和周围的世界。具体优化措施如下：首先，在现实生活中，解决一个问题或完成一件任务一般不是一个人独立地完成，需要进行社会性的互动，通过小组合作，学生在观点碰撞的过程中提升合作沟通能力和知识应用迁移能力。因此,教师需要在课上提供相应的方案或作品范例展示,将学生独立活动改为小组合作完成。其次,增加任务难度,将设计微方案改为形成一定的文字、视频、图片等具有创新性的设计成果。增加作品评比和展示环节,给予学生多元化的展示平台和相应的方法、工具指导,并给予针对性的反馈和评价。

"中国共产党的领导"单元复习议学单

议题：中国共产党为什么能？

姓名：_____ 班级：_____ 得分：_____

【学习目标】结合中国共产党百年发展历程，理解关于党的领导的必备知识。通过小组讨论和项目化学习等活动，培养学生的分析与综合、探究与建构、推理与论证等能力。在中国共产党百年辉煌成就史、党史教育情境中感悟党的领导力量，认同中国共产党的领导，并在行动中传承党的伟大精神。

环节一：感悟中国共产党百年风华

【教学情境】播放视频：《中国共产党百年述职报告》。

【学习任务】自由发言：视频及你所了解的党史告诉我们哪些道理？

【答案提示】① 始终坚持以人民为中心，立党为公、执政为民→得到了人民的拥护和支持。② 始终不忘初心，牢记使命，带领广大人民不懈奋斗→逐步实现了救国、兴国、富国、强国的奋斗目标。③ 始终走在时代前列，开创和发展了中国特色社会主义理论体系→把革命、建设、改革、复兴事业不断推向前进。④ 勇于自我革命，坚持全面从严治党→保持党的先进性和纯洁性。

环节二：坚持中国共产党全面领导

【学习任务】师生对话：完成以"坚持党的领导"为核心概念的知识框架图（图1）。

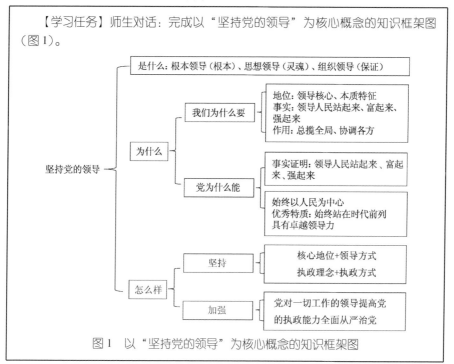

图1 以"坚持党的领导"为核心概念的知识框架图

环节三：探寻党史教育的时代价值

【教学情境】中国共产党的百年历史，是一部践行党的初心和使命的历史，是一部党与人民心连心、同呼吸、共命运的历史，也是我们党不断保持党的先进性和纯洁性，不断防范被瓦解、被腐化的危险的历史。

2021年2月20日，习近平总书记在党史学习教育动员大会上指出，全党同志要做到学史明理、学史增信、学史崇德、学史力行，学党史、悟思想、办实事、开新局，以昂扬的姿态奋力开启全面建设社会主义现代化国家新征程，以优异成绩迎接建党100周年。

【学习任务】小组讨论：在全党开展党史教育的时代意义。

【答案提示】① 有利于共产党人学史明理，始终坚持以人民为中心，立党为公，执政为民，全心全意为人民服务，保持同人民群众的血肉联系。② 可以让共产党人学史增信，不忘初心、牢记使命，为实现中华民族伟大复兴的中国梦奋勇前进。③ 有利于坚定马克思主义信仰、坚持不懈用党的创新理论最新成果武装头脑、指导实践、推动工作，保证党始终走在时代前列。④ 学习党史有利于加强党的建设，全面从严治党，提升党的执政能力和执政水平，永葆党的生机活力，为实现国家治理体系和治理能力现代化提供政治保证。

环节四：赓续中国共产党伟大精神

【教学情境】回顾中国共产党过去的100年，诞生了伟大革命精神和建设精神，包括红船精神、井冈山精神、长征精神、延安精神、西柏坡精神、"两弹一星"精神、抗洪精神、抗疫精神等。这些精神曾经激励着我们朝着胜利的方向前进，并还将激励我们去创造未来的精彩。

【学习任务】独立撰写：结合上述情境，以"×××精神伴我行"为题，用富有创意的方式设计一份微方案。要求：① 内容分为历史镜头、学史明理、学史增信、学史力行四个方面；② 形式可以为微视频、微信公众号、微博等，也可以自创方式。

"为什么说中国式民主是管用的?"议题式教学叙事
——基于"人民当家作主"一单元

吴江中学　杨帆执笔，备课组协同

一、形成教学思路:"三孩生育"政策进课堂

临近期末，备课组的新授课任务已经全部完成，接下来是期末复习时间。经过备课组成员的充分讨论，我们决定采用议题式专题复习课的方式对《政治与法治》的相关内容进行系统的复习，专题选取当下的时政热点，以剖析时政热点的形式对教材知识进行归纳整理和应用训练。根据分工计划，我需要备课的时政热点是中国式民主，对应的教材知识是教材第二单元"人民当家作主"。起初拿到这个备课任务，我一筹莫展，议题式新授课教学已经自顾不暇，议题式专题复习课更叫我难上加难。万事开头难，尝试完成此次备课任务是一种成长，我决定依然按照议题、情境、活动、知识的脉络顺序进行本次的备课。

（一）回归教材，确定学习目标和议题

本单元紧密围绕人民当家作主，讲述我国人民民主专政的国体和人民代表大会制度的政体，讲述中国共产党领导的多党合作和政治协商制度、民族区域自治制度和基层群众自治制度，阐明保障人民当家作主的中国特色社会主义政治制度体系。根据教材内容，确定本节课的议题为"为什么说中国式民主是管用的?"，学习目标为了解中国式民主的核心价值与制度保障，对《政治与法治》中第二单元"人民当家作主"的必备知识进行再构建。通过小组讨论和项目化学习等活动，培养学生的分析与综合、推理与论证、探究与建构等能力。在"十四五"规划和网络民主等情境中理解中国式民主，坚定学生认同中国式民主的信心，培养学生的政治认同、科学精神和公共参与的学科核心素养。

（二）分析热点，确定知识结构和教学环节

根据本节课的议题和学习目标，围绕"为什么说中国式民主是管用的?"的议题整理归纳教材知识，初步设计出本单元的知识结构和教学环节。知识结构围绕中国式民主的根本保证、重要保障、类型和核心价值建

构,教学环节包括环节一:体验中国式民主的独特魅力;环节二:建构中国式民主的学科知识;环节三:感知中国式民主的生动实践;环节四:彰显中国式民主的时代品格;环节五:坚定中国式民主的制度自信。

(三)收集情境,设计主干问题和活动任务

根据本节课的知识结构框架及具体学习内容,在学习强国、人民网、新华网等平台收集相关的备课资料,过程具体如下。

环节一:体验中国式民主的独特魅力。对于高一学生来说,无论是本节课的时政热点还是教材知识,都离他们的实际生活比较远,因此,选择合适的热点话题导入,能够增加课堂的趣味性,集中学生的注意力。基于此,在环节一选择了最近比较热门的"三孩生育"政策的话题,让学生充分发表自己对这一事件的看法,并为后续环节增加知识储备,提前预热课堂。初稿拟定的情境和任务如下。

情境:2021年5月31日,中共中央政治局召开会议,听取"十四五"时期积极应对人口老龄化重大政策举措汇报,审议《中共中央、国务院关于优化生育政策促进人口长期均衡发展的决定》。会议指出,进一步优化生育政策,实施一对夫妻可以生育三个子女政策及配套支持措施。

任务:自由发言,你对"三孩生育"政策的看法是什么?"三孩生育"政策应该如何落地呢?

环节二:建构中国式民主的学科知识。学生的关键能力和核心素养的培育是在知识的理解、应用和迁移中完成的,而中国式民主比较抽象,学生理解起来有一定的难度,因此,要依据关联中国式民主的相关教材知识,通过自主预习提前对中国式民主有系统的了解,整体感知中国式民主,达到既复习本单元的知识,又为后续的学习活动打下扎实的知识基础的目的。基于此,在初步的教学设计中,按照中国式民主的内涵和教材知识,构建本节课的知识框架。初步拟定的知识结构图如图1所示。

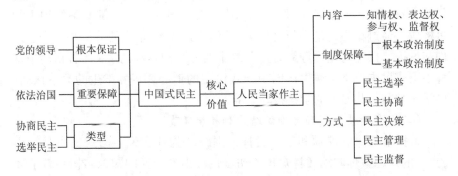

图1 "中国式民主"知识结构图

环节三：感知中国式民主的生动实践。本环节初定的目的是让学生通过情境了解中国式民主的实践逻辑。在第一单元讲述中国共产党依法执政时，备课组选择了"十四五"规划的出台过程作为情境，学生对"十四五"规划比较熟悉，有相应的知识储备，并且"十四五"规划的出台过程体现了党的领导、人民当家作主和依法治国的有机统一，能够实现知识的前挂后连。中国式民主的核心价值就是人民当家作主，因此，在情境上，我选择了"十四五"规划的出台过程，让学生以小组讨论的形式，理解中国式民主。初稿拟定的情境与任务如下。

情境：2021年3月11日，十三届全国人大四次会议表决通过了第十四个五年规划。从党的十九届五中全会到2021年全国"两会"，历经"千锤百炼"，从酝酿到出台，人民群众全程参与、建言献策，从党的建议到人民的纲要，这一科学决策、民主决策、依法决策的过程，环环相扣而又水到渠成，集中体现了坚持党的领导、人民当家作主、依法治国的有机统一，向人们生动诠释了"全过程民主"的要义，告诉人们中国式民主的实践逻辑、独特优势和生机活力。

任务：小组讨论，"十四五"规划从酝酿到出台的过程是如何体现中国式民主的？

环节四：彰显中国式民主的时代品格。网络时代的到来，丰富了人民发表意见的方式，增加了群众政治参与的渠道，中国式民主在网络时代的表现之一就是网络民主，是一种新型的民主形式。但事物都有两面性，在网络民主的发展过程中，有利有弊，学生需要学会正确看待网络民主的利与弊。因此，本环节设置"网络民主利大于弊还是弊大于利？"的辩题，让学生通过小组讨论，以组际辩论的方式，进行观点陈述与证明。初稿拟定的情境和任务如下。

情境：播放《这就是中国》视频。网络民主一般是指公众以网络空间为场所，基于计算机网络技术的数字互动，积极表达政治意愿、参与政治事务的一种新型民主形式。中国的网民已达9亿多，居世界第一位，网络媒体和交流平台迅速兴起，"强国论坛""天涯社区"及党和各级政府开通的官方网站，为公众提供了民意表达和政治参与的平台。公民可以通过它们直接表达自己对公共事务的看法，问政、议政、参政的热情不断高涨，影响力也越来越大。但是，由于网络本身的虚拟性等特点，也凸显出了很多问题，如虚假信息和一些公民言论的非理性张扬，为网络民主的进程添加了杂音，影响了网络民主正常的发育过程。

任务：组际辩论，请以"网络民主利大于弊还是弊大于利？"为辩题进行辩论，要求论点鲜明、论据充分。

环节五：坚定中国式民主的制度自信。这是本节课学科知识的创生化迁移环节。通过前几个环节的学习，学生对中国式民主已有一定的了解。就在备课期间，我从人民网上看到了关于我国国际传播能力建设第三十次集体学习的相关新闻，要讲好中国故事，传播好中国声音。高中生是中国未来的主力军，因此，不仅自己要坚定制度自信，更要有信心向世界发声。所以我选择了撰写演讲稿的形式，让学生结合自己理解的中国式民主，撰写一份以"讲好中国制度，传播好中国声音"为主题的演讲稿。初稿拟定的情境和任务如下。

情境：2021年5月31日，党中央就我国国际传播能力建设进行了第三十次集体学习。习近平总书记在主持学习时强调，讲好中国故事，传播好中国声音，展示真实、立体、全面的中国，是加强我国国际传播能力建设的重要任务。要广泛宣介中国主张、中国智慧、中国方案，我国日益走近世界舞台中央，有能力也有责任在全球事务中发挥更大作用，同各国一道为解决全人类问题做出更大贡献。

任务：独立撰写，结合你所理解的中国式民主，请以"讲好中国制度，传播好中国声音"为主题撰写一份演讲稿，100字左右。

至此，"中国式民主"专题复习课的议学单已具雏形，比较粗略和稚嫩，还有许多地方需要商榷、修改和完善。

二、协同教学设计：构建活动课堂

议学单初稿完成以后，交予备课组集体研讨，根据课标、议题和本节课学生须掌握的知识点，备课组提出了初稿存在的问题及部分修改意见。

第一，议题设置不贴切，知识结构不完善。首先，本节课是议题式的专题复习课，议题的设置应当围绕专题设置，而不是囿于教材。我原先设计的"我国人民如何当家作主"的议题与授课类型不相适应，与"中国式民主"的关联不明显。有老师认为，可从习近平总书记关于中国式民主的论述中寻找适合本节课的议题。其次，本节课是专题复习课，知识结构的建构应当兼具专题课和复习课的特点，符合学生的认知规律，而初稿的知识结构中具有的专题课的特点不明显，并且缺少复习课的知识体系建构。初稿围绕中国式民主的根本保证、重要保障、类型和核心价值建构了知识体系，但是未能解决"什么是中国式民主"的问题，学生难以对中国式民主形成概念和内涵的系统认知，应当围绕中国式民主是什么、为什么、怎么样建构专题知识体系。另外，还应当增加人民当家作主相关知识的体系建构，让学生自主完成本单元的复习任务。

第二，情境选择分散，课堂主线不明。初稿选择"三孩生育"政策、"十四五"规划、网络民主等分情境，看似都与中国式民主相关联，但实际上太过分散，没有逻辑，导致课堂缺乏整体性，主线不明。环节一选择"三孩生育"政策作为中国式民主的切入口，提高了情境的适切性和课堂的趣味性，但是情境未能得到充分的运用，设问难度较大，不宜作为导入环节。环节三选择了"十四五"规划的出台流程作为中国式民主的生动实践的范例，情境选择的是学生熟悉的重大时政热点，降低了学生对中国式民主的理解难度，但是情境的重复使用会影响学生探求新知的欲望，学生的注意力容易不集中，可以沿用"三孩生育"政策，将其作为本节课的主题情境，一境到底，贯穿整堂课，成为本节课的主线。并且学生对"十四五"规划的出台流程熟悉，而"三孩生育"政策目前正逐渐落地，可以让学生自主画出"三孩生育"政策落地的路线图，在这个过程中感知中国式民主的魅力，达到理解中国式民主的目的，实现关键能力和核心素养的层阶培育。环节四选择了网络民主的情境，但与本节课的议题和教材知识关联不大，有教师建议删去，重新选择情境，设计活动和任务。

第三，学生活动任务缺乏新意。初稿设计的学生活动涉及自由发言、小组讨论、组际辩论和独立撰写，活动较为丰富，但是由于网络民主的情境不适切，因此，组际辩论的活动任务无法保留。剩下的活动任务学生皆是在教师的引导下进行的，积极主动的参与性不高，缺乏新意。课堂是学生的课堂，新一轮课程改革要求尊重学生的主体地位，充分调动学生参与课堂的积极性，尤其是在课堂的知识迁移环节，初稿设计的迁移环节是让学生独立撰写"讲好中国故事，传播好中国声音"的演讲稿，撰写演讲稿的立意是要提高学生的政治认同，实现课堂的情感升华，但是在人民代表大会制度的新授课时已经采用过这种形式，学生的积极性和兴趣难以调动。斟酌本节课的议题和教材知识，都是围绕中国式民主和人民当家作主展开的，并且要实现"三孩生育"政策的一境到底，若学生已经绘制出"三孩生育"政策落地的流程图，那么可在迁移环节采取召开"三孩生育"政策听证会的模式，让学生在模拟情境中，代入相关的角色，真实地进行公共参与。

三、整体教学设计："三孩生育"政策的出台和落地

根据备课组各位教师提出的问题及修改意见，我对议学单进行了修改、补充和完善，形成了教学设计。

（一）教材与学情

1. 教学内容分析

（1）本单元地位

本单元位于《政治与法治》第二单元，集中讲述了人民当家作主和保障人民当家作主的中国特色社会主义政治制度，人民当家作主是社会主义民主政治的本质和核心，与第一单元、第三单元共同构成了《政治与法治》教材的主线。本单元具有承上启下的作用，是坚持党的领导、人民当家作主、依法治国有机统一的重要环节。

（2）本单元内容

本单元主要包括三个主题：一是讲述我国人民民主专政的国体，二是讲述我国的根本政治制度，三是讲述我国的基本政治制度。这些制度相互联系，相互影响，是党和人民在长期实践探索中形成的中国特色社会主义制度的重要组成部分，是国家治理体系和治理能力的重要支撑，是人民当家作主的重要保障。本单元共设三课。

第一课"人民民主专政的社会主义国家"，本课由引言和两框构成，按照"我国人民民主专政的国体—我国社会主义民主的特点和优势—发扬人民民主—行使国家职能、为社会主义事业保驾护航"的线索，阐述我国是人民民主专政的社会主义国家。

第二课"我国的根本政治制度"，本课从人民代表大会制度切入，主要讲述人民代表大会是人民行使国家权力的机关，介绍全国人民代表大会的性质、地位、职权、机构及其组成人员，阐明人民代表大会制度的内容和优势。

第三课"我国的基本政治制度"，本课概述了我国的三项基本政治制度及其重要性。第一框"中国共产党领导的多党合作和政治协商制度"，讲述中国特色社会主义政党制度和中国人民政治协商会议；第二框"民族区域自治制度"，讲述我国是统一的多民族国家，以及我国的宗教政策；第三框"基层群众自治制度"，讲述我国基层群众自治的组织形式，以及人民群众直接行使民主权利的实践。

2. 学情分析

（1）学生心智特征分析

该复习课的教学对象是高一年级学生，初步完成了从具体思维到抽象思维的过渡，初步具备了分析国家政策和政治现象的心智和能力，看待问题尖锐、新颖，但受知识储备和生活经验的限制，对中国式民主的内涵比较陌生。

(2) 学生已有知识经验分析

该复习课的学习主体是高一学生，通过新授课的学习，学生对我国人民当家作主的原因、途径、方法有一定的辨别能力，具有一定的知识基础。但由于新授课所获得的知识储备因人而异，其稳定性和清晰状态具有不平衡性。另外，对于现实生活中人民当家作主的渠道之一的听证会，学生普遍了解不足。

3. 教学目标与重难点

（1）教学目标

了解中国式民主的本质及全过程民主，对《政治与法治》中第二单元"人民当家作主"的必备知识进行再构建。通过小组讨论和项目化学习等活动，培养学生的分析与综合、推理与论证、探究与建构等能力。在"三孩生育"政策的情境中理解中国式民主，坚定学生认同中国式民主的信心，培养学生的政治认同、科学精神和公共参与的学科核心素养。

（2）教学重难点

教学重点：掌握人民当家作主的内涵，理解中国式民主的本质、类型、优势、根本保证、重要保障和途径。

教学难点：理解中国式民主的内涵。

（二）路线与结构

1. 教学路线

本课采用以议学任务引领的议题式教学方式，议题、情境、活动、知识四个要素构成了如下四条线。

议题线：由"为什么说中国式民主是管用的？"议题引领如下问题串，人民当家作主知识结构图—中国式民主的知识框架图—谈谈你对"三孩生育"政策的看法—绘制"三孩生育"政策实施的路线图—模拟"三孩生育"政策的决策听证会。

情境线："两会"数据—《中国式民主》视频—关于"三孩生育"政策视频—模拟听证会。

活动线：自由发言—对话交流—小组讨论—小组合作。

知识线：人民当家作主单元知识—中国式民主的学科知识—中国式民主的实施路径—中国式民主的学科知识。

2. 教学结构（图 2）

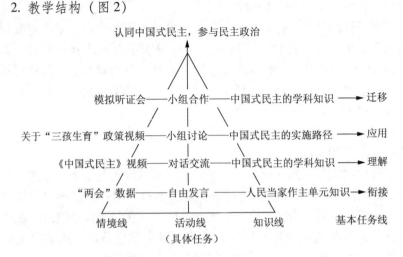

图 2 "为什么说中国式民主是管用的?"议题式教学结构

(三) 过程与意图

[议题] 为什么说中国式民主是管用的?

环节一：展现中国式民主的独特魅力

[教学情境] 2021 年"两会"的一组数据。

[学习任务] 自由发言：数字蕴含了中国式民主的哪些魅力？

[设计意图] 随着信息技术的快速发展，大数据时代应运而生，数据具有严谨性和直观性，课堂的导入利用数据，更能说明问题，为佐证本节课的议题提供数据支撑和现实依据。中国式民主话题的时政性较强，采用 2021 年"两会"的一些数据，让学生猜一猜数据背后的内涵，既能提前预热课堂，活跃课堂气氛，也用事实证明了中国式民主是管用的。

环节二：构建中国式民主的知识体系

[学习任务 1] 师生对话：完成第二单元"人民当家作主"的知识结构图（图 3）。

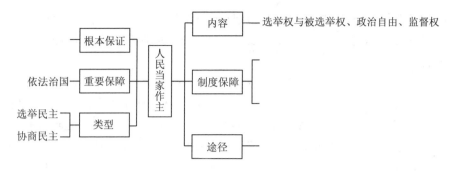

图3 "人民当家作主"的单元知识结构图

[答案提示1] 人民当家作主的根本保证是中国共产党的领导,制度保障是根本政治制度(人民代表大会制度)和基本政治制度(中国共产党领导的多党合作和政治协商制度、民族区域自治制度、基层群众自治制度),途径是民主选举、民主协商、民主决策、民主管理、民主监督。

[设计意图] 复习课的任务之一就是复习学生已学的知识,帮助学生查漏补缺,完善知识结构,加深学生对已学知识的理解,并在理解的基础上进行记忆和背诵。本节课采用纲要式的复习方法,系统归纳总结第二单元"人民当家作主"的重点知识,找出知识主干,摸清教材脉络,有利于学生对知识加深印象,提高学生的认知水平和基本技能。

[学习任务2] 同桌交流:完成"中国式民主"的知识框架图(图4)。

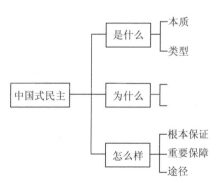

图4 "中国式民主"的知识结构图

[答案提示2] 中国式民主的本质是人民当家作主,类型是选举民主和协商民主,优势是有利于民主和集中的统一,有利于党的领导、人民当家作主、依法治国的有机统一,根本保证是中国共产党的领导,重要保障是根本政治制度(人民代表大会制度)、基本政治制度(中国共产党领导

的多党合作和政治协商制度、民族区域自治制度、基层群众自治制度)、法律制度,途径是民主选举、民主协商、民主决策、民主管理、民主监督。

[设计意图] 议题式专题课教学是指课堂上围绕一个小专题进行深入的"是什么""为什么""怎么办"的商议,从而让学生形成完备的系统的认知结构。本节课的第二环节是围绕"中国式民主",以"是什么—为什么—怎么样"的线索,建构了专题的知识体系。由于本节课是复习类型的专题课教学,因此,除了建构中国式民主的知识体系外,还要将中国式民主与人民当家作主发生关联,打破教材体系,选择新的角度,整合知识,让教材知识与热点专题无缝衔接,实现书本和现实的双向联动,提高学生的学习兴趣和学习效率。

环节三:绘制中国式民主的实施路线

[教学情境] 播放"三孩生育"政策视频。

2021年5月31日,中共中央政治局召开会议,听取"十四五"时期积极应对人口老龄化重大政策举措汇报,审议《中共中央、国务院关于优化生育政策促进人口长期均衡发展的决定》。会议指出,进一步优化生育政策,实施一对夫妻可以生育三个子女政策及配套支持措施。

[学习任务1] 自由发言:谈谈你对"三孩生育"政策的看法。

[答案提示1] 略。

[设计意图] 选择"三孩生育"政策作为本节课的主情境,既紧跟时政,又贴近学生生活,学生有话可讲。让学生谈谈自己对"三孩生育"政策的看法,调用学生的生活经验,既能缓解前两个知识建构环节的枯燥,调动学生的积极性,又能为后续模拟听证会的召开奠定基础。

[学习任务2] 小组讨论:目前三孩政策还是党的主张,这一主张如何才能上升为国家意志呢?请小组合作绘制"三孩生育"政策实施的路线图。

[答案提示2] ① 中共中央政治局召开会议,研究提出"三孩生育"政策;② 中共中央及相关部门对"三孩生育"政策开展听证会、网上征求意见;③ 党代会通过"三孩生育"政策;④ 国家卫健委制定初步草案并提交国务院、中共中央政治局常委会和政治局会议审定,初步形成《中华人民共和国人口与计划生育法》(以下简称《人口与计划生育法》)修正案草案;⑤《人口与计划生育法》修正案草案提交全国人大审议,人大代表为草案建言献策;⑥ 全国人大审议通过《人口与计划生育法》修正案草案。

[设计意图]"三孩生育"政策从提出到落地实施的过程正是中国式民主的生动实践,本环节以"三孩生育"政策为情境载体,让学生通过小组讨论,共同绘制"三孩生育"政策实施的路线图,从而感受中国式民主的魅力。用"三孩生育"政策的实施路线来论证本节课的议题,引导学生深入理解党的领导、人民当家作主和依法治国三者是有机统一的,并从中了解国家政策从提出到实施的流程,增加学生的课外知识,提高其政治素养,架起理论和现实的桥梁,提升学生的政治认同和法治意识的学科核心素养。

环节四:体验中国式民主的生动实践

[教学情境]为广泛征求和听取社会各界的意见和建议,推动决策的科学化、民主化,提高决策质量,就"三孩生育"政策的必要性、可行性、合理性进行听证。(备注:模拟决策听证会的参与主体和会议流程。参与主体:主持人、决策陈述人和听证陈述人;听证陈述人包括市人大代表、市政协委员代表、市民代表、人口学专家代表、妇女联合会代表、教育和医务工作者代表、相关企业代表等。会议流程:① 主持人主持会议;② 听证陈述人提出问题、意见或建议,进行陈述、辩论和举证;③ 决策陈述人对听证陈述人问题进行答疑,并针对建议进行初步的反馈和答复;④ 主持人结语。)

[学习任务]小组合作:模拟"三孩生育"政策的决策听证会,每一小组选择其中一种角色进行"三孩生育"政策的陈述、辩论和举证。

[设计意图]通过模拟决策听证会,为学生提供听证会的仿真情境,将理论化的学习内容变得生动、形象,学生能够在仿真的听证会中感受政治参与的过程,应用和迁移学科知识,调动学生的积极性。同时,利用角色扮演形式,让学生扮演政治生活中的不同角色,明确各个角色身上不同的权利与义务,从自身的立场对"三孩生育"政策提出自己的看法或者建议,这能够培养学生全面思考问题的能力,深化社会责任担当意识,培育科学精神和公共参与的学科核心素养。

四、反思教学过程:知识建构注重情知关联,活动设计落实公共参与

(一)亮点与价值

1. 知识建构注重情知关联,培养学生系统学习和综合思维的习惯

由于教学内容和教学对象的特殊性,本节课设计了两个知识建构的环节,分别是围绕教材知识的体系建构和以中国式民主为中心的知识建构。第一个环节的单元必备知识的建构是以教材为中心,循着书本知识本身的脉络,对整个单元的知识进行总结、概括和梳理,知识在人的大脑中以图

层的方式结构化存在着，让学生先行感知已学知识，调动记忆中的知识，为之后整个学习活动的开展奠定知识基础。第二环节是以专题为中心的学科知识建构，遵循中国式民主是什么、为什么、怎么样的逻辑线索，并结合人民当家作主的相关知识，来建构新的知识体系。中国式民主的专题复习就是把关于中国式民主相关的一类问题集中起来，对其进行专项复习，目的是理解这一类问题的方方面面，把这些主题中的相关问题串在一起做焦点式解读，总结提炼规律，这样做打破了现有的教学模块，对教学内容进行重组和整合，从而使学生形成一个新的认知结构形式。

2. 活动设计落实公共参与，增强学生有序政治参与的意愿和能力

高中思想政治课程紧密结合社会实践，旨在通过问题情境的创设与真实社会生活的历练，增强学生社会理解与参与的能力、问题分析与解决的能力，促使其勇于承担社会责任。作为活动型学科课程的思想政治课，知行合一是其应然特征，实践性和参与性更是其当然属性，因此，学生要在真实或仿真的生活情境中，迁移运用综合的学科知识，增强对社会的认识和理解。本节课结合"三孩生育"政策的话题，设计"三孩生育"政策决策听证会这一秉持不同角色立场的公共参与情境，引导学生直面真实生活中的现实问题，促使其走出教室，迈入社会大课堂，将所学的理论知识与生活经验相结合，加深对知识的理解和对社会的关注。模拟决策听证会从活动形式看，采取了角色扮演这一比较新颖的形式，让学生以真实的社会主体的身份多角度地思考问题，对决策听证会形成全面的认知。同时，这一活动形式能够激发学生的政治参与热情，提高其公共参与的能力。从活动内容看，选择"三孩生育"政策为决策听证会的主题，贴近学生生活，引起学生的情感共鸣，激发学生主动参与决策听证会的积极性，通过小组讨论、陈述发言、辩论举证的过程，培养搜集信息、分析和解决真实问题的能力。

（二）问题与对策

教学追求精心预设，但预设难以面面俱到，精心设计难免留有遗憾。在实际教学中发现本次教学设计还存在以下问题。

1. 教学内容的贴合度不够

本节课的教学内容是《政治与法治》第二单元"人民当家作主"的专题复习课，涉及整个单元知识。本节课以"中国式民主"为主题，以"三孩生育"政策为情境，对人民当家作主的有关知识进行了关联和贯通，使学生在情境中理解知识，并运用知识解决实际问题。由于学生对知识的掌握水平不均衡，在第一环节的单元知识建构和第三环节的绘制中国式民

主的路线图花费时间超过预期，以致没有在规定时间完成教学任务，从而导致教学过程缺乏完整性，影响了本节课的教学效果。具体优化措施：由学生课前自主建构知识体系，课堂上教师进行展示、点评和补充。在之后的教学中，加强对学生已有知识基础和生活经验的了解，提高对课堂时间的把控能力。

2. 学生角色扮演不够充分

在模拟"三孩生育"政策的决策听证会的过程中，我发现学生在角色扮演时无法脱离学生的身份，难以用新的角色进行换位思考。比如，在扮演妇女联合会代表发言时，没有很好地表现出角色应有的行为，反映角色的立场；还有一些学生发言存在逻辑混乱、查找信息不充分、发言内容脱离实际、泛泛而谈等问题。究其原因主要有两个：首先，高中学生大部分的实践活动都在校园里，政治参与的实践经验几乎没有，对本次决策听证会涉及的政治主体，比如，妇女联合会代表、政协委员、人口学专家代表等角色的了解流于表层，没有理论层面和实际层面的了解，学生无法从书本知识和已有的生活经验中调取可用的信息，导致在角色扮演中出现不充分的问题。其次，学生的课前准备不够充分。模拟决策听证会需要学生做好相应的准备，比如，决策听证会的流程，"三孩生育"政策提出的背景、内容、意义，各类社会主体对"三孩生育"政策的看法和建议，等等，学生缺乏这方面的知识储备，影响了决策听证会召开的质量。具体优化措施：第一，课前分配相关角色，并提供相应的角色介绍资料或素材，便于学生研究所扮演角色的地位，做出恰当的行为表现。第二，课前布置相应任务，提前发放问题列表。

3. 教师的总结点评不到位

教师对决策听证会进行总结能够帮助学生澄清认知误区，调整发言思路，细化发言内容，规范参与行为，引导学生有序参与政治生活。但由于教学内容与学生层次的不适切性，实际的课堂时间分配存在问题，在决策听证会结束后，留给教师反馈和总结的时间寥寥无几，只能草草收场，学生无法知道自己在活动过程中存在的问题，没有互相评价的机会，导致此次活动没有达到一定的层次和高度。具体优化措施：第一，控制学生发言时间，及时提醒学生活动结束，便于学生及时回到学生角色本身，让学生发表自己的感受和见解，客观地评析自身的行为表现；第二，在课堂的时间分配上，应该多留出一些教师总结反馈的时间，对活动总体效果、学生总体表现进行总结和反馈；第三，设置评价小组，观察各个代表团在模拟决策听证会活动中的行为表现，进行相应的评价，并评选出最佳小组。

"人民当家作主"单元复习议学单

议题：为什么说中国式民主是管用的？

姓名：_____ 班级：_____ 得分：_____

【学习目标】了解中国式民主的本质及全过程民主，对《政治与法治》中第二单元"人民当家作主"的必备知识进行再构建。通过小组讨论和项目化学习等活动，培养学生的分析与综合、推理与论证、探究与建构等能力。在"三孩生育"政策的情境中理解中国式民主，坚定学生认同中国式民主的信心，培养学生的政治认同、科学精神和公共参与的政治核心素养。

环节一：展现中国式民主的独特魅力

【教学情境】2021年"两会"的一组数据。
【学习任务】自由发言：数字蕴含了中国式民主的哪些魅力？

环节二：构建中国式民主的知识体系

【学习任务1】师生对话：完成第二单元"人民当家作主"的知识结构图（图1）。

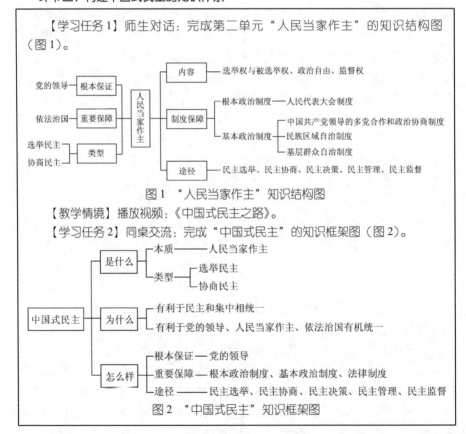

图1 "人民当家作主"知识结构图

【教学情境】播放视频：《中国式民主之路》。
【学习任务2】同桌交流：完成"中国式民主"的知识框架图（图2）。

图2 "中国式民主"知识框架图

环节三：绘制中国式民主的实施路线

【教学情境】播放"三孩生育"政策视频。2021 年 5 月 31 日，中共中央政治局召开会议，听取"十四五"时期积极应对人口老龄化重大政策举措汇报，审议《中共中央、国务院关于优化生育政策促进人口长期均衡发展的决定》。会议指出，进一步优化生育政策，实施一对夫妻可以生育三个子女政策及配套支持措施。

【学习任务 1】自由发言：谈谈你对"三孩生育"政策的看法。（提示：为什么+怎么样）

【学习任务 2】小组讨论：目前三孩政策还是党的主张，这一主张如何才能上升为国家意志呢？请小组合作绘制"三孩生育"政策实施的路线图。

【答案提示】

中共中央政治局召开会议，研究提出"三孩生育"政策

中共中央及相关部门对"三孩生育"政策开展听证会、网上征求意见

党代会通过"三孩生育"政策

国家卫健委制定初步草案并提交国务院、中共中央政治局常委会和政治局会议审定，初步形成《人口与计划生育法》修正案草案

《人口与计划生育法》修正案草案提交全国人大审议，人大代表为草案建言献策

全国人大审议通过《人口与计划生育法》修正案草案

环节四：体验中国式民主的生动实践

【教学情境】为广泛征求和听取社会各界的意见和建议，推动决策的科学化、民主化，提高决策质量，就"三孩生育"政策的必要性、可行性、合理性进行听证。

（备注：模拟决策听证会的参与主体和会议流程。参与主体：主持人、决策陈述人和听证陈述人；听证陈述人包括市人大代表、市政协委员代表、市民代表、人口学专家代表、妇女联合会代表、教育和医务工作者代表、相关企业代表等。会议流程：① 主持人主持会议；② 听证陈述人提出问题、意见或建议，进行陈述、辩论和举证；③ 决策陈述人对听证陈述人问题进行答疑，并针对建议进行初步的反馈和答复；④ 主持人结语。）

【学习任务】小组讨论：模拟"三孩生育"政策的决策听证会，每一小组选择其中一种角色进行"三孩生育"政策的陈述、辩论和举证。

"基层立法联系点如何助力法治中国建设?" 议题式教学叙事

——基于"全面依法治国"一单元

吴江中学 王佳执笔,备课组协同

一、形成教学思路:确定议题,设计任务

这学期,在沈雪春老师、两位师傅和其他同事的共同努力下,我们实践了议题式教学,身处这样一个团队,很荣幸,也有很多收获。复习课第三单元的备课是我做的《政治与法治》的最后一个教学设计,本课的初步教学思路主要分为以下三步。

第一步,依据课标,确定教学目标及议题。课标对于这一单元的内容和要求有三个:一是简述我国法治建设的成就,明确全面推进依法治国的总目标是建设中国特色社会主义法治体系,建设社会主义法治国家;二是搜集资料,阐述科学立法、严格执法、公正司法、全民守法的基本要求;三是列举事例,阐明建设法治国家、法治政府、法治社会的意义。《政治与法治》这本书的第一单元讲的是党的领导,第二单元是人民当家作主,第三单元是全面依法治国。通过学习,我们要理解依法治国是党领导人民治理国家的基本方式;党的领导、人民当家作主和依法治国是有机统一的。为此,我们需要找一个能够体现这三者的有机统一的切入点。基层立法联系点的设立是为贯彻党中央的要求,推进法治中国建设,全国及各级人大常委会法工委在基层设立的立法联系点,这正好体现了党的领导、人民当家作主、依法治国三者的有机统一。因此,沈雪春老师建议我从基层立法联系点切入,并把议题设置为"基层立法联系点如何助力法治中国建设?"。

第二步,梳理教材,建构知识框架。确定好"基层立法联系点如何助力法治中国建设?"这个议题之后,我便开始梳理第三单元教材内容,本单元的知识结构非常清晰,框题是按照是什么和怎么办的逻辑分布的,其中,"是什么"部分是第七课的内容,第八课是全面依法治国的总要求,第九课是全面依法治国的基本要求,而"为什么"部分在教材第73页第

三单元篇章页上的蓝色字体部分。

第三步,围绕议题,设置活动任务。结合教学目标和议题,我初步设计以下学习活动和任务。环节一:必备知识的自主建构;环节二:理解·公民参与立法的意义;环节三:应用·建设法治中国的要求;环节四:迁移·为立法提建议。本节课以议题为主线,根据课标要求,第一版的教学设计思路具体如下。

环节一:知识梳理。议题式教学的开展不能脱离书本,复习课更应该注重知识的系统性梳理。为了让学生更加清晰地掌握本节课的内容,本节课的知识及逻辑以思维导图的形式呈现。知识梳理如图1所示。

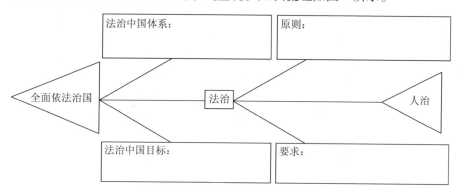

图1 知识点思维导图

环节二:理解·公民参与立法的意义。这一环节设置的目的是让学生了解公民参与立法的意义,昆山基层立法联系点是全国人大常委会在苏州设置的10个基层立法联系点之一。该立法联系点在苏州昆山,在地理位置上能够让学生产生自豪感,且立法建议可以直通全国人大,进一步提高立法的科学性、民主性和可操作性。具体情境及活动任务如下。

情境:播放视频《昆山基层立法联系点》。近年来,全国人大常委会法工委在全国建立了10个基层立法联系点,这些基层立法联系点也被称为"立法直通车"。工作在法律一线,让全国人大代表、江苏省律师协会副会长车捷深刻感受到科学立法、民主立法、依法立法的重要性,他表示,"2020年在和昆山基层立法联系点的交流过程中,我充分体会到这里民意反馈更精彩、问题把握更精确、建议提出更精细,基层立法联系点已成为全过程民主的一个生动体现和实践载体。2020年11月12日下午,在昆山高新区南星渎办事处,7名基层群众代表、3名基层人大代表围绕个人信息保护法草案,交换意见、交流讨论。最终,征询会共收集到意见建议12条"。

任务：小组讨论，设立基层立法联系点的意义。

环节三：应用·建设法治中国的要求。这一部分是本单元知识运用的重点。学生在新授课时已经学习过全面依法治国的基本要求，这一环节就是让学生将所学知识进行情境化运用，在议的过程中深刻理解全面推进依法治国的基本要求。2021年6月1日开始实施的新修订的《未成年人保护法》，和学生的切身利益相关，是学生感兴趣的法律。而落实《未成年人保护法》，发挥法的效力，需要多方合作。作为专题复习课，需要学生在"议"时综合运用所学知识。具体情境、活动、任务如下。

情境：党的十八大以来，以习近平同志为核心的党中央对未成年人保护工作多次做出重要指示批示和决策部署，对完善未成年人保护相关法律制度、改进未成年人保护工作，提出明确要求。

2018年，十三届全国人大常委会立法规划明确由全国人大社会建设委员会牵头修改《未成年人保护法》。在广泛向社会征求意见、各专家学者反复研究论证的基础上，形成了《未成年人保护法（草案）》。

2020年10月17日，《未成年人保护法》修订案经十三届全国人大常委会第二十二次会议表决通过。

2021年6月1日起，新修订的《未成年人保护法》正式施行，执法、司法机关加强未成年人保护给孩子更全面的法治保障。

任务：小组讨论，我国在未成年人保护中是如何体现依法治国方略的。

环节四：迁移·为立法提建议。基层立法联系点被称为"立法直通车"，可以使立法更加科学、民主，已成为全过程民主的一个生动体现和实践载体。但是基层立法联系点在现阶段也存在很多问题，比如，联络员的素质及法律专业水平普遍不高，专业人员不足，运行经费欠缺，等等，这些都制约着基层立法联系点的发展。这一环节的设置就是让学生为完善基层立法联系点提建议。具体的情境、活动、任务如下。

情境：现阶段，基层立法联系点的联络员的素质及法律专业水平普遍不高、专业人员不足、运行经费欠缺等，这些都制约着基层立法联系点的发展。有的联络员自身的能力不足，特别是缺乏相关法律知识，难以胜任基层立法联系点的工作，还会导致社会公众对基层立法联系点失去信任，桥梁作用无法发挥。有群众认为，基层立法联系点没有发挥其应有的作用，忽视基层立法联系点作用的倾向存在，对基层立法联系点工作造成了负面影响。

任务：小组讨论，基层立法联系点如何在立法中发挥好接地气、察民情、聚民智的"直通车"作用？请提出两条建议。

二、协同教学设计：重构框架，完善任务

思路初成后是备课组的协同设计，经过集体讨论，我发现上述教学设计存在的主要问题有以下几个。

第一，全面依法治国的知识梳理不完善。初稿的教学设计在知识梳理部分只是涉及了全面依法治国的目标、原则和基本要求，是第三单元第七课和第九课的内容，知识梳理太过粗线条，不够细致，不适合复习课的知识梳理。本节课的知识梳理要有大单元思维，从学科核心概念入手，应当从是什么、为什么、怎么办的角度帮助学生梳理清楚"全面依法治国"这一单元的逻辑结构，使学生厘清知识之间的逻辑关系。

第二，欠缺基层立法联系点的学科知识建构。虽然在"科学立法"这一课学生已经接触过基层立法联系点，但是学生对基层立法联系点还不是很了解，后续的理解、应用、迁移环节都是建立在基层立法联系点的基础上展开的，缺乏对基层立法联系点的了解不利于后续环节的展开和学生深入的"议"。因此，教师需要找一些资料补充学生的学科知识，帮助学生梳理清楚基层立法联系点的来龙去脉。

第三，所设任务没有解决本节课的议题。本节课的议题是"基层立法联系点如何助力法治中国建设？"。从任务设置来看，初步的教学设计主要还是围绕第三单元的知识结构来设计的，第一个任务"设立基层立法联系点的意义"主要是想让学生回答基层立法联系点的设立在科学立法、民主立法、依法立法方面的作用；第二个任务"如何为未成年人织密保护网"主要是想让学生回答要发挥党、立法机关、行政机关、司法机关、社会等各类主体在全面依法治国中的作用；第三个任务"基层立法联系点如何在立法中发挥好接地气、察民情、聚民智的'直通车'作用"主要是培养学生的公共参与精神，为完善基层立法建言献策。第二个任务是本节课的重点，与第三单元关联的知识是全面依法治国的基本要求，在任务的设置上没有体现基层立法助力法治中国建设，需要对理解和应用环节的任务进行优化处理。

三、整体教学设计：聚焦议题，展开讨论

（一）教材与学情

1. 内容分析

（1）本单元地位

教材以坚持党的领导、人民当家作主、依法治国有机统一为主线。依法治国是党领导人民治理国家的基本方式。党的领导、人民当家作主、依

法治国三者统一于我国社会主义民主政治伟大实践。本单元以"全面依法治国"为主题，与前两个单元构成了统一的整体。一方面，依法治国的实质是依照宪法和法律来治理国家、管理社会事务，人民在党的领导下通过最高国家权力机关即全国人民代表大会及其常务委员会制定宪法和法律，运用宪法和法律来治理国家、管理社会事务，实现当家作主的民主权利；另一方面，党领导人民制定宪法和法律，党的各级组织和全体党员干部又必须带头在宪法和法律范围内活动，模范遵守宪法和法律，尤其是各级领导干部要增强民主法治观念，自觉接受人民群众的监督。

（2）本单元内容

本单元围绕"全面依法治国"展开阐述，在回顾我国法治建设成就、理解马克思主义法治理论的基本观点的基础上，引导学生深刻理解全面依法治国的总目标和原则，明确在总目标统领下的重点任务，坚持法治国家、法治政府、法治社会一体建设，实现科学立法、严格执法、公正司法、全民守法。本单元下设三课。

第七课"治国理政的基本方式"，本课围绕"依法治国是我国治国理政的基本方式"这一主题，简要回顾了我国法律发展的历史，引导学生了解我国法治建设的成就；阐述了马克思主义法治理论的基本观点，阐述了习近平法治思想是全面依法治国的根本遵循和行动指南，阐述了全面依法治国的总目标和原则，培育了学生的思想政治学科核心素养。

第八课"法治中国建设"，本课围绕建设法治中国的系统性工程，阐明法治国家、法治政府、法治社会的内涵、特征和具体要求，阐述坚持依法治国、依法执政、依法行政共同推进和坚持法治国家、法治政府、法治社会一体建设的措施及意义，强调深化依法治国实践，打造互相配合、良性互动的国家治理和社会治理结构。

第九课"全面依法治国的基本要求"，本课围绕建设中国特色社会主义法治体系，说明科学立法、严格执法、公正司法、全民守法的内涵和具体要求，阐述必须坚持厉行法治，从立法、执法、司法和守法四个环节全面推进依法治国，实现对法律运行过程的全覆盖，明确新时代全面推进依法治国的重点环节和主要任务。

2. 学情分析

（1）学生心智特征分析

高一学生的思维和兴趣大多停留在具体形象的内容上，对抽象、理论性较强的内容缺乏一定的理解力和思维力，因此，让学生学习全面推进依法治国的议学过程有一定的难度。

(2) 学生已有知识经验分析

学生已经学习过一轮全面依法治国的相关知识，对全面依法治国已经有了一定的了解，且学生在之前已经接触过基层立法联系点，以基层立法联系点为切入点可以帮助学生理解全面依法治国的相关知识。

3. 教学目标与重难点

(1) 教学目标

了解法治中国体系、原则、目标和要求，理解全面依法治国是国家治理的一场深刻革命。在小组讨论中，应用和迁移法治中国建设的知识，培养交流合作能力、获取和解读信息能力、推理论证能力，为推进依法治国建言献策，培养法治意识。

(2) 教学重难点

教学重点：全面推进依法治国的总目标和原则；法治国家、法治政府、法治社会的意义；科学立法、严格执法、公正司法、全民守法的基本要求。

教学难点：坚持法治国家、法治政府、法治社会一体建设，全面推进依法治国的基本要求。

(二) 路线与结构

1. 教学路线

本课采用议题式教学方式，议题、知识、情境、活动四个要素形成如下四条线。

教学路线部分：

议题线：由"基层立法联系点如何助力法治中国建设？"议题引领以下问题串，基层立法联系点填空—法治中国知识体系梳理—昆山基层立法联系点是如何运行的？—基层立法联系点如何助力法治中国建设？—基层立法联系点建设的具体建议。

情境线：昆山基层立法联系点视频—法治中国视频—昆山基层立法联系点运行方式—昆山基层立法联系点运行现状。

活动线：同桌交流—师生对话—小组讨论—小组合作。

知识线：法治中国建设表现—法治中国建设体系—法治中国建设路径—法治中国建设建议。

2. 教学结构（图 2）

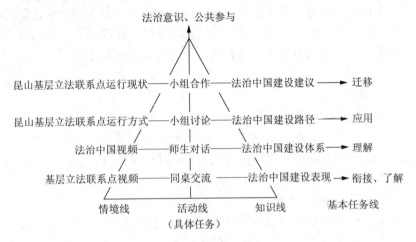

图 2 "基层立法联系点如何助力法治中国建设？"议题式教学结构

（三）过程与意图

[议题] 基层立法联系点如何助力法治中国建设？

环节一：法治中国建设之情境体验

[教学情境] 播放视频：昆山基层立法联系点。

[学习任务] 根据视频，同桌交流：完成图 3 思维导图的填空。

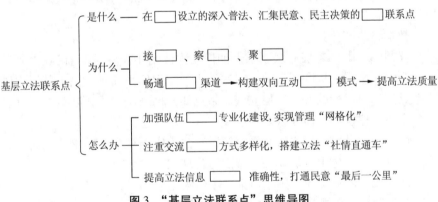

图 3 "基层立法联系点"思维导图

[设计意图] 通过对单元知识的系统化、结构化梳理，学生能从整体上把握所学知识，也为后面议题式教学活动任务的达成奠定了知识根基。

［答案提示］

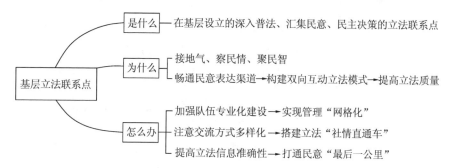

环节二：法治中国建设之知识体系

［教学情境］播放法治中国相关视频。

法律是治国之重器，法治是国家治理体系和治理能力的重要依托。全面推进依法治国，是关系我们党执政兴国、关系人民幸福安康、关系党和国家长治久安的重大战略问题。统筹中华民族伟大复兴战略全局和世界百年未有之大变局，迫切需要我们提升法治促进国家治理体系和治理能力现代化的效能，运用法治之力有效应对变局、开拓新局，为巩固和夯实"中国之治"提供最基本、最稳定、最可靠的保障。基层立法联系点是国家在县以下基层建立的协助收集立法工作相关信息的固定联系单位，是基层群众和社会组织直接参与立法活动的重要载体，健全立法机关主导、社会各方有序参与立法的途径和方式。增强立法针对性，推进立法精细化，不断提高立法工作水平。

［学习任务］师生对话：完成必备知识梳理（图4）。

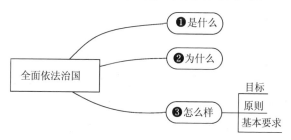

图4 "全面依法治国"知识梳理图

［设计意图］通过对单元知识的系统化、结构化梳理，学生能从整体上把握所学知识，也为后面议题式教学活动任务的达成奠定了知识根基。

[答案提示]

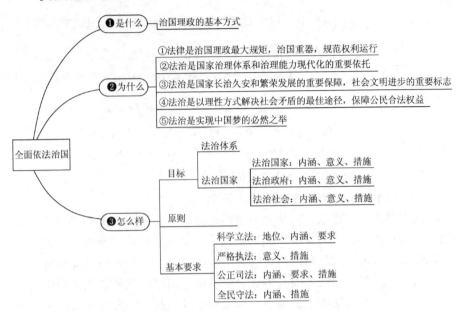

环节三：法治中国建设之运行路径

[教学情境] 为贯彻党中央的要求，推进法治中国建设，全国人大常委会法工委在昆山设立基层立法联系点。基层立法联系点，重点在基层，核心是联系。昆山基层立法联系点依托区镇人大代表之家和律所、总商会、台协会等，设立首批 18 个立法信息联络站；依托全市 1 593 个综治网格，布局设立立法信息采集点。立法信息联络站吸纳具有一定法律基础和实践经验的人员参与联络站工作，充分发挥扎根基层、贴近实践、面向群众的基层优势，收集基层意见、传递基层声音，把基层声音"原汁原味"传递到国家立法机关。在广泛征集基层意见的同时，"一站一点"还承担着普法教育的功能，让基层群众了解立法意图，加强舆论引导和法律宣传，为法律的顺利出台和有效实施奠定基础。在法律草案征求意见过程中，昆山基层立法联系点同步开展法制宣传、同步进行课题调研，积极向征求意见对象宣传法律法规的内容和精神，当好基层向国家立法工作的"传声筒""直通车"。除了接受并完成全国人大常委会法工委的任务外，昆山基层立法联系点还主动开展"运用《民法典》加强社区安全治理""优化生态环境损害修复路径"等课题调研，积极为国家立法工作提供典型性、有价值的昆山实践。

[学习任务 1] 小组讨论：昆山基层立法联系点是如何运行的，请画

出路径图。

[设计意图] 我国走的是一条中国特色的社会主义政治发展道路，人民民主是一种全过程民主。基层立法联系点是践行全过程民主的生动实践，基层立法联系点参与立法的内涵也在不断丰富，将联系点的功能从法规征询环节延伸到立法前和立法后，这些基层立法联系点是如何运行的也是学生所疑惑的，这个环节可以让学生通过合作，解决心中的疑惑，激发其学习兴趣。

[答案提示]

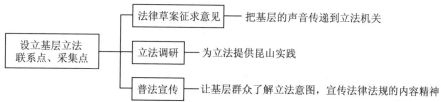

[学习任务2] 小组讨论：基层立法联系点如何助力法治中国建设？

[设计意图] 民有所呼，法有所应。我国的立法始终恪守以人为本、立法为民的理念，人民的心声正是中国法治建设的方向，开门立法，广纳民意，才能让法律更符合人民群众的期待。基层立法联系点构建起了汇民情、聚民智的"直通车"，打通了党、政府密切联系群众的"最后一公里"，推动"急难愁盼"的问题得到解决，真正践行全过程民主；立法决策以后，以联系点为依托，跟踪了解法律实施情况，及时掌握法律在实施过程中的问题，搜集人民群众对法律修改完善的建议，基层立法联系点助力法治中国建设。同时，也增强了学生的政治认同、公共参与。

[答案提示] ① 基层立法联系点通过广泛征求意见、立法调研、普法宣传等方式→接地气、察民情、聚民智→助力法治中国建设。② 基层立法联系点的设立畅通民意表达渠道→构建双向互动立法模式→推进科学立法、民主立法、依法立法→提高立法质量→助力法治中国建设。③ 基层立法联系点的设立实现了党的领导、人民当家作主和依法治国有机统一→助力法治中国建设。

环节四：法治中国建设之具体建议

[教学情境] 现阶段，基层立法联系点的联络员的素质及法律专业水平普遍不高、专业人员不足、运行经费欠缺等，这些都制约着基层立法联系点的发展。有的联络员自身的能力不足，特别是缺乏相关法律知识，难以胜任基层立法联系点的工作，还会导致社会公众对基层立法联系点失去信任，桥梁作用无法发挥。有群众认为，基层立法联系点没有发挥其应有

的作用，忽视基层立法联系点作用的倾向存在，对基层立法联系点工作造成了负面影响。

[学习任务] 小组合作：请为基层立法联系点发挥好接地气、察民情、聚民智的"直通车"作用提出两条具体建议。

[设计意图] 基层立法联系点现阶段也存在很多问题，如联络员的素质及法律专业水平普遍不高、专业人员不足、运行经费欠缺等，这些都制约着基层立法联系点的发展。这一环节的设置就是让学生为完善基层立法联系点提建议，为法治中国建设、国家治理体系和治理能力现代化建设贡献青春力量。

[答案提示] ① 把百姓的建议原汁原味反映上去。② 让专业的意见渗透到法律条款中。③ 希望更多熟悉情况的人参与进来。

四、反思教学过程：巧用思维导图，提升综合思维

（一）亮点与价值

1. 知识梳理体现系统性和逻辑性

第三单元的知识点非常多，且比较琐碎，学生即便能够在复习课上实现对各部分知识点的有效记忆，但是当在面对一些复杂的综合性问题时很难实现对所学知识的综合性应用，面对这一情况，教师就需要在复习课时将知识进行整合，引导学生将各个部分的知识点关联在一起，而这就需要用到思维导图。思维导图可以将大脑思维过程具体化、可视化，在政治复习课中，能够让学生在面对庞大繁多的知识时迅速理清主线，明白重点难点，培养归纳总结的能力，提升思考技巧，发展学生的记忆力、组织力和创造力。本节复习课以全面依法治国为根，从是什么、为什么、怎么办三个角度清晰再现了书本知识体系。很多学生在复习"全面依法治国"这一单元时，经常会把是什么和为什么这两部分遗漏掉，完整地梳理知识体系可以帮助学生扭转知其然而不知其所以然的窘境。通过思维导图清晰完整地再现了本单元知识的内在逻辑，有助于学生梳理知识脉络、整理教材、有条理地学习和复习，为落实课堂的学习任务做好知识铺垫。

2. 以情境为依托，重视学科知识的综合运用

社会时政热点与政治课的相关度很高，时政热点只有和政治学科的知识相结合，才能将政治学科的价值充分发挥出来。教师需要选择合适的社会时政热点作为情境，设置综合性的议学任务，而学生则需要具备较强的选择、加工、提取信息的能力，并可以综合运用所学知识分析和解决问题。本节课选用社会时政热点——基层立法联系点。基层立法联系点是为贯彻党中央的要求，推进法治中国建设，全国人大及地方各级人大在基层

设立的立法联系点,是践行全过程民主的生动实践,是现阶段热议的时政热点。同时,基层立法联系点参与立法的内涵也在不断丰富,将联系点的功能从法规征询环节延伸到立法前和立法后,"基层立法联系点如何助力法治中国建设?"需要学生综合运用所知识,将前面所学的党的领导、人民当家作主这两个单元的知识也整合进来,从而培养自身的综合思维。

(二) 问题与对策

1. 课堂的时间安排不够合理

环节二是第三单元的知识梳理部分,虽然是复习课,但是教师在提问学生时,很多学生还需要翻书才能回答出来,这样在课堂上比较浪费时间,加之后续的环节任务比较多,如果时间控制不合理,则无法完成所有的教学任务。究其原因主要有两个:一是学生没有做好课前复习工作;二是学生对基层立法联系点还不熟悉。具体优化措施:一是提前下发议学单,让学生能够对照知识点梳理,为完成后续的课堂任务预留充足的时间;二是课堂上要合理分配好每个模块的时间,特别是要分配好学生讨论和回答问题的时间;三是最后一个迁移环节可以开一个头,具体的建议让学生课下思考。

2. 学生对基层立法联系点的知识储备不足

议题式教学的开展需要教师明确任务,如果教师的任务布置得不明确,学生就做得不到位。学生欠缺基层立法联系点的相关知识,而教师又没有在课前布置任务,这样就会影响到教学时间,也难以达到预期的效果。此外,学生搜集、整理信息需要一定的时间,但是学生受学习的科目、作业等制约,没有时间和精力去搜集课外资料,导致资料搜集困难。具体优化方案:一是明确教学任务,复习课的时间安排比较灵活,教师可以根据每天的作业量给学生布置好相应的教学任务;二是教师灵活运用资料搜集的方法,既可以给住宿生和走读生进行分工,还可以印发资料,让学生阅读整理相关信息,补充学生的课外知识。

"全面依法治国"单元复习议学单（1课时）

议题：基层立法联系点如何助力法治中国建设？

姓名：_____ 班级：_____ 得分：_____

【学习目标】了解法治中国体系、原则、目标和要求，理解全面依法治国是国家治理的一场深刻革命。在小组讨论中培养交流合作能力、获取和解读信息能力、推理论证能力，应用和迁移法治中国建设的知识，为推进依法治国建言献策。

环节一：法治中国建设之情境体验

【教学情境】播放视频：昆山基层立法联系点。

【学习任务】根据视频，同桌交流：完成填空（图1）。

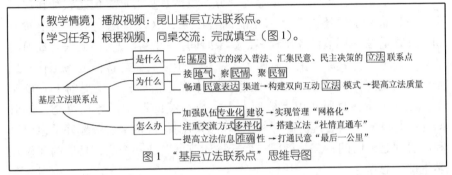

图1 "基层立法联系点"思维导图

环节二：法治中国建设之知识体系

【教学情境】法律是治国之重器，法治是国家治理体系和治理能力的重要依托。全面推进依法治国，是关系我们党执政兴国、关系人民幸福安康、关系党和国家长治久安的重大战略问题。基层立法联系点是国家在县以下基层建立的协助收集立法工作相关信息的固定联系单位，是基层群众和社会组织直接参与立法活动的重要载体，健全立法机关主导、社会各方有序参与立法的途径和方式。增强立法针对性，推进立法精细化，不断提高立法工作水平。

【学习任务】师生对话：完成必备知识梳理（图2）。

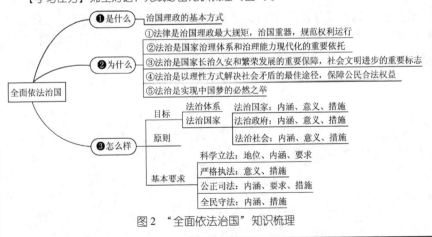

图2 "全面依法治国"知识梳理

环节三：法治中国建设之运行路径

【教学情境】为贯彻党中央的要求，推进法治中国建设，全国人大常委会法工委在昆山设立基层立法联系点。基层立法联系点，重点在基层，核心是联系。昆山基层立法联系点依托区镇人大代表之家和律所、总商会、台协会等，设立首批 18 个立法信息联络站；依托全市 1 593 个综治网格，布局设立立法信息采集点。立法信息联络站吸纳具有一定法律基础和实践经验的人员参与联络站工作，充分发挥扎根基层、贴近实践、面向群众的基层优势，收集基层意见、传递基层声音，把基层声音"原汁原味"传递到国家立法机关。在广泛征集基层意见的同时，"一站一点"还承担着普法教育的功能，让基层群众了解立法意图，加强舆论引导和法律宣传，为法律的顺利出台和有效实施奠定基础。在法律草案征求意见过程中，昆山基层立法联系点同步开展法制宣传、同步进行课题调研，积极向征求意见对象宣传法律法规的内容和精神，当好基层向国家立法工作的"传声筒""直通车"。除了接受并完成全国人大常委会法工委的任务外，昆山基层立法联系点还主动开展"运用《民法典》加强社区安全治理""优化生态环境损害修复路径"等课题调研，积极为国家立法工作提供典型、有价值的昆山实践。

【学习任务 1】小组讨论：昆山立法联系点是如何运行的，请画出路径图（图3）。

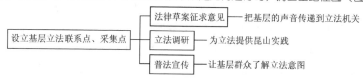

图 3　昆山立法联系点运行路径图

【学习任务 2】小组讨论：基层立法联系点如何助力法治中国建设？

【答案提示】① 基层立法联系点的设立畅通了民意表达渠道，推进科学立法、民主立法、依法立法，提高立法质量。② 法律是治国之重器，良法是善治之前提，法治是国家治理体系和治理能力现代化的重要依托。③ 基层立法联系点具有普法教育的功能，让法律得到普遍的公认和遵从，推进法律的实施。④ 基层立法联系点的设立坚持了党的领导、人民当家作主和依法治国有机统一。

环节四：法治中国建设之具体建议

【教学情境】现阶段，基层立法联系点的联络员的素质及法律专业水平普遍不高、专业人员不足、运行经费欠缺等，这些都制约着基层立法联系点的发展。有的联络员自身能力不足，特别是缺乏相关法律知识，难以胜任基层立法联系点的工作，还会导致社会公众对基层立法联系点失去信任，桥梁作用无法发挥。有群众认为，基层立法联系点没有发挥其应有的作用，忽视基层立法联系点作用的倾向存在，对基层立法联系点工作造成了负面影响。

【学习任务】小组合作：请为基层立法联系点发挥好接地气、察民情、聚民智的"直通车"作用提出两条具体建议。

【答案提示】① 把百姓的建议原汁原味反映上去。② 让专业的意见渗透到法律条款中。③ 希望更多熟悉情况的人参与进来。

后记

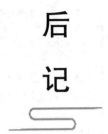

《设计与优化：思政课议题式教学叙事（〈政治与法治〉分册）》终于面世了，这似乎给我带来一份异样的喜悦，甚至让我有些激动，因为它蕴含了一群平凡人的不平凡历程。

当你看完本书后，也许会觉得，原来这是一群普通教师的教学故事。确实如此，从某种意义上讲，它属于平凡的故事。说它平凡，是因为每一篇教学叙事都是用白话表述，将教师备课、上课、反思的历程徐徐道来：从思路形成到方案协同，从方案实施到教学反思。说它平凡，是因为每一篇教学叙事都是普通教师的经验再现。事实上，这些事情每个学校、每个备课组都在进行，只不过我们把它翔实地记了下来、写了出来：怎么想的，怎么做的，哪些地方做得还可以，哪些地方做得不到位，怎样做才会更好。说它平凡，是因为这一本教学叙事记录了整整一学期的议题式教学常态化实践过程。既是教学教研实录和课堂教学经验总结，也是一群普通高中教师的平凡奋斗历程和成长故事：有说有笑、有吵有闹、有忙有乱，没有惊天动地的壮举，只有脚踏实地的安心。

然而，在我心里，这些平凡的故事里有着许多的不平凡。

说它不平凡，一是因为它的担当——新课改精神常态化落地的一种地域实践。2020—2021学年第二学期，吴江中学高一备课组全面铺开议题式教学。因为议题式教学的常态化实施，大单元思维、素养化思维和协同教研思维不约而至，共同作用，形成了思政课教学的一种"高朋满座"的课堂样态。首先，大单元思维因议题式教学进入教学设计的首道程序。因为一个单元到底要设置多少议题？如何处理议题与框题之间的关系？不站在单元层面进行思考，这些问题便难以解决。比如，"为什么说中国共产党的领导是历史和人民的选择？"这一议题涉及了两课内容，需要教师突破单框进行思考；再比如，"我们怎样当家作主？"这一议题关联了"人民当家作主"单元的所有框题，需要教师整体梳理单元知识进行设计。其次，素养化思维也因议题式教学进入教学过程。在核心素养的背景下，议题式教学的课堂逻辑进路该如何设计？议题、情境、知识、活动四个要素之间应该如何联合？离开素养化思维，课堂依旧是知识教学的课堂，依旧要有意无意地走向传统的授受式或问答式的课堂。有了素养化思维，学生的学习过程在议题的引领下，实现了知识、能力、素养的层阶式递进上升。最后，协同教研也因议题式教学进入吴江中学高一备课组。一堂好课至少需要两天的备课时间，而每位教师的周课时数为4~5节，因而个人便难以实现议题式教学的常态化，这就需要发挥团队的力量才能解决议题式教学的可持续发展，需要协同教研。这学期，我们的每一堂课都是协同教研的结果，教师也因协同教研而感受到浓厚的教研氛围。

说它不平凡，二是因为它的成果——即拿即用的议题式教学资源"宝库"。自2020年暑期以来，我的两个大徒弟——柳翠和梁英姿老师，带领着她们的小徒弟"沉浸式"地持续性投入议题式教学的设计和实施之中，形成了具有草根性的即拿即用的议题式教学资源"宝库"——"五件套"：课堂实录视频、教学设计、议学单、PPT和课后练习。这一过程中特别一提的是议学单和课堂实录视频。议学单是这些资源中最具思维含量的东西，其形式和内容都具有原创性。从形式上看，议学单提供了"知识梳理—知识理解—知识应用—知识迁移"的素养化流程；从内容上看，议学单提供了具有原创性、新颖性的问题情境和任务设计。这些议学单为思政课议题式教学的进一步实施提供了宝贵的样本。课堂实录视频是资源中最亮眼的东西。一个学期中22个议题的实录视频将多位教师的课堂和《政治与法治》的议题式教学生动地展现出来，弥足珍贵。当然，值得一提的还有两件事。第一件事是这一学期的后半学期，来自辽宁、河北、山东、福建、四川等地的教师参加了资源的共建共享活动，将自己的课堂实录视频传到网盘上，使议题式教学的资源拓展到了全国。第二件事是我们培养了两个业余"录像师"。由于录课数量较大，外聘录像人员难以支撑局面，于是我们便在政治组发展自己的"录像师"。杨帆和王亚文两位新教师成了我们培养的业余"录像师"，王佳老师成了资源"宝库"的网络管理员。一个学期，22堂课在三位新教师的努力中形成了近60G的视频资源。

议题式教学实施过程中，发生了很多美好的故事。这些故事会成为吴江中学高一备课组的难忘的记忆，并将恒久地激励和温暖高一政治组的每一位教师。"吴江中学高一备课组"微信群里有着许多奋斗的记录：周六周日的连轴转记录、晚上11点文件上传的记录、前后修改并上传多遍的议学单、被"偷"拍到的随时随地进行教研活动的照片、每个人的公开课的照片等，这些资料弥足珍贵，值得留存。正如吴江区的政治教研员沈青青在调研吴江中学后所说的，吴江中学的高一备课组形成了一个教研的"理想王国"，这个"理想王国"至少传递着这样的信息：议题式教学有事情可做，有故事可讲。

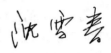